武

中华武术通史

第四卷◎中华人民共和国（上）

总主编　马学智　崔乐泉
主　编　杨祥全　李英奎

国家出版基金项目
NATIONAL PUBLICATION FOUNDATION

『十四五』时期国家重点图书出版专项规划项目
第八届中华优秀出版物奖图书奖

北京体育大学出版社

策划编辑：赵月华　孙宇辉
责任编辑：姜艳艳　吴　珂
责任校对：赵海宁
封面设计：王齐云
版式设计：北京华泰联合图文设计制作中心
封面题字：柴天麟

图书在版编目（CIP）数据

中华武术通史. 第四卷, 中华人民共和国. 上 / 杨祥全, 李英奎主编. -- 北京：北京体育大学出版社, 2021.12（2023.9重印）
ISBN 978-7-5644-3504-2

Ⅰ. ①中… Ⅱ. ①杨… ②李… Ⅲ. ①武术－体育运动史－中国－现代 Ⅳ. ①G852.09

中国版本图书馆CIP数据核字(2021)第257456号

中华武术通史　第四卷　中华人民共和国（上）　　杨祥全　李英奎　主编
ZHONGHUA WUSHU TONGSHI DISIJUAN ZHONGHUA RENMIN GONGHEGUO(SHANG)

出版发行：北京体育大学出版社
地　　址：北京海淀区农大南路 1 号院 2 号楼 2 层办公 B-212
邮　　编：100084
网　　址：http：//cbs.bsu.edu.cn
发 行 部：010-62989320
邮 购 部：北京体育大学出版社读者服务部 010-62989432
印　　刷：三河市龙大印装有限公司
开　　本：710mm × 1000mm　　1/16
成品尺寸：155mm × 235mm
印　　张：16.25
字　　数：176 千字
版　　次：2021 年 12 月第 1 版
印　　次：2023 年 9 月第 2 次印刷
定　　价：128.00 元

《中华武术通史》丛书编委会

流派的起源与发展如何，中华武术的思想内涵与文化价值及演特点与规律如何，武术在社会生活中与政治、经济、军事、民关系等是如何互动的，武术在中华传统文化中的地位与影响如何，中华武术的时代精神是什么？这些问题的研究与解决，必将为中华武术在当代社会的弘扬与推广提供坚实的历史支撑与理论基础，对于提升文化软实力，增强中华民族凝聚力，增加中华优秀传统文化在国际社会的吸引力，促进中华文明与世界文化的交流互鉴发挥重要的文化功能与社会作用。

《中华武术通史》系统阐述了武术发展的历史进程及文化成因，把武术历史与文化有机融合，使其更具系统性、条理性、科学性。该丛书的出版丰富了我国体育史的内容，使其更具完整性。该丛书的出版能让世人更加全面、深刻地了解中华民族优秀传统体育的光辉历史及发展脉络，提升中华民族的凝聚力、增强文化自信和加强民族团结，使中华民族优秀传统文化进一步发扬光大，使武术成为世界文明史上一颗灿烂的明珠。

今年是中国共产党成立一百周年，谨以此书向党献礼，这也是我们武术人一种无上的光荣！

是为序。

国家体育总局武术研究院

专家委员会主任

张山

2021 年 5 月

序

武术是中华优秀传统文化的重要组成部分，它文
历史传承悠久，至今仍然广泛流行，发挥着重要的体
文化功能。

党的十八大以来，党和国家的建设事业取得了历
伟大成就，国际国内形势也发生巨大变化。党的十
式提出中国发展新的历史方位——中国特色社会主义
代。2019 年 8 月，国务院《体育强国建设纲要》发
确指出，要实施中华武术“走出去”战略，要推进传
文化的挖掘和整理，开展体育文物、档案、文献等普查
整理、保存和研究利用工作。自从 1919 年郭希汾的《中
系统介绍中国武术以来，历经一个多世纪的学术积累与
内外武术史研究已经取得较为丰硕的学术成果，然则仍

进入 21 世纪以来，中国社会发展取得巨大成就，
界的影响越来越全面而深入，世界对中国的关注也越来
深刻。国家发展形势与世界格局发生巨大变化，同时给
文化界、思想界、理论界提出新任务、新课题、新挑战，
研究也迎来新局面，进入新领域。如何整体把握中华文明
变的历程及其对世界文明的影响与贡献，如何理解中华武
华文明的关系，中华武术的总体历史演进脉络如何，武术

总 论

武术是中华文明与文化发展的重要组成部分，是源远流长的东方传统体育体系中最具特色的文化形态之一。在中华武术日益走向世界的今天，对其在不同历史时期的演进历程进行研究，从弘扬中华传统文化的角度而言，有着更直接的现实意义。

对中华武术的系统研究始于民国初年。1919 年由上海商务印书馆出版、郭希汾（1893—1984）编著的《中国体育史》，第一次对中国武术史做了较为系统的梳理。该书共分十编，其中“角力”“拳术”“击剑”“弓术”等四编属武术史的内容，反映出武术历史已经成为中华古代体育体系中的主要组成部分。尤其是在角力、拳术、器械诸编中再分种属、流派加以论述的体例，对后来中国武术史研究产生了深远影响。

继郭希汾的《中国体育史》之后，20 世纪 30 年代相关武术史专著开始出现。如 1932 年杭州集益合作书局出版的由李影尘编著的《国术史》，成为近代中国第一部武术专门史。该书分列概论、记述、支派、传考、摔角[1]、剑考、剑术、器械、图考

〔1〕摔角：同“摔跤”。

等九章，分别梳理了内家拳、外家拳、潭腿[1]、查拳、短打、太极、形意等的渊源。此书虽然记述极其粗略，但在中国武术专门史的研究方面，有着开创之功。

与上述武术专门史的著述同时，一些武术理论与技术综合性的书籍，开始对武术史的研究有所涉及。如1936年武术教育家吴图南（1884—1989）的《国术概论》一书，就在第四章《国术史略》中系统地论述了太极、形意、八卦、少林、通臂等主要拳种的历史渊源和传播脉络，尤其是该书挖掘的清末以来诸拳种流派演变的史实，翔实可信，有着较高的参考价值。

20世纪30年代出现的两位功底深厚、治学严谨的武术史家唐豪与徐震，将早期中国武术史的研究推向了一个新的发展阶段。

唐豪（1897—1959），字范生，中国近代著名武术史学家、体育史学家。曾任中央国术馆编审处处长，20世纪50年代到国家体委从事体育史料编撰工作。先后出版有《少林武当考》《少林拳术秘诀考证》《行健斋随笔》《中国武艺图籍考》等多种武术史研究著述，并参与《中国体育史参考资料》第一至八辑的编写。徐震（1898—1967），字哲东，青年时即酷爱武术，文武兼长，曾任西北民族学院中文系教授。他以科学的态度对武术源流史实进行了诸多研究。先后出版有《国技论略》《太极拳考信录》《太极拳谱理董辨伪合编》《少林宗法图说考证》等多部著作。

唐豪和徐震对武术史研究的重大贡献，一是通过对大量史料的分析与严谨考证，就《易筋经》的来源问题进行了分析，对少

---

〔1〕潭腿：同“弹腿”。

林拳、太极拳源流提出了较为可信的科学结论〔1〕。二是他们对待武术史研究严谨的科学方法与态度，为后来武术史研究奠定了基础。为取得可信资料，唐豪曾多次到登封少林寺、温县陈家沟等地实地考察，徐震亦多次深入民间挖掘武术谱籍。这种通过实地调研获得第一手资料的实证性研究方法，为后来武术史研究树立了典范。三是为了规范武术史的研究，唐、徐二人对武术文献学、目录学的建立做出了努力。1940年由上海市国术协进会出版的唐豪编著的《中国武艺图籍考》，将中国武艺分为诸艺、角力、手搏、擒拿、射、弹、弩、枪、棍、戈、戟、刀、剑、斧、干盾、狼筅、镗钯、器制、仪节等，在分类详列有关典籍著述史料的同时，亦介绍了作者的年代以及相关武艺的性质、意义，进行了真伪辨识和价值评判等。同类著述还有《中国民族体育图籍考》和《行健斋随笔》等；而徐震的《太极拳考信录》和《太极拳谱理董辨伪合编》等著述，亦通过对浩繁的太极拳文献的系统整理，就相关文献学和目录学的建立做了尝试性分析。

20世纪五六十年代，学界就着手对中国武术史进行研究，如在当时国家体委组织的体育史资料搜集整理中，就涉及诸多武术史的史料和研究。不过真正系统的研究和史料整理，则出现在20世纪80年代。70年代末由日本松田隆智编写的《图说中国武术史》，经吕彦、阎海译成中文，于1984年以《中国武术史略》之名由四川科学技术出版社出版。此书在搜集中国武术史料的基础上，分项介绍了中国武术拳种的历史。该书虽然尚未形成一个完整的中国武术史系统，且缺乏对武术发展规律的整体把握，但

〔1〕旷文楠：《中华武术历史研究的回顾与展望》，《成都体育学院学报》1995年第3期。

对一个外国作者而言，其严肃的治学态度和取得的成绩也是难能可贵的。1985 年，成都体育学院习云太[1]先生编著的《中国武术史》出版，该书第一部分按朝代概述了从远古到现代武术发展的历程，第二部分则以拳种、器械为体系叙述其简要历史与特色。两个部分、两种体系互为补充，较为全面地反映了中华武术发展历史轨迹。在同一时期，随着全国各地掀起修史、撰志热潮，尤其是随着全国武术挖掘整理工作的进行，一些省市（区域性）的武术史志相继出版，如《广东武术史》《湖北武术史》《沧州武术志》等。众多武术史料的挖掘与整理、出版，填补了我国武术史研究的空白，对武术史研究具有深远的影响。

随着中国武术史研究的整体推进，20 世纪 90 年代，以通史性质编撰的武术史研究成果纷纷问世。1993 年，由张纯本、崔乐泉合著的以古代武术为研究主体的《中国武术史》在台北文津出版社出版。该书最大特点是运用诸多文献和考古学史料，按照历史年代分述各朝代武术发展的历史。1994 年，由林伯源[2]编著的《中国武术史》在北京体育大学出版社出版。该书在体系上以朝代为序，先后论述了武术发展的历史，相对于习云太的《中国武术史》，对民国时期和抗日战争时期武术的发展情况做了更详尽的描述，对明清两代的武术论述也更为深入。1997 年，人民体育出版社出版的由国家体委武术研究院组织众多武术史专家编纂的《中国武术史》，仍然采用朝代为序的通史编写方式，上自中国武术的发源，下至 20 世纪 90 年代初。这一时期出现了多

〔1〕 习云太：又名“习云泰”。
〔2〕 林伯源：又名“林伯原”。

部武术通史著述，在吸收多学科研究成果的基础上，极大地丰富了武术史研究的内涵，标志着中国武术史研究达到了较高的水平。

进入21世纪，在通史性中国武术研究方式畅行的基础上，区域武术史及武术专题史的研究方兴未艾。代表性著述主要有蔡宝忠的《中国武术史专论》、周伟良的《中国武术史》、余水清的《中国武术史概要》、于志钧的《中国传统武术史》、郭志禹的《中国武术史简编》、邱丕相的《中国武术史》等。此外上海体育学院郭志禹教授带领他的博士生分别对中州、巴蜀、吴越、齐鲁、燕赵、陇右、荆楚、岭南、关东、秦晋、闽台、漠南、青藏、西域等地域武术展开深入的研究，先后出版了《中州武术文化研究》《岭南武术文化研究》《滇黔武术文化研究》《关东武术文化研究》等书籍。而其他区域武术史研究成果也陆续问世，如《河北武术文化》《浙江武术文化研究》《大连武术简史》《晚清民国时期的广东武术》等。总体上说，这些论著具有较大的理论及实践价值，它们的出版为进一步认识博大精深的中国武术起到了积极的作用，也表明中国武术研究在向精细化方向发展。

总之，21世纪以来的武术史研究，已经向更宽广、更深入的领域拓展，尤其是相关武术通史、区域武术史、专题武术史等多体例研究成果的出现，进一步拓展了中华武术历史发展的研究范围。

国运盛，体育兴。随着时代的进步和中国当代体育事业的不断发展，人们对悠久的中国武术历史文化也开始给予了更多的关注。而遵循历史唯物主义的原则，应用通史的形式，整理和传播具体的中华武术历史文化知识，则理所当然地成为一项时代的重要工程，也成为武术历史文化工作者责无旁贷的任务。基于上述考虑，在北京体育大学校领导的大力支持下，通过多方论证筹备，2019 年 12 月《中华武术通史》项目的编撰工作正式启动。

《中华武术通史》按照中国古代武术史、中国近现代武术史和中国当代武术史三个大的历史阶段进行划分，以古代两卷、近现代一卷和当代两卷的形式，分别对不同时代中华武术的发展历程进行了研究和梳理。

《中华武术通史》第一卷，以史前文化时期的武术前形态至隋唐五代多元王朝体系中的武术创造为历史区间，叙述了武术第一次从捕食和军事战争中分离出来，人文化成为集德性、审美、礼仪、教育功用为一体的人本精神载体的历史进程，呈现出为日后武术的成熟与发展奠定前提与基础的武术“元历史”阶段的文化形态。

《中华武术通史》第二卷，对宋、元、明、清时期的武术发展做了全面分析。尤其是对宋元民族交流与融合时期武术体系的形成与发展、明代趋于成熟的武术套路与武术拳种流派以及清代完善的武术技术体系及理论体系，做了有针对性的研究。

《中华武术通史》第三卷，全面阐释了清末的社会变革对民国时期武术的影响；在尚武精神和军国民主义教育思潮影响下，民国初年武术的再次勃兴；民国中期武术运动的蓬勃发展；全面抗战到中华人民共和国成立前夕武术运动的开展情况等。

《中华武术通史》第四卷，以 1949 年 10 月 1 日中华人民共和国成立至 1982 年第一次全国武术工作会议召开之间 30 余年的武术发展为研究对象。内容涉及了诸如“国术”易名为“武术”、中国武术协会成立以及党的十一届三中全会后武术迎来新的发展机遇等。1982 年第一次全国武术工作会议的召开，拉开了武术发展的新序幕。

《中华武术通史》第五卷，以 1990 年第 11 届亚运会和 2008 年北京奥运会为节点，分别围绕武术管理、竞技武术、传统武术、学校武术、武术科研和武术国际化六个方面横向铺开，纵向贯通，深层次、多维度、全方位叙述了 1983 年以后中国武术的发展历程。

《中华武术通史》由北京体育大学中国武术学院院长马学智教授和中国体育博物馆崔乐泉研究员担任总主编，第一卷由华东师范大学张震副教授担任主编；第二卷由杭州师范大学李吉远教授担任主编；第三卷由北京体育大学李印东教授担任主编；第四卷由天津体育学院杨祥全教授、北京体育大学李英奎教授担任主编；第五卷由北京体育大学武冬教授担任主编。初稿完成后由马学智教授和崔乐泉教授通读全书并提出修改建议。《中华武术通史》各卷分之可独立成书，合之为一有机整体。参加撰写的学者 40 余人，其中大多为国内各院校的体育史、武术史、民族传统体育学科研人员。同时我们还邀请国内有关科研机构的专家参与本书的编写工作。

作为一个集体性的项目，本书涵盖了中国武术上下数千年发展的历史，以及武术在长期发展过程中与政治、经济、文化等的交融与影响，因此我们力求在现有的文献资料、考古资料和研究成果的基础之上，于撰写中突出历史性、科学性、全面性和客观性，同时更要有创新性。鉴于《中华武术通史》尤其是当代中国武术史编写的复杂性和难度，我们自项目启动伊始，先后邀请史学理论与史学史研究权威、北京师范大学资深教授瞿林东先生及武术界耆宿张山先生、门惠丰先生等担任总顾问，多次召开座谈会，就提纲的拟定及编写的具体原则征求意见和建议，并召开数次由各卷主编和具体编写人员参与的研讨会，从源头上保证丛书的编写质量。书稿基本完成后，还得到上海体育学院邱丕相教授和苏州大学罗时铭教授的悉心指导。尽管如此，对于这样一部由几十人参与，涉及年代如此之长久、地域如此之广阔、内容如此之广泛、问题如此之复杂的庞大著作，其中的不足和缺陷在所难免，我们诚挚地希望得到读者的批评与指正。

《中华武术通史》在编写出版过程中，得到了国家体育总局武术运动管理中心和武术研究院有关领导、专家的关心、鼓励和悉心的指导；中国体育博物馆、华东师范大学、杭州师范大学、天津体育学院等相关院校、体育科研机构给予了无私的帮助和大力的支持。

作为国内知名体育专业出版机构，北京体育大学出版社承担了《中华武术通史》的编辑出版工作。在赵月华副社长带领下，出版社成立了《中华武术通史》项目组，闫翔社长、郭晓勇总编辑亲自承担审读工作，并给予项目极大支持。孙宇辉、赵海宁、田露、姜艳艳、吴珂、韩培付、吕哲等老师，以认真负责的精神和饱满的热情，组织统稿会、审读书稿、提出修改意见和建议，做了大量的编审校工作，正是他们的辛勤努力使得本通史能够顺利出版。就在即将完成全部编辑工作之时，经北京体育大学出版社申报，《中华武术通史》被列为 2021 年度国家出版基金资助项目，这不仅是北京体育大学出版社首次获得国家出版基金项目资助，也是体育类专业出版社近年来首次入选该项目。

在《中华武术通史》付梓之际，我们向所有关心、指导、支持和帮助过我们的同志，向全国各相关单位的朋友表示衷心的感谢！

马学智　崔乐泉

2021 年 5 月 12 日

目　录 Contents

绪 论

中华人民共和国成立后，为了改变体育落后的面貌，建立自己的体育体制，我国在学习、借鉴苏联和东欧其他一些社会主义国家的体育体制和经验的基础上，开始逐渐构建具有自身特色的体育体制。在毛泽东同志“发展体育运动，增强人民体质”的号召下，武术作为社会主义体育事业的重要组成部分，其性质、地位和作用发生了巨大的变化。

1953 年，“全国民族形式体育表演及竞赛大会”是对武术运动的一次大检阅。在这次大会的推动下，全国各地成立了大量的武术组织，武术活动也迅速开展起来。第二年，我国第一支国家武术队组建起来。同时，武术的技击性和表演性问题成为争论的焦点，新的武术套路创编活动拉开了帷幕。1956 年，教育部颁布的我国第一部《小学体育教学大纲（草案）》和《中学体育教学大纲（草案）》中都包含武术方面的内容。1958 年，“中国武术协会”成立前，为了适应武术比赛的需要，对武术套路和对抗运动的竞赛规则进行了积极有效的探索，为竞技武术的产生与发展奠定了良好的基础。

中国武术协会的建立，为武术有组织、有步骤地发展铺平了道路。正是因为有了组织保障，该时期关于“击”“舞”等热点问题的讨论、竞技武术套路的积极探索及学校武术教育和教材的完善都取得了不小的成就。但好景不长，“文化大革命”使武术发展的前进步伐不得不延缓，武术同其他行业一样，也遭到了严重的破坏，武术活动被列为“四旧”基本被禁止，一些武术社团被迫关闭，武术器械被收缴与破坏，古老的拳谱和大量的武术书刊被抄缴、烧毁，许多武术文物被毁。尽管如此，武术运动还是以极其顽强的生命力在挫折中继续向前发展。尤其是1972年以后，在周恩来等同志的关怀下，全国性的武术表演、竞赛活动在停顿了六年之后逐渐恢复，并得到了一定的发展。

“文化大革命”结束后，武术工作重新得到了党和国家领导人的高度重视。经过拨乱反正，武术活动开始全面恢复。此时，学校武术教育得到逐步恢复，武术竞赛活动逐渐开展，武术对抗性项目开始试点，武术的对外交流活动逐渐活跃。同时，随着电影《少林寺》的上映及《武林》《中华武术》等杂志的创办，武术得到了更好的宣传、普及和推广。

本书集中于还原20世纪中后期武术发展过程中这段跌宕起伏的变化历程，总结了在新的历史条件下武术变革的影响，梳理了武术发展的历史脉络，为武术的可持续健康发展提供借鉴与参考。

第一章

中华人民共和国成立初期的武术发展

1949年10月中华人民共和国成立至1958年中国武术协会成立，这一时期是中国社会主义武术事业的创立时期。为了改变体育落后的面貌，建立自己的体育体制，我国在学习、借鉴苏联和东欧其他一些社会主义国家的体育体制和经验的基础上，开始逐渐构建具有自身特色的体育体制。

毛泽东同志对体育事业一贯重视。1950年，他亲笔题写了《新体育》杂志的刊名。1952年6月10日，毛泽东又题写了“发展体育运动，增强人民体质”十二个大字，为新中国的体育事业（当然也包括武术事业）指明了方向。

第一节　武术成为中华人民共和国体育事业的重要组成部分

1949年10月，中华人民共和国成立后，武术经过治理和整顿，由“国术”更名为“武术”，成为新中国体育事业的有机组成部分。由此，武术按照体育的发展模式开始大踏步地发展与完善。

一、改“国术”为“武术”

1927 年，由张之江发出邀请，钮永建、李烈钧、蔡元培等人在南京成立了“国术研究馆”，提出国术馆组设，原本救国之热诚，以期强国强种，这是首次出现“国术”二字。中华人民共和国成立初期，武术仍被称为“国术”，如李仲弢在 1950 年第 2 期《新体育》上发表了《谈旧国术的改造》。

“国术”一词是民国时期对民族体育的总称，项目包括武术套路、长短兵对抗、散手、射箭、弹弓、毽子、测力等，因此，我们说“国术与武术有渊源关系，但并非一码事”〔1〕。国术“类似于‘国画’‘国医’，是对本土体育的统一称谓”〔2〕。另外，“‘国术’一词创自中央国术馆，其字义含有浓厚之国家主义色彩，兼有排外之意味甚浓”〔3〕。中华人民共和国成立后，“国术”改名已成为历史趋势。

1953 年，曾任全国民族形式体育表演及竞赛大会副秘书长兼竞赛部部长的吴江平〔4〕认为，在中国可以被称为“国术”的技艺有很多，如中医、国画等，武术被称为“国术”不确切，再说“国

〔1〕马明达：《应该重新审视“国术”》，《体育文史》1999 年第 5 期。
〔2〕马明达、马廉祯：《继承国学传统 促进武术发展》，《中华武术》2009 年第 3 期。
〔3〕徐元民：《中央国术馆发扬本土体育之历史经验》，第 1 页。
〔4〕吴江平：1914 年出生，自幼习武，1933 年考入南京国术馆。中华人民共和国成立后，曾任武术、举重、游泳、体操、乒乓球等多个项目的第一任国家队领队。1994 年末，吴江平给伍绍祖作七律一首祝贺新春：“全民昂首贺新年，兴国健身战体坛。不辞劳苦多壮志，红旗漫卷宇宙天。忆昔当年到延安，难忘令尊关系转。挚望领导多保重，体疗养生舞翩跹。”伍绍祖被吴江平的精神所感动，欣然敬诗一首：“老当益壮，老有所为；为国为民，起早贪黑。早年革命，转战南北；忠心向党，绝不违背。提倡武术，不骄不馁；身体力行，心灵更美。我等晚辈，奋起直追；学习吴老，体育腾飞。”伍绍祖并在信中做了批示：“像吴江平这样一老同志，应多去请教，他的事情，应多宣传，以引导老同志和其他同志更好地生活和工作。”（《武术工作简报》1995 年第 2 期）

术”是旧中国、旧时代的提法。他提出改“国术”为“武术”[1]。1954年，中华人民共和国体育运动委员会[2]民族形式体育运动委员会根据“武术”的价值特征、“国术”这一名称的由来及一般语言习惯，在全国统一使用“武术”一词[3]。

值得注意的是：这一时期及以后，仍有人用“国术”来指代武术，如张之江在1957年全国政协二届三次会议上的发言，主题为“不要忽视国术的研究整理工作”，只不过，发言内容中改“国术”为“武术”。中华人民共和国成立后，最早的单项体协——“武汉国术委员会”于1950年10月建立，1956年才改名为“武汉市武术指导小组”[4]。直至1986年，由民革青海省委主办，以“培养武术人才，发扬我国武术传统，增强人民体质，扩大同海内外武术界的联系和交流，为祖国统一大业早日实现而努力奋斗”为宗旨成立的武术社团仍然被命名为“中山国术学校”[5]。台湾有学者发出“请以‘武艺’代‘国术’”的提议。他们认为，“‘国术’之名，在使用此一名词最主要的地区——台湾，一般民众‘习久’的‘约定俗成’的实况，‘国术’早沦为‘跌打损伤’的代名词；即便偶有略悉‘国术’与武术的关系，也早失其严肃尊贵的专业地位，而徒剩江湖草莽粗鄙不文之印象了”。而“‘武艺’一词，纯然状乎武事，且先诸古典，不牵扯意识形态

〔1〕区雪儿：《一个抗日老战士的武术人生——传奇吴江平》，《中华武术》2005年第9期。
〔2〕1952年11月15日，中央人民政府委员会第十九次会议通过设置中央人民政府体育运动委员会，简称“中央体委”。1954年9月，在第一届全国人民代表大会第一次会议上，中央人民政府体育运动委员会改为中华人民共和国体育运动委员会，简称“国家体委”。
〔3〕中央体委民族形式体育运动研究会：《为什么不把武术称为国术》，《新体育》1954年第7期。
〔4〕湖北省体育运动委员会：《湖北武术史》，人民体育出版社，1994，第164页。
〔5〕王本刚：《青海省中山国术学校成立》，《中华武术》1986年第4期。

色彩，又能极至高明，体现中国武术不光角斗力气，执意技巧，尚有上趣大道之渊博深意”，为此，他们“不得不认为‘武艺’乃取代‘国术’最佳之名辞”[1]。

二、武术的治理和整顿活动

中华人民共和国成立初期，我国面临着剿匪反霸、清除旧社会遗毒及镇压反革命等方面的重任，政治环境比较复杂。在武术的恢复和发展过程中也出现了一些不良现象。一些武术团体在没有获得批准的情况下随意建立，有的搞封建迷信活动，破坏社会秩序；有的骗取钱财；有的被反革命分子利用。在这种情况下，1955 年，国家体委对武术工作开始进行治理和整顿，确定了“整理研究”的方针。

为切实落实这一工作方针，国家体委提出了一系列限制武术发展的具体措施，如在组织领导方面提出：“目前，这项工作只由国家体委来做。省、市体委不建立这方面的机构，也不进行这方面的工作。”地方上，“厂矿、企业、学校机关原有的武术锻炼小组，应加以整顿。没有的，暂不建立。农村中坚决停止发展，原有的武术活动，可由区乡政府、青年团加以领导”。要求“社会上的一些拳社、武术联谊会等组织必须停止发展”，“有些借武术为名，实际上教人偷盗，强奸妇女，发展会道门，隐藏反革命等，应当由政府加以取缔，这些罪犯应当受到法律制裁”。当时武术工作的主要任务是“提出一些与体育相关的、对健康有益

---

〔1〕郭应哲等：《请以武艺代国术之名略说》，《国术研究》1997 年第 2 期。

的、又能推行的项目”[1]。在当时的历史条件下，“暂时收缩加以整顿”的方针无疑是符合现实需求的，但由于受“左”倾思想的影响，对武术的消极作用看得过重，也停止了一些不该停止的武术活动，有的老武术工作者还受到了不正确的对待，这些做法在客观上限制了武术的发展。

经过一段时间的整顿，正常的武术活动同少数人利用武术进行政治破坏活动二者得到了区分，划清了界限，广大武术工作者的政治觉悟也有了进一步提高，这为以后武术工作的开展创造了条件。

1956年，中国进入全面建设社会主义时期。为了适应形势发展的需要，1956年3月9日，中央人民政府副主席刘少奇在同国家体委负责人的谈话中指出：“要加强研究，改革武术、气功等我国的传统体育项目。研究其科学价值，采用各种办法，传授推广。”这一指示促使武术跳出1955年整顿、收缩的方针，在研究、改革、推广中又得到了进一步的发展。

三、武术成为中华人民共和国体育事业的重要组成部分

名正则言顺，“国术”更名为“武术”，恢复了其历史上的称呼，为武术正了名，实践证明这一决策是正确的。更名后，武术得以沿着体育的道路不断前行。

新中国对武术工作十分重视，1949年10月，国家批准筹备成立“中华全国体育总会”。中央人民政府副主席朱德在中华全国体育总会的筹备会议上提出：“要广泛地采用民间原有的许多

[1] 蔡树藩：《把我国人民体育事业继续推向前进》，载国家体委政策研究室编《体育运动文件汇编（1949—1981）》，人民体育出版社，1982，第33页。

体育形式。”筹备委员会主任冯文彬在会议上做的工作报告中也指出，“要开展武术活动”〔1〕。1949年10月26日—27日，中华全国体育总会第一届代表大会在北京召开，参加代表大会的有原“中华全国体育协进会”的理事，北京、上海、天津等24个省、自治区、直辖市的体育界代表，解放军、教育部、全国总工会、全国妇联、青年团中央、全国青联、全国学联等有关部门和少数民族代表共180余人。“这次大会是共青团中央受党中央委托召开的，主要议题是商议筹备成立全国体育总会和开展国民体育问题。”〔2〕武术名家张文广〔3〕、王子平等参加了会议。大会开幕式由荣高棠主持，朱德向大会致辞，冯文彬做了题为“开展新民主主义国民体育”的报告。参加大会的代表们情绪高昂、精神饱满。张文广代表武术界做了简单的发言，他认为：“武术是我国的传统体育项目，是中华民族宝贵的文化遗产，有着几千年的历史，是劳动人民在长期的生产斗争中创造发展起来的，它具有强身健体自卫的特点。为了更好地继承与发展中华武术运动，需要武术界与体育界联合起来，共同努力研究，使其能够发扬光大。”〔4〕

---

〔1〕中国武术史编委会：《中国武术史》，人民体育出版社，1997，第361～362页。
〔2〕张文广：《我的武术生涯》，北京体育大学出版社，2002，第89页。
〔3〕张文广（1915—2010）：祖籍安徽太和县，后逃荒至河南通许县城关镇定居。回族。1929年，随常振芳、张凤岭学习查拳。1933—1935年，在南京中央国术馆学习，得到黄柏年、姜容樵、吴俊山等指点。精通查拳、花拳、炮拳、洪拳、地躺拳、形意拳、八卦掌等，在摔跤、太极、击剑、短兵、散手等方面亦颇有造诣。1934年，获全国摔跤公开赛轻量级冠军。1936年，以武术选拔赛男子组第一名的成绩入选中国体育代表团，并参加柏林奥运会。自1936年起，在上海体育专科学校、国立国术体育师范专科学校、河北师范学院等院校任教。1945年，编写出自己的第一本专著《摔角术》。1953年，被调至中央体育学院，培养了大批武术人才。1960年，任中国武术代表队教练，随周恩来总理访问缅甸。1980年，任武术代表团团长访问日本。1985年，获得新中国体育开拓者荣誉奖。1998年，获批中国首批武术九段。2009年，被聘为中国武术研究院首批专家委员会委员。
〔4〕张文广：《我的武术生涯》，北京体育大学出版社，2002，第90页。

会议经过讨论，圆满完成了任务。原中华全国体育协进会被成功改组为中华全国体育总会，通过了中华全国体育总会的章程、委员名单，并推选冯文彬为主任，马约翰、吴蕴瑞、徐英超、荣高棠为副主任，荣高棠兼任秘书长，张文广被选为常务委员会委员。

1950 年，中华全国体育总会在北京召开了武术工作座谈会[1]，就新中国武术如何发展的问题进行了讨论，把发展武术运动提上了新中国体育工作的发展日程。会上，大家畅所欲言，对发展新中国武术充满了信心。

中华全国体育总会第二届代表大会于 1952 年 6 月 20 日—24 日在北京举行。1952 年 6 月 10 日，毛泽东为中华全国体育总会第二届代表大会题词“发展体育运动，增强人民体质”（图 1–1）。朱德的题词为“普及人民体育运动，为生产和国防服务”。这给新中国的武术发展指明了方向。

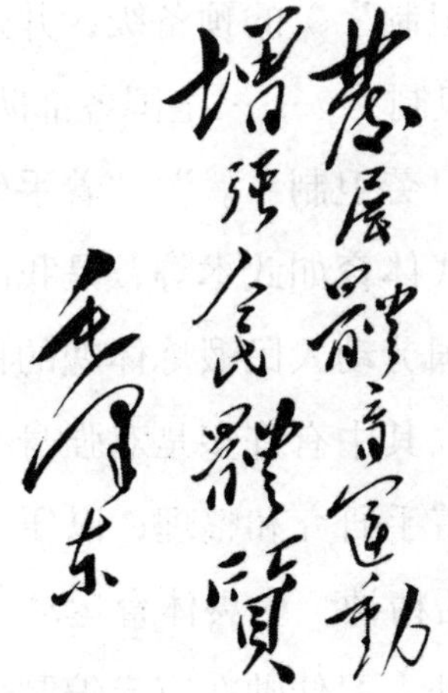

图 1–1　毛泽东同志题词

〔1〕参加座谈会的有张文广（天津）、徐致一（上海）、田镇峰（北京）等。

1952年7月29日—8月14日，荣高棠率领中国体育代表团到芬兰赫尔辛基参加第15届奥运会，这是中华人民共和国成立后第一次参加国际奥林匹克运动会。回国后，中华全国体育总会向刘少奇和中共中央呈递了《关于参加第十五届奥运会的情况报告》，建议在政务院下设立与各部委平行的全国体育事务委员会，“委员会的主任委员，最好请贺龙那样的一位将军来担任。”〔1〕

1953年11月17日，贺龙在《中央体育运动委员会党组关于加强人民运动工作的报告》中提出了开展群众体育运动的方针和意见。“当前开展体育运动的方针应当是：开展群众性的体育运动，使体育运动普及和经常化。为贯彻这一方针，要求首先在全国各厂矿中，有准备有计划地推行劳动前或工作间隙的体操，……全国各机关中，应逐步推行早操或工间操，……在全国中等以上学校的学生中，有准备有计划地推行‘准备劳动与卫国’体育制度（以下简称‘劳卫制’）的预备级，并选择其中条件最好的学校，重点实行‘劳卫制’。……全国各部队，除加强体育训练外，亦应有重点地试行‘劳卫制’。”“着手研究和整理民族形式体育。我国的民族形式体育如武术等，是我国优秀文化遗产的一部分，是几千年来我国劳动人民锻炼体魄的良好方式。民族形式体育的项目极为丰富。其中有许多是对强身有益的体育形式。中央体委拟设专门机构着手研究和整理，以便正确地推广和提倡。”

根据贺龙的讲话精神，中央体育运动委员会准备成立隶属于办公厅的群众体育处。习仲勋在审定编制表时，建议群众体育处独立成处。呈报到邓小平时，邓小平认为要成立司，和其他各司

---

〔1〕中央体委成立之前，体育工作归新民主主义青年团中央委员会主管。

拉平[1]。就这样，中央体委于 1954 年成立了群众体育运动指导司，并同时成立了民族形式体育研究会[2]，张轸任主任[3]。

对于武术工作，张轸强调："在今天，我们是把武术看作体育运动的一部分，只有项目的不同，没有什么宗派的区别。所谓'少林拳''武当剑''通臂''八卦'等，只不过是种类项目的名称而已。"[4]荣高棠则明确指出："对于那些群众所熟悉和爱好的武术、摔跤、石锁、砂袋、举石担、骑马、跳绳等必须予以重视，并加以改进，去掉其不科学的部分，使之成为广泛开展劳动群众中的体育活动的有效形式之一。"[5]

民族形式体育研究会依据"取其精华、去其糟粕、百花齐放、推陈出新"的方针，在武术等民族传统体育项目的挖掘、整理、继承和推广工作方面做出了突出的贡献。

---

〔1〕谢武申、王鼎华：《共和国体育元勋》，人民体育出版社，1990，第 164 页。

〔2〕体育运动委员会刚成立时的机构包括办公厅、群众体育指导司、干部训练司、运动竞赛司、国际联络司、学校体育司、编审司、计划财务司和民族形式体育研究会等。

〔3〕张轸（1894—1981）：河南罗山县竹竿乡河口寨人。先后在保定陆军军官学校、日本陆军士官学校学习。1923 年回国，在陕西陆军一师任参谋。1925 年 10 月，任黄埔军校战术总教官。抗日战争爆发时，任豫北师管区司令。1938 年，参加了台儿庄战役，受到嘉奖。1939 年，晋升国民党陆军中将。1942 年，赴缅甸抗击日军。解放战争时期，曾任第五战区司令官、河南省政府主席。1949 年 5 月，张轸率领部队 2.5 万余人在武汉金口起义，配合人民解放军渡江作战。1949 年 7 月，起义部队改编为中国人民解放军第五十一军，张轸任军长。1949 年 8 月 4 日，张轸的老长官、时任国民党长沙绥靖公署主任兼湖南省政府主席的程潜，在长沙宣告和平起义。1953—1957 年，张轸在国家体委工作。1955 年，被授予一级解放勋章。1957 年，被错划成"右派"，受到撤职、降薪五级的处分。"文化大革命"中，张轸为自己立下了三条原则：一不叛国，二不自杀，三不说假话。生活上，他豁达乐观，练太极拳，习书法，助人推拿疗病，以此来充实生活。1975 年，他被摘掉"右派"的帽子。1979 年，他被平反。1981 年 7 月 26 日，张轸在郑州病逝，享年 87 岁。

〔4〕原文出自 1955 年 2 月 22 日的《中央体委党组关于召开全国体育工作会议的报告》，后于 1982 年收录在人民体育出版社出版的《体育运动文件选编》中。

〔5〕国家体委政策研究室：《体育运动文件选编（1949—1981）》，人民体育出版社，1982，第 167 页。

四、贺龙对武术工作高度重视

作为共和国体育的奠基人，贺龙高度重视体育工作。1950 年 5 月 4 日，在贺龙、邓小平、李达的主持下，举办了西南军区直属部队（包括重庆警备部队）第一届运动会。

1951 年 2 月 15 日，西南军区司令员贺龙和政治委员邓小平签发了关于“颁发本年度五一运动大会计划”的命令：“在部队开展体育活动的基本方针是结合军事的需要，开展集体为主、个人为辅，群众为主、选手为辅的体育运动，使我们部队的每一个成员，保持健壮的体格，培养勇猛果敢的气魄，以提高我军质量，加强我军战斗力。据此方针并结合今年大练兵的工作，确定五一运动大会的性质为‘以开展练兵为主的运动大会’……以用来指导、推动西南全军的大练兵，发扬与提倡各种适合部队的体育活动，为今后普遍开展体育活动打下基础。”〔1〕

1952 年 11 月 15 日，周恩来总理在中南海怀仁堂主持中央人民政府委员会第十九次会议，讨论增设中央体育运动委员会的议题。周恩来正式提议，为了加强对体育运动的领导，建议贺龙担任中央人民政府体育运动委员会主任，蔡廷锴担任副主任。会议一致通过了周恩来的建议。

1954 年 9 月 29 日，毛泽东根据第一届全国人民代表大会第一次会议的决定，任命贺龙为国务院副总理、国防委员会副主席和国家体育运动委员会主任。

贺龙出身武术世家，其曾祖父贺廷宰平日习武不辍，堂曾祖贺廷璧能操练 120 斤的大刀，祖父贺良仕为武举，父亲贺士道也

〔1〕谢武申、王鼎华：《共和国体育之勋》，人民体育出版社，1990，第 42 ～ 43 页。

自幼习武。生长在这样的家庭中，贺龙深受习武的家风影响，他四五岁时就开始练习武术，成年后，他从“两把菜刀闹革命”成长为著名军事将领。贺龙的一生与体育、武术形影不离，他成为新中国体育事业（包括武术事业）的开拓者、奠基人。

1955 年初，贺龙对一些反动组织头目混入武术团体的问题进行了严肃的批评。他说，关于武术，第一是没有很好地研究，没有分析哪些是科学的、应该提倡的；哪些是不科学的、落后的、应该反对的。贸然提倡，所以形成混乱。第二是没有分析“民族形式体育”的社会基础，没有加以很好地领导和控制。……今后对于武术的研究、整理工作，需要有真正懂武术并具有一定科学水平的人来领导。〔1〕随后，国家体委在训练竞赛四司下设武术科〔2〕，与之相应，各省、自治区、直辖市也建立了职能部门，加强对武术的纵向管理。

在第一届全国运动会准备工作第三次会议上，贺龙发现武术的挖掘、整理工作进展不利，便督促国家体委的负责同志说：“要是再不搞，少林拳等就要失传了。现在农村用的石担子、石锁、石墩，过去武秀才就是靠这些东西，古代就有的，是武术的一种，挺科学的……河北的气功疗法，有好几千人去治疗。中医医院的杜老按摩那么好，为什么不派人去学？”〔3〕

在懂武术、爱体育的贺龙同志的领导下，中国武术事业逐渐走向正轨，走上新的发展阶段。

---

〔1〕贺龙主任在 1955 年 1 月 4 日全国体育工作会议上的讲话提纲。
〔2〕1964 年 9 月，武术科升为武术处。毛伯浩任处长。这一机构一直延续到国家体委武术研究院成立。（顾元庄、唐才良：《顾留馨日记（上）》，逸文武术文化有限公司，2015，第 22 页）
〔3〕谢武申、王鼎华：《共和国体育元勋》，人民体育出版社，1990，第 178 页。

第二节 1953年全国民族形式体育表演及竞赛大会的举办

1952年6月10日，毛泽东题词“发展体育运动，增强人民体质”，为新中国体育的发展指明了方向。1953年4月27日，贺龙在全国各大行政区体育运动委员会负责人会议上强调：“体育运动是人民事业中的一个组成部分，我们是人民的勤务员，就应该把体育运动搞好，使人民身体健康。”1953年11月，在多方的努力下，全国民族形式体育表演及竞赛大会[1]（以下简称“表演及竞赛大会”）在天津成功举办。

一、时代背景与相关准备工作

中华人民共和国成立初期，武术活动深入人心，许多人通过练习武术锻炼身体。如中国著名乒乓球运动员庄则栋因为身体弱，自1946年至1952年练习了六年的武术，结果是“身体越来越好，劲头越来越足”[2]。

（一）全国民族形式体育表演及竞赛大会的缘起

土地改革和恢复国民经济的任务完成后，从1953年起，我国开始实行发展国民经济的第一个五年计划。就在这一年的8月9日，吴传玉在罗马尼亚举行的第1届国际青年友谊运动会上，为新中国获得国际体育比赛的第一枚金牌，消息传回，举国欢庆。

---

〔1〕1984年，国家民委、国家体委将之定为第一届全国少数民族传统体育运动会。

〔2〕庄则栋：《庄则栋自述》，新华出版社，2014，第4页。也许正因为庄则栋曾有过习武经历，所以后来他写有《说剑》《武艺与武心》等文章。

毛泽东发出“向吴传玉学习”的号召，全国掀起了训练的热潮。在这样的背景下，为“检阅几年来民族形式体育运动在全国各地、各民族间开展的成就，为今后整理和推广民族形式体育运动打下良好的基础”[1]，1953年11月8日至12日，全国民族形式体育表演及竞赛大会在天津举办[2]。

民族传统体育在天津有着深厚的群众基础。早在1951年，为支持抗美援朝，天津市就举办了“民族形式体育表演比赛大会”。1952年春，天津市又举办了规模更为宏大的民族形式体育表演比赛大会。大会设武术套路、散手、摔跤[3]、短兵、长兵、石担、石锁、爬竿、皮条、举大刀、蹬墩子、弹弓等表演竞赛项目[4]。

（二）上海武术观摩大会的举办[5]

上海的武术群众基础特别好。1949年5月底上海解放后，“精武体育会”积极发扬“爱国、修身、正义、助人”的精武精神，积极响应当时正在筹建中的上海市民主青年联合会发起的各界慰劳解放军的活动，义务进行武术表演，因此受到了表彰，陈毅市长亲笔书写了“劳军模范”赠予精武体育会。1953年4月19日，上海市在重庆南路第二医学院举行了武术观摩大会，183名运动员报名参加了这次观摩活动。

---

〔1〕张文广：《我的武术生涯》，北京体育大学出版社，2002，第96页。

〔2〕之所以选择天津，是因为天津武术群众基础较好。1951年10月，天津成立了“武术运动工作委员会”，张文广为负责人。为提高武术工作者的思想觉悟，委员会还成立了“武术界学习会”。

〔3〕摔跤，也被称作摔角。

〔4〕马贤达：《中国短兵·教学训练竞技》，三秦出版社，2003，第9页。

〔5〕蔡龙云：《以新的姿态出现的武术观摩大会》，载蔡龙云《琴剑楼武术文集》，人民体育出版社，2007，第1～2页。

在建设新民主主义体育的过程中，运动员已不再仅仅为了夺锦标、争高分而参加比赛了。此时已是三个孩子妈妈的古柏小学教师高君珠说："我年轻的时候，每次参加演出，都是为了想夺锦标出风头；今天我的动机不同了，我是为了通过参加这次大会，在广大的妇女群众中起一个示范作用，使多样化的体育运动今后在我们妇女群众中也能普遍地开展起来。"上海卷烟三厂工人邹兴祖说："今天我们参加演出，不再是为了单纯的分数，而是以生动的方式向群众进行一次重视体育锻炼的宣传教育。"年轻的店员周克明和学生运动员陈业兴说："体育运动……尤其是武术运动，在今天更是一个革新的运动。我们青年人必须担起这个任务，把劳动人民创造的优良的民族遗产发扬光大。"

这次武术观摩大会采用评分的方法。但此次评分已不再像过去那样专从技术角度出发来对运动员进行评判，而是更加注重运动员德才兼备的全面发展，加入了武术运动员态度和作风的分值（占总分的 10%）〔1〕。

上海武术观摩大会对展现、宣传武术，发现武术人才都起到了积极的作用，但也出现了个别运动员不按时报到等现象。武术表演上还出现了一些丑化武术的现象，如表演猴拳的运动员搔耳朵、挖屁股，表演双刀进枪的运动员总爱用刀片在对方背上乱拍，以博取观众的喝彩。这些情况说明，中华人民共和国成立初期，人们对武术的认识还存在很大的误区，部分表演者仍用低级趣味的东西取悦观众。这些都是需要在以后的工作中逐渐纠正的。

---

〔1〕蔡龙云：《以新的姿态出现的武术观摩大会》，载蔡龙云《琴剑楼武术文集》，人民体育出版社，2007，第 2 页。

（三）华北区人民体育运动大会的举办

1953 年 8 月 22 日—30 日，华北区人民体育运动大会在绥远省归绥市[1]举办。来自河北、天津、北京、绥远、山西五个省市的运动员参加了田径、自行车、摔跤、拳击、体操、举重、赛马、球赛和民族形式九个项目的竞赛与表演。其中，民族形式为表演项目，包括单械、单拳、双拳、杂技等。该表演项目的评选委员会主任委员为张云骥，副主任委员为田雨、张文广[2]、哈萨巴特尔[3]、吴桐、刘世明等，委员有陈盛甫[4]、张登五、李剑秋、姜宝润、边寿祺、周树林、张璧如、樊瑞峰等，秘书为陈绪英。在该次竞赛与表演大会上，中华全国体育总会发布了关于召开 1953 年全国民族形式体育表演及竞赛大会的相关通知[5]。通知对竞赛项目、表演项目、参赛范围、表演与竞赛办法、规定与要求等均进行了明确说明，这为 1953 年全国民族形式体育表演及竞赛大会的成功举办奠定了良好的基础。

二、1953 年全国民族形式体育表演及竞赛大会的举办

1953 年 11 月 8 日—12 日，“为了研究和整理民族形式体育

---

〔1〕绥远省今为内蒙古自治区中部，归绥市今为呼和浩特市。1954 年，撤销绥远省，归入内蒙古自治区。1953 年 8 月 15 日，内蒙古自治区首届人民体育运动大会在乌兰浩特市举行。

〔2〕张文广还担任本次竞赛与表演大会副总裁判长，拳击、摔跤、举重比赛的裁判长。

〔3〕哈萨巴特尔还担任蒙民摔跤比赛的裁判长。

〔4〕陈盛甫（1902—1996）：山东武城人，自幼随父习武，学习八段锦。1920 年，在曲阜随杨明斋学习孙膑拳。1926 年，毕业于上海东亚体育专科学校。在上海期间，又跟随王怀琪学习易筋经、五禽戏，随赵保成学习少林武术拳械，后随张含之练习鞭杆。他擅长五手拳、鞭杆技艺。曾在青岛任教 10 年。1950 年，任中华全国体育总会山西分会主席。1951 年，创办山西大学体育科并任主任。著有《散打五手》《十六手对打》《鞭杆》《扬眉剑》《中老年健身操》等著作。

〔5〕《1953 年华北区人民体育运动大会秩序手册》，第 51 ～ 55 页（2014 年 6 月 11 日，樊式形意拳第三代传人樊瑞峰赠）。

运动，以便于逐步地提倡和推广，使之成为广大群众所爱好的体育项目”[1]，中华全国体育总会在天津市第二人民体育场举办了全国民族形式体育表演及竞赛大会[2]。

大会设竞赛项目、表演项目和特约表演三大类，明确规定“凡开石、开砖、排肋、油锤贯顶……违反生理之项目不得参加表演”[3]，其具体要求如下。

竞赛项目包括国内流行的摔跤，国际流行的拳击、举重（杠铃和石锁两种）、步射（弓箭射准）和击剑（短兵），共五个项目。

对于表演项目，大会规定：“凡各民族在劳动生活斗争中创造出来的武术、民间体育、骑术等项目，且具有民族风格和体育价值的，都可报名参加表演。”[4]为保证大会的顺利进行，大会对表演项目的时间进行了规定。其中，武术表演不得超过 5 分钟，民间体育表演不得超过 10 分钟。

特约表演的项目主要有天津队的狮子舞、李文贞[5]的剑术、中国人民解放军队的马舞、北京师范大学的国际击剑、河北师范

---

〔1〕《1953 年全国民族形式体育表演及竞赛大会秩序册》，第 51 页（功力门武术第三代传人李文贞赠）。

〔2〕本次大会原拟定在北京先农坛体育场举行，因当时中央体育学院校舍未竣工，暂借先农坛体育场开学，遂大会改为在天津市举行。（中国体育博物馆、国家体委文史工作委员会:《中华民族传统体育志》，广西民族出版社，1990，第 783 页）

〔3〕《1953 年全国民族形式体育表演及竞赛大会秩序册》，第 51 页。

〔4〕《1953 年全国民族形式体育表演及竞赛大会秩序册》，第 52 页。

〔5〕李文贞（1923—2014）：河北霸州人。“霸州李”李茂春长女（李茂春的子女有李文贞、李文兰、李文起、李文胜），自幼随父习武，精通太极十三剑、飞虎拳。父亲去世后，她担负起家庭的重担。李文贞无亲生子女，养女李丽玲为李文起二女儿，干儿子为陈真的扮演者梁小龙（1984 年，梁小龙专程来天津拜师认亲）。1953 年，李文贞入选华北武术队。1954 年，入选国家武术队。1958 年，进入天津体育学院工作。1961 年后，她又在天津人民体育馆、振华武术馆任教练，培养了大批武术人才。1965 年，李文贞罹患子宫癌，依靠顽强的意志，她最终战胜病魔。李文贞曾出访苏联、波兰等国。著有《太极十三剑》。李文贞与王荣标女儿王侠林、吴鉴泉女儿吴英华、王子平女儿王菊蓉、孙禄堂女儿孙剑云并称为“新中国五位侠女”。

学院的沙袋球、中国杂技团的杂技、解放军队与内蒙古队的马球及华北区队与内蒙古队的蒙古式摔跤等。

这次表演及竞赛大会受到了全国各地的普遍支持，据统计，“共有来自华北区、东北区、西北区、华东区、中南区、西南区（包括西藏）、内蒙古自治区、中国人民解放军、中国火车头体育协会九个单位”[1]的410名运动员参加了这次表演及竞赛大会[2]。

本次表演及竞赛大会的表演评判长为徐致一[3]，温敬铭[4]、田雨、郭廷智分别担任武术、民间体育和骑术评判组的组长。竞赛裁判长为张文广，赫寿岩、张登魁、朱国福、曾维祺

---

〔1〕出自《1953年全国民族形式体育表演及竞赛大会秩序册》。

〔2〕根据当时的秩序册，共有410名运动员报名参加，而《中国体育年鉴》认为是380名运动员参加（中国体育年鉴编辑委员会：《中国体育年鉴（1949—1962）》，人民体育出版社，1964，第41页），待查。

〔3〕徐致一（1892—1968）：浙江嘉兴人，北京政法专门学校毕业。幼时喜爱体育，1917年，师从吴式太极拳创始人吴鉴泉，系统学习吴式太极拳。1927年，自北京到上海工作，曾任上海大中华火柴公司经理。1928年，与姜容樵、马步周合作组成健康实验社。1937年，被聘为精武体育会理事长。1947年，任精武体育会常务理事，与会长张文魁等人成立了精武摔跤团。1949年初，担任精武体育会会务复兴委员会主席。1952年，组织成立上海市武术界联谊会并任会长。1953年，在全国民族形式体育表演及竞赛大会上任表演评判长。中华人民共和国成立后，徐致一一直在上海第二轻工业局工作至退休。著有《太极拳浅说》《吴式太极拳》等著作。其文章《一柔到底》曾引起广泛的争论。徐致一的儿子徐亦庄早年留学美国，后为清华大学教授、博士生导师，是中国光学领域的著名专家。

〔4〕温敬铭（1905—1985）：河北蠡县人。1911年，师从贾魁、贾俊峰习武，后从罗成立习绵拳、大枪。1933年，考入中央国术馆。1936年，毕业后留校任教，同年，入选中国体育代表团参加在德国柏林举办的奥运会。自1937年起，先后在国立国术体育师范专科学校、中央大学任教。1943年，在教育部国术教材编审委员会任编辑，后又返回国立国术体育师范专科学校任教。中华人民共和国成立后，在湖北教育学院、华中师范学院和武汉体育学院任教。1983年，被评为全国武术挖掘、整理先进个人。1985年，获国家体委颁发的新中国体育开拓者荣誉奖。曾任中国武术协会副主席、中国体育科学学会理事、湖北省武术协会副主席、武汉体育学院学术委员会副主任。著有《短兵术》《中国式摔跤》《铐手翻子》等。

和唐豪[1]分别担任步射、摔跤、拳击、举重和短兵裁判组的组长。（图 1–2）

图 1–2　1953 年全国民族形式体育表演及竞赛大会裁判员合影[2]

[1] 唐豪（1897—1959）：字范生，号棣华，江苏吴县人。出身于一个缝纫工家庭，自幼家贫，喜文好武。到上海谋生后，曾任上海尚公小学校长，从山东德州人刘震南学习六合拳，并在学校倡导武术运动。后又师从李存义、陈发科练习形意拳、太极拳。1927 年，唐豪被捕入狱。幸得友人朱国福救助并资助其去日本学习政法，其间唐豪学习了日本劈刺、柔道。回国后，他积极提倡武术，勤于著述，任中央国术馆编审处处长。1936 年，顾留馨被提起公诉，唐豪不畏强暴，为其辩护。1941 年，唐豪被汪伪政府、日寇缉捕，逃至安徽，匿居在拳友杨孝文的米店楼上。中华人民共和国成立后，唐豪回到上海，任华东政法委员会委员。1955 年，调至国家体委工作。出版有《太极拳与内家拳》（1930）、《少林武当考》（1930）、《内家拳》（1935）、《王五公太极连环刀法》（1936）、《王宗岳阴符枪谱》（1936）、《中国古佚剑法》（1936）、《戚继光拳经》（1936）、《行健斋随笔》（1937）、《清代射艺丛书》（1940）、《中国民族体育图籍考》（1940）、《中国武术图籍考》（1940）、《中国武术图籍考补篇》（1940）、《少林拳术秘诀考证》（1940）。（顾留馨：《忆唐豪》，《中华武术》1982 年第 1 期）

[2] 前排左起五为樊瑞峰、六为徐致一、七为朱国福、八为刘实君、九为李天骥；二排左起三为李剑秋、五为范铁生、六为郭运昌、九为高瑞周；三排左起二为孙文宾、三为陈盛甫、五为姜容樵、七为张文广、八为李雨三；四排左起一为李凤彧、四为郑怀贤、六为温敬铭；五排左起二为周树林、五为唐豪、七为郝家俊、八为田镇峰。其他人未识出。

武术是该次大会的主要表演项目。共有来自西北区、东北区、华东区、华北区、西南区、中南区、中国火车头体育协会七个地区和单位的143名运动员参加了武术表演〔1〕。从当时的秩序册看，共有八仙拳、醉拳、黑虎拳、形意拳、查拳、二郎拳、少林拳等70余种不同名目的单练徒手套路，以及醉汉擒猴、猴拳对打、擒拿对打、太极推手、对拳、团体拳等对练和集体拳项目。武术器械项目更是名目繁多，主要如下：剑术包括梅花双剑、武当剑等32种；刀术包括春秋刀、少林双刀等40种；棍术包括子午棍、罗汉棍等16种；枪术包括六合枪、梅花枪等14种；鞭术包括大圣鞭、陆战鞭等10种；对练和集体器械项目包括对打鞭杆、三节棍进枪等15种；其他还包括护手双钩、流星锤等16种。

上述器械套路共计140多种，当时中国武术内容之丰富可见一斑。

在武术评判组组长温敬铭、副组长郭挹珊及评判员陈盛甫、范铁生等15人的通力协作下，这次表演及竞赛大会的武术套路表演采用“有场无线”、集体评议〔2〕的方式进行评判，展现了中华人民共和国成立初期传统武术的最高水平。

全国民族形式体育表演及竞赛大会的开幕式在天津市第二人民体育场举行，主席台中央高挂毛泽东的画像和两面鲜艳的五星

---

〔1〕运动员号码到145号，但中间缺少59号和122号，故实际为143人报名参加表演。有资料记载为154人（中国体育年鉴编辑委员会：《中国体育年鉴（1949—1962）》，人民体育出版社，1964，第158页），当误。143名运动员名单如下：西北区有苗玉龙、马子珍、马子才等16人（男15人、女1人）。东北区有成传锐、李国珍等26人（男25人、女1人）。华东区有蔡龙云、邵善康等16人（男11人、女5人）。华北区有刘万福、王侠林等27人（男23人、女4人）。西南区有兰素贞（女）、张怀清等32人（男27人、女5人）。中南区有李元超、刘玉华（女）等12人（男8人、女4人）。中国火车头体育协会有孙奎元、马述珍等14人（性别均为男）。

〔2〕聂华：《我国第一次民族形式体育盛会》，《体育文化导刊》2002年第4期。

红旗，主席台两侧装饰着我国古代骑士骑射的图案。主席台对面矗立着两块巨大的标语牌，上面分别写着毛泽东同志和朱德同志的题词："发展体育运动，增强人民体质"和"普及人民体育运动，为生产和国防服务"。会场中心设有一个巨大的表演台，两侧设有拳击台和摔跤台。中央人民政府政务院副总理兼文化教育委员会主任郭沫若致辞。

在这次大会上，西南区选手兰素贞表演的绵拳和自然剑引起了人们的关注。李文贞演练的剑术荣获了特别奖〔1〕。

三、刘玉华〔2〕复出

1946年，抗日战争已取得全面胜利，国立国术体育师范专科学校迁往天津。一直任教于该校、已是副教授的温敬铭并没有被允许跟随学校前往天津，而是被调到了重庆青年会任教育主任，薪水是每月100元，还不及他原来的三分之一。此事给温敬铭的妻子刘玉华以极大的打击，于是她卖掉了刀、枪等武术器械，发誓终生不再练武术，子子孙孙也不再沾武术的边〔3〕。

中华人民共和国成立后，新的生活点燃了刘玉华习武的心。

---

〔1〕李文贞当时演练的剑术为太极十三剑，系李茂春与太极拳传人恒泰在北京换艺而来，共八路。中华人民共和国成立后，李文贞和师兄王子章将其整理为《太极十三剑》，由人民体育出版社出版发行。有报道说，李文贞的太极十三剑和飞虎拳均参加了特约表演，且获得特别奖（昌沧：《津门一青松——李文贞》，《中华武术》2008年第10期），但秩序册中只有李文贞的剑术，并没有飞虎拳表演的安排，当属误传。

〔2〕刘玉华（1916—2008）：女，河南开封人。1923年，师从何福同、孟广泰。1932年，毕业于南京中央国术馆。1933年，国术国考获"国士"称号。1936年，入选中国体育代表团参加在德国柏林举办的奥运会。1937—1949年，先后在汉口国民体育师资训练班、国立国术体育师范专科学校任教。中华人民共和国成立后，先后在华中师范学院、武汉体育学院任教。1985年，获新中国体育开拓者荣誉奖。著有《飞凤双剑》等。

〔3〕刘素娥：《奥运情缘——一代武宗温敬铭的奥运传奇》，河北教育出版社，2008，第125页。

丈夫温敬铭重新得到了社会的重视，不但吉林师范大学、江西体育专科学校、湖南教育学院三家单位争相聘请温敬铭去工作，而且他还受邀担任了1953年全国民族形式体育表演及竞赛大会武术评判组的组长。刘玉华决定复出，争取能参加这次比赛。为此，她开始恢复中断七年的武术训练。但此时的刘玉华37岁了，已是三个孩子的母亲，为了找回已经放下七年的功夫，她晚上开始加班练习。

经过一段时间的苦练，刘玉华的武术才能得到了恢复，而最终以湖北省预赛第一名、中南区预赛第一名的成绩[1]参加了全国民族形式体育表演及竞赛大会，并获得了优异的成绩。会后，刘玉华和温敬铭双双被选中到北京怀仁堂给国家领导人做汇报演出。从此，刘玉华以更旺盛的精力投身武术事业，也为国家培养了一批批武术人才。

四、贺龙的指示——精辟独到的“八字方针”

为宣传好全国民族形式体育表演及竞赛大会，徐源去拜访了贺龙同志，请他指导宣传报道的思想。

访谈期间，贺龙首先回忆了自己青少年时期在湘西生活的情景：那时在桑植，挂牌招收徒弟的拳师不下十几个。他们当中，有的确实有本事，但多数只不过是虚有其名。他认为，“民间流传的武术套路是很多的，不仅汉族有，各少数民族都有，这是要花费力气去发掘的。譬如一座宝山，大家都说它有宝，但到底有什么宝？有多少？不探明白是无从了解底细的。因此，要探明情

[1] 刘素娥:《奥运情缘——一代武宗温敬铭的奥运传奇》，河北教育出版社，2008，第139页。

况，发掘出来。这是头一件要做的事。”发掘不是目的，“被发掘出来的东西，是真宝还是假宝，又得花费大力气去淘洗、整理。要剔除其违反科学的东西，打开人们的眼界，还复它固有的健康的形体。”“同叫一个名的套路，由于传人的体会、侧重不同，往往会有不同的‘手、眼、身、步、法’。如何使它符合科学原理，使人们更易于掌握，收到增强体质的效验。这是很重要的第二件事。”在此基础上，还得花费更大的力气来总结、提高。贺龙主张发扬各流派之长，反对“到此为止”的因循守旧思想。他认为，“任何事物都是发展变化的，要适应发展变化的需要，就得注意随时提高自己。做学问是这样，学拳习艺也是这样。至于提高，不外乎两个方法：一是从现有的基础上开拓新境界；一是博采他人的擅长。只有经过刻苦认真的揣摩，道路才能越走越宽；习前人之所习，也才能在自己的手里发扬光大，取得更大更多的成效。这是第三件事。”〔1〕

贺龙自幼喜爱武术，对武术有自己独到的见解，对于武术运动的发展，他概括为“发掘、整理、提高、推广”八个字。这个概括精辟独到，对武术的发展起到了重要作用。如张軫在《关于整理和开展武术运动的几个问题》一文中，就指出民族形式体育运动的“十六字方针”——“调查研究，发掘整理，广泛宣传，逐步发展”〔2〕，显然就是受到了贺龙八字方针的影响。

1953年，全国民族形式体育表演及竞赛大会是对新中国武术

〔1〕徐源：《奋蹄挥鞭　开创武术新局面——忆贺龙同志的一次谈话》，《中华武术》1982年第1期。
〔2〕张軫：《关于整理和开展武术运动的几个问题》，《新体育》1954年第9期。

运动的一次大检阅[1]。张文广认为，“在这次大会上表演的武术，有的不仅可以推广，还应该进一步加以巩固和提高”，如改编过的绵拳、七节鞭和花枪等。“也有很多的武术项目，还是需要很好地整理和改革的”，如猴拳，本来是一种很好的拳术，但有的表演者专门为模仿而模仿，甚至过分注重面部表情，这样既失去了武术的特点，也不能更好地体现武术的美和体育价值。再如螳螂拳，对于锻炼人的上肢有很大的好处，但对于人们下肢和腰部的锻炼体现得不够，需要逐步改进[2]。

五、进京表演团和第一支国家武术队的建立

1953 年 11 月 29 日，全国民族形式体育表演及竞赛大会优胜者组成了进京表演团，到北京怀仁堂给党和国家领导人进行了汇报表演。

1953 年 12 月 2 日，中苏友好协会总会在北京青年宫举办了“1953 年全国民族形式体育表演及竞赛大会优秀运动员表演晚会”。晚会共有 52 个节目，包括李春燕的地躺刀、周克钦的定唐鞭、蔡云和与蔡信和的矛盾对打、兰素贞的自然剑、田永福和王金生的空手夺刀、张万成的荷叶单刀、赵锦才的三节棍、李文贞的飞虎拳和太极十三剑二路、邵善康的醉拳和九节鞭、蔡鸿祥和蔡龙

---

〔1〕1953 年，全国民族形式体育表演及竞赛大会武术获奖者共 98 人。西北区有苗玉龙、张景福等 9 人；东北区有原庆春、成传锐等 17 人；华东区有蔡龙云、王菊蓉（女）等 16 人；华北区有吴桐、郑成权等 19 人；西南区有王树田、兰素贞（女）等 19 人；中南区有李元超、曹振华等 9 人；中国火车头体育协会有孙奎元、刘振家等 9 人。

〔2〕张文广：《我的武术生涯》，北京体育大学出版社，2002，第 314 页。

云[1]的对拳、邱桂香的提袍剑、李恩贵的鸭形拳、高瑞周的太极拳、沈少三的花样石锁、宋保生和沈少三的摔跤、兰素贞的绵拳、金莲芳和佟佩云的拐进剑、成传锐[2]的奇形剑、郑怀贤[3]的飞叉、郑怀贤和王树田的空手夺枪、王菊蓉的青龙双剑、张文广和温敬铭的对擒拿、李天骥和张继修的太极对剑等（图 1–3）。这次表演晚会获得了极大成功，为新中国武术的普及与进一步发展奠定了良好的基础。

1954 年，在上述赴京表演团的基础上，中华人民共和国第一支国家武术队宣告成立（图 1–4）。这支国家武术队由中央体育学院[4]竞技指导科管理，武术训练基地设在天津民园体育

---

〔1〕蔡龙云（1928—2015）：山东济宁人。自幼随父蔡桂勤习武，擅长华拳、少林拳、太极拳、形意拳，尤精技击。1943 年、1946 年在上海两次以中国拳法击败俄、美籍拳师，被誉为“神拳大龙”。1954 年，进入国家武术队任政治辅导员兼队员。1960 年，任上海体育学院武术教研室主任。培养了大批学生，如王培锟、邱丕相等。1983 年，任全国武术遗产挖掘、整理工作组副组长。1985 年，获“新中国体育开拓者”荣誉奖章。1986 年，调至国家体委武术研究院任副院长。1998 年，获批中国首批武术九段。2009 年，被聘为国家体育总局武术研究院首批专家委员会委员。第七届全国政协委员。出版有《武术运动基本训练》《华拳》《剑术》《少林寺拳棒阐宗》等著作。

〔2〕成传锐（1935—1989）：山东邹平人，出生于辽宁大连。初从修剑痴学习武术，后又得到赵玉亭、梅占元、李天骥、张文广等人的指教。精通通背拳、查拳、醉拳，尤擅长穗剑、断魂枪。1953 年，在全国民族形式体育表演及竞赛大会上被张文广发现并介绍其于 1954 年考入中央体育学院。毕业后留校任教。1954 年，进入国家武术队。创编有“通背功”“简化通背拳”。曾获“新中国体育开拓者”荣誉奖章等。

〔3〕郑怀贤（1897—1981）：河北省新安镇人。1910 年，随“飞叉大王”李二庆（李而清、李洱庆这两个名字也可查）学习飞叉、正骨。随后，向魏昌义学习戳脚翻子，向魏金山学习鹰爪翻子。1923 年，经魏金山介绍，郑怀贤拜在孙禄堂门下学习。郑怀贤尤其擅长八卦拳。1936 年，被选为中国体育代表团成员参加德国柏林第 11 届奥运会，表演武术，为国家赢得了荣誉。后以孙式八卦拳享誉西南，被同道称为西南五省八卦拳第一人，其八卦拳的活步推手、快摔和擒拿为西南武林中的三大技击绝技。郑怀贤还是武医专家，曾为周恩来、贺龙、董必武、徐特立等领导人治过伤。历任中华全国体育总会常务委员、中国武术协会主席、中国体育科学学会理事、全国运动医学学会委员、成都体育学院运动医学系主任、成都体育学院附属体育医院院长。1981 年 10 月 31 日，郑怀贤因心脏病医治无效去世，享年 84 岁。

〔4〕中央体育学院，1956 年改名为北京体育学院，1993 年改名为北京体育大学。

场[1]，毛伯浩[2]为班主任，李天骥、孙文彬和周树林为教练，李天骥任教练组组长。队员共 22 人（男 13 人、女 9 人）[3]，分别为上海的金莲芳（女）、蔡龙云、邵善康、胡汉平，山东青岛的邱桂香（女）、刘崇禧等。年龄最大的是刘万福（1918 年），最小的是马春喜（女，1940 年）。

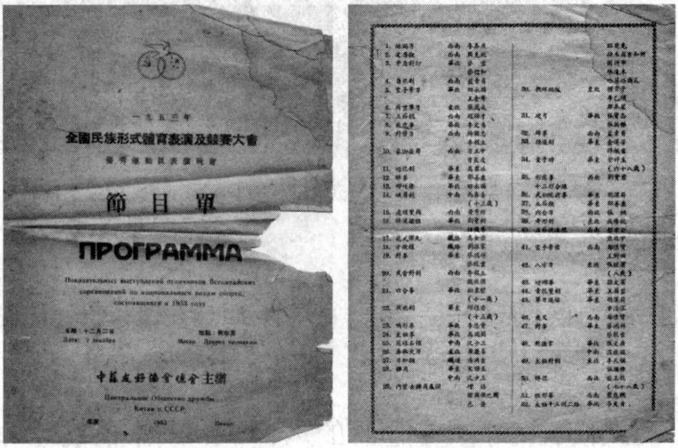

图 1-3　1953 年全国民族形式体育表演及竞赛大会优秀运动员表演晚会节目单

〔1〕据沈少三回忆，当时叫民族体育班，吃住在重庆道 100 号。同时住在此处的还有篮球班、排球班、足球班、乒乓球班、田径班。后来，民族体育班迁至民园体育场南看台底下住。

〔2〕毛伯浩（1917—1995）：山东即墨人。1928 年，练习“新武术”。1931 年，入即墨县国术馆学习。1937 年，参加八路军。1938 年，入党。1940 年，任县武装部部长、公安局局长。1950 年，任重庆新华日报社秘书长、中华体育总会重庆分会委员、西南区武术选拔赛总裁判长、第一支国家武术队主任。1954 年起，历任国家体委武术科科长、武术处处长，中国武术协会秘书长、副主席。在其领导下，研制了武术竞赛规则、创编了武术竞赛套路及简化太极拳。1961 年，任武术教材编写组组长。多次任全国武术比赛裁判长、武术竞委会主任，多次任中国武术代表团团长、领队，带队出国访问。曾获解放区优秀厂长奖、山东省体育荣誉奖、国家体委颁发的“新中国体育开拓者”荣誉奖章等。

〔3〕据沈少三回忆，国家武术队一开始共包括毛伯浩、李天骥、孙文宾等 19 人（队员 16 人）。武淑清在队中仅待了一两个月，因为要回北京上学而离开了武术队。后来，华北武术队撤销，其队员周树林、张云集、刘万福、田永福（属于民族体育班，但在华北队训练）等 9 人加入武术队，国家武术队人员增至 28 人。

图 1-4　第一支国家武术队部分成员合影（1955 年）[1]

国家武术队的这些队员个个身怀绝技，如成传锐的枪术、李文贞的剑术、邵善康的地趟拳、蔡龙云的华拳、肖应鹏[2]的猴拳、胡汉平的武松脱铐拳、金莲芳的六合拳、刘崇禧的螳螂拳、沈少三的石锁、杨春山的硬弓等，在当时都是一绝。不久，李天骥被国家体委一纸调令，由哈尔滨工业大学调至北京工作，开启了新的武术人生[3]。第一支国家武术队在 1955 年下半年解散。

〔1〕据沈少三回忆。第一排左起：刘万福、“未识出”、马春喜、邱桂香、金莲芳、周树林女儿、李文兰、刘崇禧；第二排左起：李国华、赵淑琴、孙文宾、肖应鹏、田永福、沈少三、蔡龙云、常双年、李文贞、毛伯浩、李天骥；第三排左起：邵善康、杨春山；第四排左起：成传锐、“未识出”、“未识出”。

〔2〕肖应鹏，曾用名萧应鹏。湖北武汉人，出生于 1915 年。1958 年，调入成都体育学院任教，培养了郭洪海、熊长贵等弟子。

〔3〕张强：《武术名师李天骥》，北京语言大学出版社，2015，第 54 页。

第三节　武术套路竞赛的举办及对抗运动的开展

1956 年 4 月 28 日，由国家体委颁布的《中华人民共和国运动竞赛制度的暂行规定（草案）》中，规定了在我国实施竞赛制度的运动项目共 43 个，武术位列其中，此时人们已开始运用竞赛的办法来推动武术的发展。

一、武术套路竞赛活动的举办

1956 年 11 月 1 日—7 日，由北京、上海、河北等 11 个省市单位共 92 名运动员参加的“十二单位武术表演大会”[1]在北京举办（图 1–5），评判委员会主任为张之江[2]。该大会不分男女组，但分评选项目和表演项目两类，分别进行拳术和器械的演练。大会评分采用 10 分制，最后以拳术、器械成绩最优的一项评奖。最后，评选项目有 26 人[3]在 8 分以上，表演项目有 13 人[4]在 8 分以上。这种尝试尽管还不完善，但毕竟使武术比赛向前迈进了一步，为后来竞技武术套路竞赛规则的制定打下了基础。

---

〔1〕一单位因故未参加，所以实际参加的省市单位只有 11 家。

〔2〕中国体育年鉴编辑委员会：《中国体育年鉴（1949—1962）》，人民体育出版社，1964，第 1518 页。

〔3〕26 人按分数由高到低的顺序分别为辽宁李文贞（女）、上海金莲芳（女）、上海濮冰如（女）、浙江牛春明、上海蔡鸿祥、陕西申子荣、上海邵善康、北京田永福、天津孙世广、北京李经梧、上海胡月祥、湖北刘玉华（女）、上海胡汉平、北京成传锐、天津李国华、湖北崔华、上海佟佩云（女）、山东赵瑞章、北京张文平、上海杨炳诚、辽宁李明德、湖南成仪则、四川兰素贞（女）、天津吴秀峰、湖北祁殿臣、河北李文忠。

〔4〕13 人按成绩由高到低的顺序分别为辽宁李文贞（女）、上海金莲芳（女）、上海胡月祥、北京张文平、北京成传锐、北京田永福、湖北刘玉华（女）、辽宁潘清福、山东李赞臣、辽宁张万成、天津孙世广、天津吴秀峰、上海蔡鸿祥。

图 1-5　1956 年全国十二单位武术表演大会纪念章

1957 年 1 月 17 日通过的国家体委《关于 1956 年体育工作总结及 1957 年工作的要求》中认为："武术是我们民族文化遗产的一部分，我们应当根据党和政府对民族文化遗产的方针来对待武术工作，同时作为一个运动项目继续推行。""今后，不论工人、农民、学生或机关干部，凡是爱好武术的，都可以像其他项目一样，自愿地组成锻炼小组或单独进行锻炼。各地可以举办武术表演，或将武术表演和体操比赛结合举行，以互相观摩和提高。"〔1〕这是国家体委针对以往武术发展过程中的问题提出的改进意见。这些意见不仅承认了武术应该作为一项体育项目来发展，支持各地进行武术锻炼和组织武术表演，而且提出了武术和体操相互借鉴、共同提高的问题。这些意见，无疑提高了武术工作者的积极

〔1〕人民体育出版社编辑出版《中华人民共和国体育运动文件汇编（第二辑）》，人民体育出版社，1958，第 11 ～ 12 页。

性，为武术的现代化转型铺设了道路。

1957年6月16日—21日，在北京举行的“全国武术评奖观摩大会”上，有来自北京、上海、四川等27个省、自治区、直辖市的183名男女运动员参加了比赛和观摩。徐致一是该次观摩大会的总评判。比赛不分男女组，采用10分制，以拳术、器械两项平均成绩评奖，结果有30名运动员[1]得分在8分以上，获得了一等奖。这是新中国第一次把武术列为国家体育竞赛项目。

技击是武术的本质属性。贺龙对武术极为重视，他强调了武术的技击性。他在接见武术代表团时嘱咐大家：“你们不要搞李忠的枪，李万春的刀哇！花拳绣腿、银样镴枪头可算不上武术。”[2]其对武术技击功能的重视可见一斑。1957年，向一亦有类似的认识，他认为：“武术如果不在技击比赛中求进步，……最后必然逐步蜕化而走向衰老死亡，失去武术的本质。”为此，他建议：“除了加强宣传工作以外，最重要的方法是举办武术技击比赛。这种比赛除了可以提高群众对武术的兴趣，吸引更多的人参加以外，更重要的是有推动武术向前发展的作用。”[3]

二、武术对抗项目的开展

1953年秋，《中声晚报》登载了鉴泉太极拳社社长吴公仪的

---

〔1〕30名运动员按分数由高到低的顺序分别为辽宁李文贞（女）、上海胡月祥、辽宁刘幼贞（女）、云南张金铃、上海蔡鸿祥、北京田永福、四川肖应鹏、辽宁李明德、四川兰素贞（女）、山东邱桂香（女）、北京松秉堃、山东马永昌、上海邵善康、湖北刘玉华（女）、上海胡汉平、湖北崔华、上海濮冰如（女）、上海赵金铎、吉林宋淑琴（女）、辽宁潘清福、黑龙江张继修、贵州顾丽生、黑龙江刘洪仁、天津曲宗奎、北京齐谋叶、辽宁邢叶才、辽宁高振才、广东黄啸侠（女）、山东赵洪德（女）、河北张益民。

〔2〕刘素娥:《奥运情缘——一代武宗温敬铭的奥运传奇》，河北教育出版社，2008，第142页。

〔3〕向一：《如何进一步开展武术运动》，《新体育》1957年第13期。这里的向一即向灵，时任北京市委负责人的秘书。

访谈。吴公仪提出："本人深知太极拳之妙用，本社不论何时何地，都可与中西拳师研究。"此言引起了澳门健身学院院长、白鹤拳传人陈克夫的反感，于是与之相约比武。由于香港禁止比武，擂台不得不设在澳门。1954年1月7日，在澳门新花园，吴公仪和陈克夫进行了比试[1]，结果为"不胜、不负、不和"。比武消息一出，就有多人反对，如精武体育会创始人陈公哲[2]就试图阻止并撰文《吴陈比武评议》发表于香港《星岛晚报》进行反对，而且事后陈公哲还著有《吴陈比武》一书，详述其经过。两雄相争，必有好戏。香港《新晚报》为满足读者需求，特推出梁羽生的小说《龙虎斗京华》。该小说在香港一炮打响，并由此拉开了新派武侠小说的序幕[3]。此后，金庸、古龙、温瑞安等武侠小说家撰写了大量的武侠文学作品，在一定程度上有力地推动了武术运动的普及与发展。

陈公哲认为，"凡百艺术，无竞争即无进步，武术若不实施搏击，妙用日渐失传，或竟为西洋拳术取代以之""为今后武术前途计，亦可向实习搏击一途进展，使学习拳术者可以早日完成

---

〔1〕陈公哲：《精武会50年》，春风文艺出版社，2001，第147～150页。

〔2〕陈公哲（1880—1961）：原籍广东香山（今中山），生于上海，家境殷实。早年就读于复旦大学。精武体育会主要创建人，与姚蟾伯、卢炜昌并称为"精武三友"，为精武体育会的事业几乎将其父留下的遗产耗尽。1919年，和姚蟾伯、陈铁生等南下指导筹建广东精武体育会。1920年，和罗啸璈、陈士超、叶书田等远渡南洋拓展会务。先后在越南、新加坡、马来西亚和印度尼西亚建立了精武体育会组织。1924年，拜章太炎为师。1927年，到南京政府任职。1953年，在香港自任精武总裁，访南洋各地。陈公哲自幼受到了良好的教育，博学多才，精通英语，擅长拉小提琴，爱好书法，喜爱摄影，曾获国际摄影奖。著有《吴陈比武》《武术发展史精武会五十年》《武锋》《精武粤传》等，合著有《潭腿十二路》。晚年在香港隐居，对新中国体育事业有所建议。

〔3〕1952年，台湾人郎红浣（原名郎铁青）就在《大华晚报》连载他的六部武侠小说，包括《古瑟哀弦》《碧海青天》《莫愁儿女》《瀛海恩仇录》等，但因其影响小于香港的梁羽生，故学者一般将梁羽生称为新武侠的开拓者。

学拳目的，特为之设计拳斗用之护身甲及比赛规则”。护身甲包括面甲、身甲、护阴、胶鞋等，其制定的规则大致为：分六级体重、按回合（最多不超过16回合，每回合3分钟，中间休息1分钟）进行，并对年龄（16岁至35岁）、使用的技术和限制技术（插眼、蹬阴、口咬、拉耳、倒地进攻）、胜负评定（拳击中1分、脚踢中2分、倒地5分）、公证、弃权（击晕10秒不起等）、使用的擂台（依照国际拳赛标准）、比赛仪式及其他事宜[1]进行了较为可贵的探索。

1956年5月，陈公哲率队参加了广东省武术观摩大会，并登台与李佩弦表演对打。同年6月，陈公哲应邀到北京参观全国武术评奖观摩大会时，将所设计的比武护具献出[2]，为以后武术散手试点活动的开展奠定了良好的基础。

无独有偶，武汉体育学院的温敬铭加强了对武术理论的研究。一方面，他主张“花拳绣腿，我们也不能否认它”；另一方面，他认为，“武术动作要有攻防含义”“武术应该是动作精确的美，方法巧妙的美，姿势雄壮的美”。在此认识的基础上，温敬铭对散打理论进行了深入的探讨[3]。

武术对抗性运动的开展是武术健康发展的题中应有之义，但是，由于一些反动会道门利用武术进行封建迷信活动及随后武术界对“唯技击论”的批判，加之中华人民共和国成立不久的实际情况，“武术是体育竞赛项目，在目前限于条件，我们只能侧重

---

〔1〕陈公哲：《精武会50年》，春风文艺出版社，2001，第152～156页。
〔2〕陈公哲：《精武会50年》，春风文艺出版社，2001，第174页。
〔3〕刘素娥：《奥运情缘——一代武宗温敬铭的奥运传奇》，河北教育出版社，2008，第133～134页。

在表演方面”[1]，至于武术对抗性项目的开展则需要“在党的领导下做一些必要的准备工作”[2]，这些看法得到大多数人的认同。在这样的认识前提下，中国武术进入竞技武术套路的片面发展期。

三、对武术技击问题的批判

“左”倾思想对武术的干扰还表现在对武术技击性的批判上。这种思想给当时的武术运动带来了极大的破坏，以至于1961年刚留校任教的夏柏华在给学生上理论课时提到“武术的概念，是由攻防技术组成的”这句武术最基本的常识时，曾经练过好几年武术的同学便善意地提醒他不要谈攻防问题，若是叫别人听见是很危险的事情[3]。

1964年，部队之间展开了大比武[4]的活动。贺龙希望传统武术可以提高部队的战斗力，对武术将来的前途与发展也有独到的见解，看到武术向“舞”的方向发展，他深感担忧。一天，他在看了北京体育学院武术系一位教师表演长穗剑后说：“这和舞蹈有什么区别？”“你们武术队敢和我们小分队（捕获队）比试比试吗？”贺龙的一番话使北京体育学院的院长钟师统坐不住了，他召开了全院大会，要求武术系改革[5]。为此，北京体育学院武术系决定寒假不放假，家远的学生不回家。他们从部队请来捕

---

〔1〕徐致一：《对开展武术的意见》，《新体育》1957年第10期。
〔2〕高原：《从发展的观点略谈武术中的“击”和“舞”》，《体育文丛》1958年第1期。
〔3〕昌沧等：《四牛武缘》，人民体育出版社，2004，第39页。
〔4〕大比武的内容分为攀登、武装泅渡和擒拿、捕俘、射击两大部分。名声大振的上尉连长郭兴福教学法（带着敌情观念练兵）就是这个时代的产物。
〔5〕昌沧等：《四牛武缘》，人民体育出版社，2004，第42页。

俘教官担任教练，开始“武术格斗”训练。为了增加功力，师生们还进行了打“千层纸”和劈砖的训练。后来北京体育学院武术系还和驻军联系，搞联谊活动——比武。这场“大比武”是一次难得的机会，武术技击技术在这个过程中得到了传承。北京体育学院武术系的师生和武术业内人士盼望着借1964年大比武的东风，潜心研究、继承武术攻防技术，开展武术对抗性运动，可惜这在“左”倾思想对武术的影响下、在贺龙受到迫害的历史条件下是不可能实现的。

四、武术对抗竞赛规则的提议

在该时期，提倡武术对抗运动会被扣上“唯技击论”的帽子，但在讨论的过程中，还是出现了一些积极的探索成果，尤其是在体育的范畴内制定武术对抗竞赛规则更是难能可贵。

1957年2月，蔡龙云在讨论武术的“击”“舞”问题时就指出：“不可否认，武术运动中有些方法还是很原始的。像推手、散手、劈刀、刺枪等，都还须在保留它的运动特点下，制定一定的护具和竞赛规则。同时还可以吸收国际比赛的规则和攻防方法。”〔1〕

1958年11月出版的《武术运动论文选》中收录了丁凡的《略论武术技术的发展方向》一文，文中在指出“唯技击论是错误的”同时，认为：“在技击项目方面，过去长期盛行的是打‘擂台’，比赛安全是按照‘自由击打’的原则，允许采用伤人的手段，这是不好的。武术中的技击项目是有锻炼价值的，但必须有一套科

〔1〕蔡龙云：《我对武术的看法》，载蔡龙云《琴剑楼武术文集》，人民体育出版社，2007，第56页。

学的符合健康原则的比赛规则、比赛制度。”[1]

不论是蔡龙云，还是丁凡，为发展武术对抗类运动，制定相应的规则、制作护具的建议是切中要害、直指核心的，但在当时的历史条件下，武术对抗类运动的普及、开展还不到时候，武术推手、武术散手运动的开展还需要等待时机，而当时要做的只是积累能量、创造条件。

第四节 武术套路竞赛规则的探索及新套路的编创

1958年，中国武术协会成立前，为适应武术的体育属性，武术界创编了许多武术新套路，并对武术套路的竞赛规则进行了积极有效的探索，为以后竞技武术的产生与发展奠定了良好的基础。

一、武术技术改革问题座谈会的召开

1957年12月11日上午，《体育文丛》杂志社邀请了14位[2]武术行业从业者和武术家参加了武术技术改革问题座谈会。

会上，大家一致认为武术是体育运动项目之一，应为促进健康、增强人民体质服务。同时大家认为武术是文化遗产的一部分，需要加以研究整理、取其精华。目前，重点整理长拳和太极拳的措施是正确的，长拳已初步统一了基本动作和术语，太极拳也应

[1] 中华人民共和国体育运动委员会运动司武术科：《武术运动论文选》，人民体育出版社，1958，第45～46页。
[2] 14人的名字如下：何坚、刘玉华、温敬铭、白振东、张登魁、常振芳、兰素贞、王新泉、李天骥、张文广、康绍远、李浩、马贤达、陈盛甫（按签名先后顺序排列）。

该这样做。

这次会议对于怎样认识武术的特点、是否保留武术的特点进行了激烈的讨论。在谈到兰素贞改编的绵拳和温敬铭的《从兰素贞的绵拳谈对整理研究武术的看法》一文时，大家的意见也有较大的分歧[1]。尽管如此，这次会议对武术的基本特点、属性等进行了有效的沟通与交流，为武术的下一步发展开拓了思路。

二、武术套路竞赛评分方法的试行

1953年4月，在上海举办的武术观摩大会采用了评分的方法，加入了武术运动员态度和作风的分值（占总分的10%）[2]。1953年11月，在天津举行的全国民族形式体育表演及竞赛大会上，武术套路表演采用“有场无线”、集体（5人）评议[3]的方式。1956年12月，在北京举办了十二省市武术套路比赛，会上试行了“5条40字”的评分标准。1949年后，中国武术的发展面临新的机遇，武术不断适应社会的发展，武术新编套路及武术科研活动逐渐兴起。

三、张文广的武术创编活动

1950年，抗美援朝战争爆发，各地纷纷举行支持抗美援朝的活动。其中，天津市体委举办了一次全市抗美援朝武术表演和摔跤比赛大会。为了大会的顺利召开，张文广（图1–6）选用当时

---

〔1〕《武术技术改革问题座谈会》，《体育文丛》1958年第1期。
〔2〕蔡龙云：《以新的姿态出现的武术观摩大会》，载蔡龙云《琴剑楼武术文集》，人民体育出版社，2007，第2页。
〔3〕聂华：《我国第一次民族形式体育盛会》，《体育文化导刊》2002年第4期。

流行的《志愿军战歌》，进行了武术套路的创编，并在会上和会后表演，起到了鼓舞人心、弘扬武术、继承和发展民族文化遗产的积极作用。这套拳的武术动作如下[1]。

图 1-6　张文广练功照

“雄赳赳，气昂昂，跨过鸭绿江”，选用上步对拳提膝亮掌，接大跃步前穿，接左弓步冲右拳。“保和平，卫祖国，就是保家乡”，选用并步站立，左抱拳右接拳屈臂胸前举，接右跨步向右后跳转，架冲拳。“中国好儿女，齐心团结紧”，选用先前左右闪打。“抗美援朝打败美国野心狼”，选用震脚双推掌，接右后转身打虎式。

---

〔1〕张文广：《我的武术生涯》，北京体育大学出版社，2002，第 92 页。

在此期间，张文广还创编了青年拳。之所以命名为青年拳，张文广解释说："是因为在我编辑时，我感到武术事业需要后继有人，特别是青少年，应该继承、发展我国的武术。所以需要从基础学起，从青少年学起。既然我是写给青少年的，我就自命为青年拳。"[1]由此看来，青年拳就是适合青少年习练的拳术套路。创编这套拳时，正值批判"唯技击论"时期，但张文广经过仔细考虑，还是决心把它编写出来。最终在北京体育学院武术教研室王德英老师的协助下（协助拍摄对练动作），张文广完成了这套拳的创编，并很快由人民体育出版社出版发行。

青年拳针对青少年活泼好动的特点，以长拳类的查拳基本动作为重点，穿插一些跳跃和攻防等技术动作。青年拳共包括上下两段，36个动作，动作幅度不大，但灵活机敏。这套拳的上半路和下半路相结合就是对练，是武术项目单练和对练相结合的一种新形式。

四、"简化太极拳"的编创

为开展好群众性武术活动，吸引更多的人投入到太极拳锻炼中来，按照"由易到难、由简到繁"的原则，国家体委邀请了吴图南、陈发科等太极拳名家，决定编创"精简太极拳"[2]让大众练习。但创编的结果是该套拳成了综合套路，包含各个门派的主要动作，其社会反响并不理想，最终"精简太极拳"创编宣告失败[3]。

---

〔1〕张文广：《我的武术生涯》，北京体育大学出版社，2002，第140页。
〔2〕该套路被定名为"精简太极拳"，在1955年的《新体育》杂志上刊登。
〔3〕王涛：《24式太极拳，简朴出繁华》，《中华武术》2006年第11期。

1955 年，毛伯浩、李天骥等再次研究[1]，决定以流传面和适应性最广泛的杨式太极拳为基础创编，最终由李天骥执笔，并对他演练的动作拍摄了照片，出版了《简化太极拳》书籍和挂图。由于该套路共 24 个动作，因此人们习惯上称其为“24 式太极拳”[2]。1956 年 8 月，国家体委将其编印发行[3]。

“简化太极拳”的创编给当时武术界的保守思想以无情冲击，引起了一些质疑甚至攻击。“宗派偏见者”“提出相反的看法，把《简化太极拳》所依据的杨式十三势大架说成丢失了精华”，唐豪当时就认为这种说法“是脱离客观存在的观点”，他认为：以广播体操为例证，由第一套适时地提高为第二套，由第二套适时地提高为第三套，这反映出新社会广大人民体质的增强，社会主义体育事业的进一步开展。[4]正是因为简化太极拳广泛的适应性，对练习者有很好的强身健体的功效，最终征服了练习者。1959 年，周恩来总理向来华访问的日本政治家古井真实先生推荐了太极拳，李天骥应邀进行了教学工作，教学内容就是 24 式太极拳[5]。

简化太极拳的创编，在中国武术史上占据重要的地位。该套路创编不久，唐豪就指出：通过两年的实验，由简化太极拳入手，

---

[1] 中国武术协会原副主席、亚洲武术联合会秘书长赵双进认为，简化太极拳创编中的关键人物是毛伯浩和李天骥。毛伯浩是当时武术处的领导，而李天骥是业务干部。

[2] 亦有人认为应为“24 势太极拳”合适，因为“势”字内涵深刻，具有鲜明的武术文化特点，动态含义浓重，符合太极拳连绵不断行拳之实际，而“式”字似乎静态意味重。（张益民等：《简化太极拳推广 50 周年感怀》，《中华武术》2006 年第 4 期）

[3] 此时还创编完成了新编弹腿（六路弹腿）。

[4] 唐豪：《太极拳的发展及其源流》，载中华人民共和国体育运动委员会运动司武术科《武术运动论文选》，人民体育出版社，1958，第 67 页。

[5] 古井真实回国后成立了全国性的太极拳协会——日中交流太极拳协会（太极拳联盟的前身）普及中国的太极拳。

再进一步学不简化的架子就容易。一般学简化太极拳，10 ～ 12 次就能练完，练完了简化太极拳，再学杨式大架，也只要 10 ～ 12 次就能练完。过去学杨式大架的人，先难后易、先繁后简，少则两个月、多则三个月以上才能学完，这说明简化太极拳的创编，是符合“多、快、好、省”四大要求的，它翻开了太极拳大众化新的一页。练简化太极拳的人一天比一天广泛，这就是“多”。简化后，可以在短时间内学会，这就是“快”。简化了类似的和重复的拳势，这就是“好”。简化后，以五分之二或者更少的时间就能练完两套十三势，这就是“省”。花较少的时间就能完成它的教学进度，以增强人们的体质，在工作上也就能够达到社会主义建设事业“多、快、好、省”的要求。[1]有报刊指出，“24 式简化太极拳是‘拳为民所用’的重要功臣”，“20 世纪太极拳史上最伟大的变革之一就是 24 式简化太极拳的编创，这是一次充满智慧和勇敢的太极拳社会实践活动，它极大地拉近了传统和现代的距离，完成了一次优美的弧形大跨越。”[2]此种说法是有一定道理的。

五、兰素贞创编新绵拳及其争论

兰素贞（1920—2002）（图 1–7），江苏靖江人。民国时期，兰素贞先为中央国术馆学员，后入国立国术体育师范专科学校学习，主要师从温敬铭。兰素贞擅长绵拳、自然剑。

---

〔1〕唐豪：《太极拳的发展及其源流》，载中华人民共和国体育运动委员会运动司武术科《武术运动论文选》，人民体育出版社，1958，第 66 ～ 67 页。

〔2〕本刊编辑部：《拳为民所用——纪念二十四式简化太极拳创编 50 周年》，《中华武术》2006 年第 10 期。

图 1-7 兰素贞英姿

1952 年，兰素贞调入成都体育学院任教。1953 年，兰素贞参加了在天津举办的全国民族形式体育表演及竞赛大会，其演练的绵拳和自然剑等项目引起了武术界的关注。

“绵拳是以平衡类、控腿类以及柔韧类动作为主要内容，以突出平衡性、稳定性与柔韧性为主要特点”，“兰素贞老师在演练中，通常以 4 ～ 6 个平衡动作为一组进行连续展示”[1]。1957 年，兰素贞将自己演练的绵拳整理成书并由人民体育出版社出版。温敬铭在详读该书后，对兰素贞这种勇于创造的精神和基础功夫颇为钦佩，但对她创编的方向有不同的看法。

温敬铭认为，“现在整理研究武术是在老树上发新芽”，要遵循四个原则，即“应该是保留武术的特点”“强调具有锻炼价值”“应具有艺术的因素”“必须明确武术的任务”。而兰素贞

〔1〕赵斌、王明建:《绝技写春秋——武医宗师郑怀贤》，西南交通大学出版社，2017，第 49 页。

的绵拳六段36个动作，除第二段还像拳术外，其余五段都是把武术的动作芭蕾化了，“难怪1953年在四川举行民族形式体育选拔赛的大会上，有人认为是自由体操而不是武术。原因就是只有美的条件，少有武术的特点”。温敬铭先生认为，这种创造方式是砍掉老树接新枝，已经将武术改头换面，绝对不可能保留武术的特点[1]。

1958年，兰素贞专门撰写了《从改编绵拳谈对整理武术技术的看法》一文，发表在1958年《体育文丛》第2期上[2]。在该文中，兰素贞认为，“武术技术是技击、体操和武舞的综合体，三者是不能分割的，但成分的轻重不是等量配合的。因而才形成各个拳种内容的不同和概念的区别”。发展到今天，“武术作为军事技术和自卫的作用基本上是消失了。因之，今后在整理武术的技击内容方面，……只能以它为手段，以达到强身的目的”，“唯技击论的观点是不符合实际情况的”。兰素贞认为，整理武术技术的方法，一般说来有两种：第一种，在各类不同的项目中，都找出一套较为典型的套路作为依据，创编出一些基本教材。如国家体委以杨澄甫的太极拳为依据整理出来的简化太极拳和以查拳等为依据整理出来的长拳、初级拳与规定拳。第二种，在各种拳原有的套路基础上，不断地研究与改进，充实新的内容。绵拳的改编，就是依据第二种方法进行的。

在此基础上，兰素贞申明了自己改编绵拳的三个原则：第一，根据绵拳“以柔见称”的特点，保持形式与内容基本上一致。第

〔1〕温敬铭：《从兰素贞的“绵拳”谈对整理研究武术的看法》，《体育文丛》1957年第9期。
〔2〕兰素贞：《从改编绵拳谈对整理武术技术的看法》，《体育文丛》1958年第2期。

二，根据运动量由小到大、再由大到小，动作由易至难、由简入繁的体操一般编排原则，来进行绵拳内容的编排与整理。第三，提高绵拳在锻炼身体和艺术方面的价值。

武术新套路的创编活动是当时的一种趋势，并不仅限于上述几位。如肖应鹏创编了新猴拳、新猴棍，成为新中国第一代“猴王”。

第五节 学校武术教学的初步开展

在学校教授武术，首先是贯彻教育总方针，提高民族素质，促进体育事业的发展，培养学生意志品质，而且学生可以学到防身自卫的本领。为此，武术由农村进入城市后，进入校园是历史必然趋势。

中华人民共和国成立后，人民政府根据《中国人民政治协商会议共同纲领》中关于“应有计划有步骤地改革旧的教育制度、教育内容和教学方法”的规定，以及中共七届三中全会确定的“有步骤地谨慎地进行旧有学校教育事业和旧有社会文化事业的改革工作，争取一切爱国的知识分子为人民服务”的要求，对原属国民党政府统治下的各级各类学校进行了接管、改革。武术教学工作得到了党和国家领导人的重视，不但武术教学被列入普通大、中、小学的教学大纲，而且很多高校此时还设立了体育院系，开始了各类武术专业人才的培养工作。

一、武术成为中小学体育课程的组成部分

中华人民共和国成立后不久，为了改善学生体质，加强学校

教育，毛泽东于1950年和1951年两次写信给教育部部长马叙伦，做出了“健康第一，学习第二”的指示。1951年8月6日，中央人民政府政务院发出《关于改善各级学校学生健康状况的决定》，要求学校“切实改进体育教学，尽可能地充实体育娱乐的设备，加强学生体格的锻炼”，提出“学生每日体育娱乐活动或生产劳动时间，除体育课及晨操或课外活动外，以一小时或一小时半为原则”，并要求“活动方法应多种多样，以适应学生不同的年龄、性别和身体状况，并防止锦标主义及运动过度损伤健康的倾向”〔1〕。

1956年，教育部在总结各地自编体育资料、教材的基础上，以苏联十年制体育教学大纲为蓝本，制定、颁布了新中国第一部《小学体育教学大纲（草案）》和《中学体育教学大纲（草案）》。在这两个大纲里就有武术方面的相关内容〔2〕。

二、高等学校武术教育的发展

中华人民共和国成立后，全国只有北京师范大学、南京大学、河北师范大学等九所学校设置有体育系，且办学条件普遍较差，在校生很少，不能满足全国对体育人才的需求。为此，国家于1950—1952年在西南师范大学、山西大学等六所学校增设了体育系（科）。这些学校很多开设有武术相关课程，如经过1950年的院系调整，国立国术体育师范专科学校与天津女子师范学院合并，在天津建立河北师范学院，国立国术体育师范专科学校部

〔1〕高翠：《从“东亚病夫”到体育强国》，四川人民出版社，2003，第111页。
〔2〕周伟良：《中国武术史》，高等教育出版社，2003，第128～129页。

分教师和全体学生并入河北师范学院体育系，河北师范学院体育系成为与北京师范大学体育系并立于华北大地的体育重地。

河北师范学院位于天津市天纬路，张文广负责武术教研室的行政工作。基于国立国术体育师范专科学校的底子，河北师范学院体育系在全国所有体育系（科）中独家开设武术课——自卫运动，每周一个学时（45 分钟），一年共 36 个学时。学习内容包括武术套路、短兵、拳击、摔跤（中国式）、举重（含石担）、爬竿、沙袋（传递式）等。由于学时少、学习内容多，致使教学内容仅限于介绍，大多数武术爱好者只能在课外活动中根据自己的爱好练习。尽管如此，它还是奠定了保留和推广以上项目的基础。在这些学生中，“来自河北沧州的马贤达〔1〕是其中的佼佼者”〔2〕，他为中国武术（尤其在西北）的传播做出了巨大的贡献。

1952 年，张文广在河北师范学院被评为中国第一个武术专业副教授〔3〕。同年，李天骥被哈尔滨工业大学聘为讲师，他先后开设了武术选修课、太极拳保健课，培养了不少爱好武术的青年学子。就在这一年，“以培养工业建设人才和师资为重点，发展专门学院和专科学校，整顿和加强综合性大学，逐步创办函授学校和夜大学，并在机构上为大量吸收工农成分学生进入高等学校准备条件”为方针的高等学校院系调整工作开始。在这种社会背景下，借鉴苏联的经验，我国开始建立单科制的体育学院（表 1–1）。

〔1〕马贤达（1932—2013）：回族，河北沧州人，马凤图之子，著名武术家。
〔2〕张文广：《我的武术生涯》，北京体育大学出版社，2002，第 92 页。
〔3〕《张文广百年纪念画册》编委会：《张文广百年纪念画册》，北京体育大学出版社，2015，第 116 页。

表 1-1 1911—1958 年中国体育院、系简表[1]

体育院、系名称	创建时间	备注
北京师范大学体育系	1917 年	1953 年合并至中央体育学院 1959 年恢复办系
南京大学体育系	1923 年	1952 年合并至华东体育学院
金陵女子文理学院体育系	1925 年	1952 年合并至华东体育学院
河北师范大学体育系	1931 年	—
福建师范大学体育系	1941 年	—
湖北大学体育系	1941 年	—
贵州师范大学体育系	1942 年	—
中山大学体育系	1945 年	1951 年与广东文理学院等合并为华南师范学院（现名华南师范大学）
东北师范大学体育系	1948 年	—
西南师范大学体育系	1950 年	—
山西大学体育系	1951 年	—
华中师范大学体育系	1952 年	—
杭州大学体育系	1952 年	—
内蒙古师范大学体育科	1952 年	—
苏州大学体育系	1952 年	—
华东体育学院	1952 年	—
中央体育学院	1953 年	—
中南体育学院	1953 年	—
西南体育学院	1954 年	—
东北体育学院	1954 年	—
西北体育学院	1954 年	—

1952 年 11 月 8 日，新中国第一所体育学院——华东体育学院[2]（1956 年改名为上海体育学院）在上海成立；1953 年 9 月 1 日，中南体育学院在南昌成立（1955 年迁至武汉，1956 年改

〔1〕李晋裕等：《学校体育史》，海南出版社，2000，第 15 ～ 16 页。
〔2〕华东体育学院由南京大学、金陵女子文理学院和华东师范大学的体育系、科合并而成。

名为武汉体育学院）；1953 年 11 月 1 日，中央体育学院在北京成立〔1〕；1954 年 3 月 10 日、9 月 1 日、9 月 20 日分别在成都、沈阳、西安成立了西南体育学院（1956 年改名为成都体育学院）、东北体育学院（1956 年改名为沈阳体育学院）和西北体育学院（1956 年改名为西安体育学院）〔2〕。

1952—1958 年，新建的十所体育学院大都有专门的武术教师，开展了武术专项技术课程的教育〔3〕，加快了新中国武术人才的培养。如 1953 年，张文广应徐英超之邀，到中央体育学院（当时在先农坛体育场）组建武术教研室〔4〕。教研室开始有三位教师：除张文广外，还有先期到院的林仲英和张立德。林仲英是 1952 年从北京基督教青年会调入中央体育学院的教师，以举重著名；张立德是北京师范大学体育系 1953 届学生，提前到 1952 年毕业，他是拳击名手。在先农坛时期，中央体育学院招收了第一届两年制专科学生〔5〕，共 560 人，开设的课程中有武术、举重和拳击。张文广等三位教师三项全教。他们集体备课，分别写教案〔6〕。其他的体育院校与中央体育学院的情况类似。

---

〔1〕中国体育年鉴编辑委员会：《中国体育年鉴（1949—1962）》，人民体育出版社，1964，第 40 ～ 41 页。

〔2〕1958 年“大跃进”时，又建立了哈尔滨体育学院、广州体育学院、天津体育学院、南京体育学院四所体育学院。其中，中央体育学院、华东体育学院、中南体育学院是国家体委直属的高等体育院校，中央体育学院还是全国重点高等院校之一。其他七所为省属高等体育院校。

〔3〕专业技术课主要开设了田径、体操、球类、游泳、举重、武术六门。（中国体育年鉴编辑委员会：《中国体育年鉴（1964）》，人民体育出版社，1965，第 574 页）

〔4〕至 1954 年，中央体育学院武术教研室除教武术、摔跤、拳击、举重外，还教击剑、射箭和短兵。不久，从武术教研室分化出重竞技教研室，进而又分化出武术、摔跤、拳击、击剑和举重五个教研室。（武开莱：《创业武术高等教育——北体武术教学的开创和发展》，载熊西北《情系北体》，北京体育大学出版社，2003，第 96 页）

〔5〕为满足国家对体育干部的需要，中央体育学院开设体育专科班，学制两年。

〔6〕武开莱：《创业武术高等教育——北体武术教学的开创和发展》，载熊西北《情系北体》，北京体育大学出版社，2003，第 95 页。

例如：1954 年，王菊蓉[1]调入华东体育学院；1955 年，温敬铭调入中南体育学院；1954 年，马贤达从河北师范学院体育系毕业后进入陕西师范大学体育系工作。另外，1944 年，郑怀贤任教于四川省立体育专科学校。该校在中华人民共和国成立后改名为成都体育专科学校，1953 年更名为西南体育学院，1956 年再次更名为成都体育学院。郑怀贤一直在该校工作，传授武术。

1955 年，武术工作采取了暂时收缩和整顿的方针，学院里的武术教学工作也基本被停止。成都体育学院的郑怀贤开始将工作重心转向运动医学，开辟出新的天地。但此时的武术工作并没有中断。如中央体育学院的张文广曾把成传锐、翟金生等爱好武术的学生组织起来，以课外运动部的形式继续练习武术。1955 年，习云泰[2]自中央体育学院毕业被分配至西南体育学院工作，开始向郑怀贤学习武术（图 1-8）。

图 1-8　习云泰（左）与郑怀贤（右）形意拳对打

〔1〕王菊蓉（1928—2005）：回族，河北沧州人，王子平之女。1952 年，毕业于上海震旦大学教育系，被分配到华东教育部工农教育处工作。1954 年，调入华东体育学院。1960 年，随周恩来出访缅甸，任青年武术队教练。1988 年，晋升教授后退休。1989 年后，长期在美国授拳。

〔2〕习云泰，曾用名习云太，部分作品署名时用习云太，如他所写的《中国武术史》。

三、体育院校武术系的建立

1958 年 8 月，国家体委在山东省青岛市召开了全国体育学院院长会议，对体育学院的教学任务、培养目标、学制、教学计划及教学大纲等进行了研讨，要求对体育学院进行教学改革，推行技术革新，迅速提高运动成绩。为贯彻青岛会议精神，体育院校开始按照运动项目设系。会后，北京体育学院和上海体育学院相继成立了武术系，其他体育院校（系）也陆续开始设立了武术专项课。

1958 年 8 月，北京体育学院为了与新培养目标相适应，撤销了原有的体育系和运动系，按照不同运动项目的属性成立了 6 系 1 科：体操系、田径系、球类系、武术系、水冰系、体育理论系，新增加了预科。同时调整了学校的课程设置，加大了专项课的学时比重[1]。其武术系“由原体育系专选武术、举重、摔跤和击剑四个专项的 100 余名学生组成，由张文广任系主任，并兼武术教研室主任。建系的同时，加强了教研室的工作，在 1959—1961 年的毕业生中选留了翟金生、顾有义[2]、郑学明[3]等任

---

〔1〕必修课学时占 95%，选修课学时仅占 5%。在必修课中，技术课占 64%，政治课占 13%，外语课占 7%，理论课占 16%。在技术课中，专项课占 70% ～ 75%，普修课占 25% ～ 30%。（北京体育学院校史编委会：《北京体育学院校史》，北京体育学院出版社，1993，第 21 页）

〔2〕顾有义（1938—1996）：江苏泰州人。1960 年，北京体育学院毕业后留校任教。1963 年，调至河南洛阳市从事群体工作。1979 年，调任河南省体委群体处，主抓群众性武术活动。曾任河南省武术协会副秘书长、秘书长，河南省武术馆副馆长。国际级武术裁判，中华武林百杰。1983—1986 年，负责河南省的武术挖掘、整理工作。曾任河南体育报刊社副总编、《少林与太极》主编。著有《河南武术拳械录》《少林武术》《通臂散套》。顾有义多才多艺，爱好京剧、书法，曾获北京大学生笛子独奏一等奖。

〔3〕郑学明：河南睢县人。1936 年出生，10 岁习武，1960 年，北京体育学院毕业后留校任教。1961 年，参加了全国武术教材的编写工作。1964 年后，先后在河南洛阳任教练、科长、师专教师，洛阳武术协会副主席。

武术教师"[1]。正是在这一年，门惠丰、吴彬、武淑清有幸走进了北京体育学院武术系的大门，开始系统学习武术，成为北京体育学院武术系的第一届学生。

体育院校武术系的成立，以及其他院校体育系中武术专项课的设立，标志着我国的武术教育事业进入新的发展阶段。

四、武术训练班中的教材编制

中华人民共和国成立后，武术教材的编写工作首先在武术教师训练班中得到实现。据毛伯浩回忆："新的武术运动是在与传统的武术运动斗争中发展起来的，解放后，党和政府对武术工作者本着团结、教育、改造的政策，进行了一系列的政治改革，先从对武术教师进行思想教育开始，提高他们的政治觉悟。开办了一期又一期的训练班，发动和组织他们进行自我教育和自我改造，在技术上也帮助他们打破保守互相传习"，"有不少地区的武术工作者在党和工会的领导下，主动提出废除个人招生，成立联合的武术训练班，也统一了教材和教学步骤，形成了初、中、高三级教材"，这些做法"不仅稳定了广大群众参加武术活动的情绪，同时，也扩大了武术业余积极分子的队伍，从一个点发展到许多点，都开办了武术训练班，从仅有的一些武术拳社和某些公共场所零散的武术活动扩展到在工厂、在机关都开展了这项活动，基层单位请教师开办业余短期训练班，特别是简化太极拳训练班几乎普及了全国主要城市。为了提高教师和业余武术积极分子的水

〔1〕武开莱：《创业武术高等教育——北体武术教学的开创和发展》，载熊西北《情系北体》，北京体育大学出版社，2003，第96～97页。

平，从而满足广大群众学习武术的要求，有不少地区的文化宫和体育场也开办了每周一次的武术积极分子会议和训练班。也有不少地区的业余体育学校开设了长期的武术训练班”。“这种新型的武术活动，具有极为鲜明的特点，这些特点首先是开展武术活动与生产建设密切地联系着”。“其次，统一了教学的内容和步骤，应用了循序渐进逐步提高的三级教材，更重要的是，通过集体编制教材的工作，打破了武术教师的保守思想，树立虚心学习、自我批评、互相传习的新风气”，“因而，也可以把武术的教学改革过程，说成是提高武术工作者的觉悟的过程”，“另外，由于有了统一的教学步骤和计划，这就便于群众对教师进行监督，在群众不断地批评监督下，不断地改进教学内容和质量，从而树立民主的风气，充实了武术活动的思想性和集体主义精神，保证武术运动的健康发展”[1]。

五、全国武术学习会的举办

1957年10月21日—12月10日，国家体委举办了全国武术学习会。学习会的目的是研究和制定武术教材，培养武术师资，为进一步推动群众性武术运动和将来在全国体育院校（系、科）开设武术课奠定基础。参加学习会的学员和教师共31人，分别来自四个体育学院、七个高等师范院校和各地体委的武术专业人员。

全国武术学习会编制了长拳初级第二套、初级对拳一套、规

---

〔1〕毛伯浩：《谈谈武术运动的改造和发展》，载中华人民共和国体育运动委员会运动司武术科《武术运动论文选》，人民体育出版社，1958，第29～32页。

定拳一套、基本刀枪剑棍各一套；初步研究和制定了长拳拳术和刀枪剑棍基本动作术语及其概念；研究了简化太极拳，整理了太极拳老架和太极拳推手（杨澄甫的架子）及太极剑。

学员们在学习过程中，不但进行了武术技术课的研究和学习，而且进行了体育理论、运动生理、医务监督、武术的方针任务、武术简史、武术教学教练法、武术竞赛组织工作等理论课程的研究和学习〔1〕。

该次学习会为中国武术的发展奠定了良好的基础，对武术技术的规范性、标准化进行了有益的探索。

第六节　武术科研活动的开展

随着竞技武术、群众武术、学校武术的顺利推进，武术科研工作也在有条不紊地展开。此时，不但报刊刊登武术科研论文，武术著作不断涌现，而且武术典籍的整理及运动人体科学研究亦轰轰烈烈地开展起来〔2〕。

---

〔1〕《全国武术学习会结束》，《体育文丛》1958 年第 2 期。

〔2〕1957 年 3 月，《体育译丛》改版为《体育文丛》，在《改版的话》中说道："随着我国体育运动的蓬勃开展，加强体育科学研究，以提高体育科学水平，越来越迫切。几年来，学习苏联的先进的体育理论与经验，经过实践，许多人已有了自己的见解和体会。去年，党提出的向科学进军的号召和'百家争鸣'的政策，更鼓舞了体育工作者学习和研究的热情。大家一方面要求更及时、更广泛地介绍外国的体育科学发展的情况与成果，以开阔眼界，增广见闻；另一方面也迫切要求有园地发表自己的研究成果，沟通情况，交换意见，互相帮助，共同提高。这样，只刊载翻译文章的《体育译丛》就不能满足工作发展的需要了。因此，《体育译丛》从这一辑起改为《体育文丛》。"（《改版的话》，《体育文丛》1957 年第 1 期）

一、武术科研文章与武术著作的涌现

1950年7月1日，体育专业刊物《新体育》[1]创办（图1–9），毛泽东为《新体育》题写了刊头，朱德为《新体育》题词“提倡国民体育”。《新体育》的内容主要是报道新中国体育事业发展，登载体育科研文章。

图1–9 《新体育》创刊号

1954年1月1日，中国历史上第一家体育专业出版社——人民体育出版社正式成立。这是一家在国家体委领导下的全国性体育专业出版社，到1962年底，共出版体育图书1088种[2]，其中包括不少武术方面的图书。

1954年，国家体委组织编写了“劳卫制小丛书”，共23种，其中有北京体育学院张文广编写的《扔沙袋》。

---

〔1〕《新体育》开始为月刊，1954年4月改为半月刊，1962年7月又改为月刊。

〔2〕中国体育年鉴编辑委员会：《中国体育年鉴（1949—1962）》，人民体育出版社，1964，第1897页。

在体育本科教育的基础上，1954 年，我国还开始了体育专业的研究生教育工作，为体育科研工作打下了良好的基础，形成了良好的学术氛围，武术也成为科研工作者的科研内容。

1957 年 3 月，新中国的第一个体育学术性刊物——《体育文丛》[1]创刊。该刊物以“围绕着体育教学和科学研究的需要，继续介绍外国先进的体育理论与经验；发表体育科学论文，交流体育教学研究经验；组织体育学术性问题的讨论，探讨和研究体育理论与实践中的重要问题，并为体育科学研究提供一些参考资料”[2]为宗旨。《体育文丛》从创办开始就坚持“百花齐放”“百家争鸣”的办刊方向，允许、鼓励发表不同观点的文章，开展学术的自由讨论和争辩。《体育文丛》还有不少关于武术的文章，如 1957 年关于武术的讨论，就有多篇发表在《体育文丛》上。

1957 年 4 月，英文版《中国体育》创刊，该杂志主要面向国外读者，以对外宣传新中国体育事业发展的成就为主。介绍历史悠久的中华武术和养生知识，亦是其主要内容。

1958 年 9 月 1 日，我国历史上第一份全国性体育专业报纸——《体育报》出版发行，每周出版两次（周一、周四出版）。这是一份由国家体委主办、面向国内体育爱好者的报纸，武术活动、武术竞赛等是其内容的有机组成部分。

另外，1955 年 4 月，中央人民广播电台开设了体育专题节目——“体育谈话”。1958 年，该节目改名为“体育运动”。

---

〔1〕《体育文丛》是在原来《体育译丛》的基础上于 1957 年 3 月创办的，10 月改为月刊。该杂志创办后，《新体育》杂志逐渐减弱了原有的一些学术色彩，开始向完全普及体育的办刊方向转变。

〔2〕《改版的话》，《体育文丛》1957 年第 1 期。

体育专题节目中有很多涉及武术的内容。

1957 年，国家体委有关部门连续三年举办了全国性的武术学习会，加强对党的方针、政策的学习和技艺交流，有效地提升了人们的政治思想、提高了业务水平。此时不但武术运动良性发展，武术出版事业也相应地呈现出较好的发展局面，各家出版社出版了不少武术流派的著作，如《太极拳》《青年拳》《绵拳》《华拳》《武术运动基本训练》《拳法二十法》《太极剑》《太极刀》《八卦掌》等。

1958 年 9 月 18 日，北京体育科学研究所成立，开展了很多关于武术方面的研究。

二、唐豪对武术典籍的整理及其研究

中华人民共和国成立后，唐豪（图 1–10）在上海坚持武术研究工作，写成《峨嵋考》。唐豪的工作单位为华东人民检察署，史良[1]极力推荐他到中央司法部律师协会工作。著名作家萧军则认为唐豪更适合做武术研究。1954 年 4 月 12 日，萧军专门给贺龙写信，推荐唐豪到国家体委工作。1955 年 1 月，唐豪调至国家体委工作。1956 年 6 月，国家体委成立运动技术委员会，唐豪为首批委员[2]。在致友人的书中，唐豪说明了为什么自己要这样选择，他说："北京律师协会一再争取我归队，我抱定决心在体委工作，前者是我的本业，后者是我的愿望，我宁舍本业而不舍愿望，宁干冷门而不干热门，为的是什么呢？老友像史良同志是不理解的。你是理解的一位老友，

---

〔1〕史良是唐豪的朋友，曾任司法部部长。

〔2〕顾元庄、唐才良：《顾留馨日记（上）》，逸文武术文化有限公司，2015，第 26 页。

目的只有一个，想把这个冷门的一得之愚交给后一代。”[1]

图 1-10　唐豪练功照（1956 年于国家体委宿舍）

1956 年 10 月，顾留馨[2]写信给国家体委，建议“早日编写中国体育史和中国民族武术史”，并推荐唐豪参加中国体育史的

〔1〕顾留馨：《太极拳史解密》，逸文武术文化有限公司，2013，第 11 页。

〔2〕顾留馨（1908—1990）：上海人。先后跟随宫荫轩、刘震南、陈微明、武汇川、徐致一、吴鉴泉、孙禄堂等学习武术，开始练梅拳、金刚腿，后师从杨澄甫、陈发科练习杨式太极拳、陈式太极拳，并向友人田毓荣、傅采轩学习摔跤和拦手门武术。历任上海市黄浦区代区长，上海市体育宫主任，体育科学研究所副所长、研究员，上海体育学院兼职教授，上海市武术协会主席，中国武术协会委员兼技术研究会副主任，国家级武术裁判。1966 年，因 1961 年在《体育报》上发表的一篇文章——《习文备武——谈我国古代文人学士的武术活动》，被认为是“借古讽今”，在太极拳源流上又犯了为太极拳名家“树碑立传”、宣扬其技术成就的错误，被打成“三反分子”。1979 年，任上海体育科研所副所长，同年当选为中国武术协会委员和上海武术协会主席。撰写有《简化太极拳》《怎样练习简化太极拳》《炮锤》等著作。1990 年 6 月 17 日，因癌症逝世。

编写、徐哲东[1]参加武术史的编写[2]。唐豪果然不负众望，在任上，主编完成了《中国体育史参考资料》，共八辑[3]。他成为新中国武术史和体育史研究的拓荒者、奠基人[4]。

为搜集史料，编好“参考资料”，唐豪常常自掏腰包购买相关材料，有时搞得身无分文。在一次给顾留馨的信中，唐豪写道：“为买书已家无余钱，这封信是最后八分邮票寄出，许多复信只能等领工资后发出。”[5]“唐豪为写稿、征稿、编辑、答复读者来信，操劳过度，当他编完《中国古代球类运动史料初考》（即1959年5月出版的《中国体育史参考资料》第七、八辑），交稿后，就病倒了。”据唐豪的夫人沈荫陶说：“唐自知病重，但含笑说，算来我已写了武术史、体育史有一百几十万字，可说‘鞠躬尽瘁，

---

〔1〕徐哲东（1898—1967）：名震，字哲东，江苏常州人。14岁开始习武，先后师从于振声、马金镖、周秀峰、杨少侯、郝月如、李雅轩、杜心五、田作霖等学习查拳、弹腿、太极拳、形意拳、自然门、八卦掌及通臂拳等，尤精吴式太极拳。1920—1937年，在常州创建正德国技社并任社长。曾任教于中央大学、武汉大学等院校，曾任常州中学校长。1950年，任上海市武术联谊会执委兼编审委员。1957年6月，徐哲东从上海调到兰州西北民族学院教汉语。著有《国技论略》《太极拳考信录》《太极拳谱理董辨伪合编》《武郝系太极拳述论》《太极拳新论》《太极拳简说》《太极拳渊源》《太极剑的来源及演变》《苌乃周武技述评》《定式太极拳》《太极拳五咏》《形意习录》《形意拳新论》《八卦掌述论》《少林史实考》《少林宗法图说考证》等著作。

〔2〕顾元庄、唐才良：《顾留馨日记（下）》，逸文武术文化有限公司，2015，第697页。

〔3〕中华人民共和国体育运动委员会运动技术委员会还编写了《中国体育史参考资料》第九辑，作为内部资料，仍标注人民体育出版社出版。《中国体育史参考资料》的编辑具有很明确的目的性——为《中国体育史》的编写准备好基础。“刊登在《新体育》和《体育文丛》上面的体育史料，请各地组织和参与编写《中国体育史》准备工作的同志自行搜集，《中国体育史参考资料》不再转载。”（《前言》，载中华人民共和国体育运动委员会运动技术委员会《中国体育史参考资料（第一辑）》，人民体育出版社，1957，第2页）

〔4〕1959年1月20日，唐豪因哮喘病逝世。1959年1月23日，国家体委在嘉兴寺为其举行公祭。国家体委副主任黄中代表机关全体同志献花圈，运动技术委员会副主任王任山介绍了唐豪的事迹。公祭后，唐豪被葬于八宝山革命公墓。1964年，顾留馨写的《太极拳研究》出版，为纪念亡友，他将唐豪遗著《廉让堂本太极拳谱考释》附在书内。另外，唐豪的另一些遗稿曾寄给成都体育学院加以整理，不幸在“文化大革命”期间丢失，至今毫无着落。（顾留馨：《忆唐豪》，《中华武术》1982年第1期）

〔5〕顾留馨：《忆唐豪》，载唐豪《神州武艺》，吉林文史出版社，1986，第7页。

死而后已’了。”[1]1959年1月20日，唐豪因哮喘症发作在北京逝世，被安葬在八宝山革命公墓。

《中国体育史参考资料》第一至八辑包括众多的武术史料，由人民体育出版社出版。第一辑于1957年11月出版，其中包括郑天立撰写的《四十年（1910—1949年）精武体育会史料》；第四辑于1958年6月出版，其中包括唐豪撰写的《旧中国体育史上附会的达摩》；第五辑于1958年8月出版，其中包括顾留馨撰写的《武术史上的甘凤池》、唐豪撰写的《嵩山少林传习的和汇辑的体操》；第六辑于1958年10月出版，其中包括唐豪撰写的《旧体育史上附会的达摩》、棣华撰写的《古代中、朝、日剑术交流的若干考察》。

除编辑整理并亲自撰写《中国体育史参考资料》外，唐豪还在其他出版物上发表了自己的武术学术研究成果。如1957年4月，唐豪在《体育文丛》上发表了《我国武术与武舞的起源》一文，对我国武术及武舞的起源进行了深入的钩沉与梳理，提出了一些对后世颇有影响的学术观点。例如，“人类社会的发展虽有迟早，但武术的起源却彼此相同。不同类型的武术，后来随着不同类型武器的发明和物质环境的差别才个别地发展”，“我国的武舞也同样起源于原始社会的狩猎生活。五六十万年以来，由低级到高级，由简单到复杂，经过漫长的岁月和不断的发展，成为现代的武舞形式。在发展的过程中，一方面形成为戏剧上一种形象艺术，一方面广泛地形成为一种民间体育。它既为艺术服务，也为民间的健康事业服务。在别的国家几乎找不出同

---

〔1〕顾留馨：《忆唐豪》，载唐豪《神州武艺》，吉林文史出版社，1986，第7页。

样的情况，说它在世界上少有类例，并不见得有所夸大。”[1]

三、武术运动人体科学研究的开端

我国的体育研究生教育开展得较早，1953—1957年，中央体育学院先后聘请了体育理论、生理学、解剖学、卫生学、田径、足球、体操、游泳8个专业的10位苏联专家担任研究生导师，共招收了215名两年制研究生[2]。1956年2月1日—7日，北京体育学院举行第一次体育科学讨论会，来自全国各体育院校、师范学院体育系科的代表300多人参加了会议。这是中华人民共和国成立后举行的第一次体育科学讨论会。北京医学院研究了太极拳的生理基础，对练习太极拳和未练习太极拳的健康老人的身体发展指标、机能状况、心电图、骨骼的X射线摄影等方面，做了大量的、较全面的观察和比较，证明了坚持练习太极拳会获得明显功效。1957年，上海体育学院也聘请了3名苏联专家，培养了59名研究生。这些措施为新中国培养了一批质量较高的师资和科研人员，也为武术研究生的培养奠定了基础。

“武术不但不应排斥近代体育科学，相反的必须在其中吸取科学的养料，以提高武术的理论和技术水平。”[3]“在武术中有很大一部分技术内容，是受广大群众喜爱的，这里面包括各种各样的拳术、器械套路，以及通过实践考核过的锻炼方法。……这种被人民喜爱的技术部分，不仅应该保存下来，而且，应该用

---

〔1〕唐豪：《我国武术与武舞的起源》，《体育文丛》1957年第2期。

〔2〕1954年，张文广向苏联专家赫鲁晓夫的爱人赫鲁晓娃学习击剑，并积极在中央体育学院推广（当时中央体育学院跟随赫鲁晓娃学习击剑的主要是王守刚）。

〔3〕陈捷：《驳王新午的谬论》，载中华人民共和国体育运动委员会运动司武术科《武术运动论文选》，人民体育出版社，1958，第24～25页。

近代体育和科学知识，提高它的科学水平”[1]。由于武术被纳入体育的范畴来管理，加之苏联专家的到来，加强对武术的运动人体科学研究、提升武术的科学水平日益引起人们的重视。

1956年11月3日，北京体育学院生理教研组王义润和苏联专家伊·彼·柏钦柯对在北京参加全国十二单位武术表演大会的近100名运动员进行了一次生理检查。研究结果表明：

在脉搏频率方面，一般不参加锻炼、年龄在18～50岁的正常人，安静状态下的脉搏频率是72～75次/分；22～45岁的武术运动员是66次/分；46～82岁的武术运动员是74次/分。在经过30秒、60次的原地双腿跳跃后，年轻武术运动员需要60～80秒恢复到平静时的心率，46～82岁的武术运动员需要111秒恢复到平静时的心率，而不锻炼的年轻人则需要120秒。

在血压方面，对一个完全健康但不锻炼的人来说，正常的收缩压是105～125毫米汞柱；而年龄在45～50岁的人，在多数情况下收缩压高于145毫米汞柱。但年龄在46～82岁的武术运动员的平均收缩压是132毫米汞柱。

在肺活量方面，成年人的肺活量正常数值范围为3500～4700毫升，武术运动员的肺活量明显要高，有一位63岁的武术运动员肺活量达到了5600毫升。

在前庭分析器（平衡器官）稳定性方面，一个健康但不锻炼的成年人得分[2]大约是3.14分，而长拳运动员（20～39岁）的

〔1〕毛伯浩：《谈谈武术运动的改造和发展》，载中华人民共和国体育运动委员会运动司武术科《武术运动论文选》，人民体育出版社，1958，第25～26页。
〔2〕让测试者坐在旋转椅上，以2秒转一周的速度旋转5周，然后测试其脉搏和血压的变化，如没有变化为5分。

得分是 4.04 分。

在动作反应速度方面，长拳运动员（23 人）是 330.4 毫秒，太极拳运动员（41 人）是 333.2 毫秒，而不进行体育运动的人动作反应速度要多于 400.0 毫秒。

最后作者得出的结论是："从事武术练习的运动员，不论在安静时的生理状态和完成练习后的生理状态，我们认为都是良好的"，"任何年龄的人从事武术运动，对人体都可以起良好的影响"。因此，作者建议："武术应该成为正式运动项目，在广大群众中进行宣传和推广。"〔1〕

这次对长拳和太极拳武术运动员的生理指标测定〔2〕，"证明了广大群众喜爱的发展比较普及的太极拳和长拳等武术项目的科学价值"〔3〕，为我国武术运动人体科学研究奠定了基础。

除北京体育学院的专家、学者对中国武术的运动人体科学进行研究外，还有许多人进行了类似的工作。如吴式太极拳传承人徐致一就以科学的方式著书解释太极拳，"早在 1927 年出版的《太极拳浅说》中就以现代科学的方法解释太极拳。其书深入浅出，雅俗共赏，在当时的精武体育会和武术界产生了巨大的影响。该书没有将太极拳复杂化、神秘化，而是用力学、生理学等科学方式进行了客观的解读，提出了很多实际可行的方法"〔4〕。1958

〔1〕王义润、［苏联］伊·彼·柏钦柯：《武术对人体的影响》，载中华人民共和国体育运动委员会运动司武术科《武术运动论文选》，人民体育出版社，1958，第 48 ～ 53 页。
〔2〕1955 年，武术运动以研究、整理为主。1956 年的全国武术评奖大会，以太极拳和长拳为主。
〔3〕陈捷：《驳王新午的谬论》，载中华人民共和国体育运动委员会运动司武术科《武术运动论文选》，人民体育出版社，1958，第 23 页。
〔4〕白玉玺：《回忆老师——为徐致一著作再版而作》，载徐致一《徐致一太极拳研究》，山西科学技术出版社，2010，第 2 页。

年7月，徐致一的《太极拳（吴鉴泉式）》出版，又进一步阐述了他的科学观点。

1958年2月28日，国家体委举行了体育科学研究工作规划座谈会，北京市有关的科学家和体育家、教育部和卫生部的代表、各体育院校的负责人等参加了该次会议。会议就未来十年体育科学研究进行了商讨，并计划“有步骤地建立起体育科学研究机构，培养体育科学研究人才和加强体育科学研究的国际合作等”〔1〕。会议为武术科学研究的顺利开展指明了方向。

第七节　武术性质问题的讨论及武术学术研究的开展

1952年3月，《新体育》杂志社发起了“向体育工作中的资产阶级思想作坚决斗争”的运动，并在国家体委的支持下决定从6月开始在《新体育》上设置“批判体育工作中的资产阶级思想”专栏，并“希望各级体委、各体育学院给予大力支持”〔2〕。在这次运动中，出现了将学术问题当作政治问题进行处理的思想倾向。国家体委点名批评了吴蕴瑞、袁敦礼合著的《体育原理》和方万邦的《体育原理》，认为两书是“贩卖美国哥伦比亚大学体育系主任、所谓美国权威体育家威廉姆斯的理论”，是资产阶级反动观点的流毒。

1957年4月27日，中共中央发出《关于整风运动的指示》。

---

〔1〕《国家体委举行体育科学研究工作十年规划座谈会》，《体育文丛》1958年第3期。
〔2〕国家体委政策研究室编《体育运动文件汇编（1949—1981）》，人民体育出版社，1982，第158页。

1957 年 5 月，体育界进行了整风动员，《新体育》发表了《坚决地“放”，大胆地“鸣”》的编辑部文章，推动了体育界“大鸣大放”的兴起。此时《新体育》《体育文丛》先后发表了不少有利于中国体育进步和发展的批评建议文章，但随着政治形势的变化，武术技击受到了严重的影响。

一、武术学术探讨的缘起

武术界关于武术的性质及发展问题的讨论是由蔡龙云于 1957 年 2 月在《新体育》上发表的一篇文章——《我对武术的看法》所引发的。

在文中，蔡龙云认为：“我国的武术从创立到现在，始终是循着击和舞两个方面发展。这两个方面传统地构成了整个武术运动。”蔡龙云举了两个例子：一是清代作家吴敬梓的《儒林外史》，文章认为，“在第十二回中权勿用为张铁臂吹嘘的一段话：‘张兄方才所说武艺，他舞剑的身段，尤其可观。’这里作者首先提到武术的‘舞’”；“接着在第四十一回中武书对沈琼枝的一段评论说道：‘只一双手指却像讲究勾、搬、冲的’，在这里作者又提到了武术中的‘击’。”二是明代武术家戚继光的《练兵实纪》，文章写道：“卷四第一条的后面各项武艺比较规例里说道：‘舞对（击）二事全然不通，与未习者为不知。’又说：‘能舞而不知对（击），能对而不知舞，虽精只作下中。’在卷四第十六条镗钯、倭刀、长枪、大棒等比较方法里说道：‘先自跳舞’，‘舞毕即以长枪对之’，‘次以木刀对砍’。由此可见，武术在明代也有‘击’和‘舞’两个方面。戚继光在《练兵实纪》里曾主张过：

‘凡武艺，务照示习实敌本事，真可搏打者，不许仍学花法’。从这里所提的‘实敌’和‘花法’，又可以知道武术在‘击’和‘舞’的内容与形式上还分‘实’与‘花’的不同，也就是‘简单而能实用’和‘复杂却也好看’的不同。可是戚继光并没有否定这种‘花’就不是‘武艺’，而只是军中‘不许仍学’罢了。”

最后，蔡龙云指出：“至于‘舞’的方面，也还须进一步提高技术水平，在基本技术上，我们应该学习和揣摩芭蕾舞的腰腿训练方法，这会加强武术的艺术。”“武术有它自己走过来的道路，有它自己的历史。在今天的整理、研究和发展的工作中，应该让它本着自己的规律和基础在新的思想指导下向前继续发展！”〔1〕

文章一出，立即引起了武术界的争论。

二、武术学术探讨的深入

1957 年 6 月 19 日和 20 日这两天的下午，《体育文丛》编辑部邀请郑怀贤、王子章、巢振民、温敬铭等 21 名武术专家〔2〕召开了“关于武术学术问题的座谈会”。会议重点对“武术的性质问题”“关于统一武术教材和百花齐放的关系问题”等进行了讨论。其主要观点如下〔3〕。

蔡龙云发言说：“武术是技击，是舞蹈，是体育”，“我并

---

〔1〕蔡龙云：《我对武术的看法》，载蔡龙云《琴剑楼武术文集》，人民体育出版社，2007，第 51 ～ 57 页。

〔2〕按照开会时签到的顺序排列，21 名武术专家包括：郑怀贤、王子章、巢振民、温敬铭、陈兆第、马步周、陈公哲、李剑华、蔡龙云、郝家俊、吴桐、韩冠洲、王力泉、李雅轩、项淳一、吴图南、刘世明、吴高明、徐哲东、徐致一、毛伯浩。（朱成：《关于武术性质问题的讨论》，《体育文丛》1957 年第 5 期）

〔3〕除特殊说明外，下面的发言皆引自朱成：《关于武术性质问题的讨论》，《体育文丛》1957 年第 5 期。

没有否认武术在今天已经是体育，而是说它在古代的任务和目的却不是为了增强人民体质”，“武术的‘舞’不同于一般的舞，它必须使舞蹈的动作服从于技击的运动规律”，“我也并没有说武术要走向一般舞蹈的那条道路”。“武术过去有‘击’‘舞’和‘杂技’三种道路向前发展，今天也还是有三种不同的运动形式。这些运动的内容与形式都可以作为锻炼身体、增强人民体质的手段，所以它在今天已具有了体育的性质。”

吴高明书面发言认为，“武术是通过复杂的技击方法，通过手、眼、身、腰、步的协调动作，通过徒手的拳套和器械的路子，来进行身体全面训练的一种运动手段”，“健身与学习技击，是一件事的两个方面”；“蔡龙云同志在发言中说，武术在现在才成为体育，而在古代只是技击，不能认为有体育的作用”，“我不否认古代人民创造武术的动机和目的大部分是为了技击，但人们在学习技击的同时，也锻炼了身体，二者并行不悖，相得益彰，不论过去人们说不说它是体育，而实际上却起着体育的作用”，“武术实际上从创始到现在，都存在着体育价值。”〔1〕

温敬铭认为，“武术是以技击为中心内容，有舞蹈因素的锻炼身体的方法。”“如果只提武术是锻炼身体的方法，不提技击，那就变成了体操，失去武术的特点”，“武术中有舞的因素”，“说武术是舞蹈”是不对的。

韩冠洲基本同意温敬铭的观点，他补充说：“武术中的拳术或器械，无论一式一法，还是打一拳、劈一刀、扎一枪，都是有

〔1〕吴高明：《武术是锻炼身体的方法——关于武术的几个问题和蔡龙云先生商榷》，《新体育》1957 年第 4 期。

目的的，有作用的，不是空洞的，是体（指健康身体）用（指技击的方法）兼备的，依照新的形势看，应当以体为主、以用为辅，绝对不能偏于一方，否则就要失掉武术的本质。”

徐哲东发言认为，“武术的特点是多方面的，兼有技击、健身、舞蹈的成分。武术的内容很丰富，它的性质是随着历史的发展而演变的”。“在技击的、健身的、艺术的三方面，可以有侧重某一方面的项目，但是，从整体武术来看，三者是统一的，不是孤立的”，“这就是武术在体育运动项目中的特征”。[1]

郑怀贤发言认为，“武术必须呈现出武术的特点，不能走舞蹈的形式，因武术动作本身已具有丰富的艺术性，如再偏重舞蹈的形式，还怎么能叫作武术呢？”

巢振民“不同意把芭蕾舞的动作吸收到武术中去”，因为“如果那样就把武术变成舞蹈了”；“武术除了技击和舞的两个方向，还有体育的方向”。

陈公哲认为，“武术的性质是体育与武备”。“武术中的击和舞是结合的”，“武术在平时是体育，在战时就是技击。技术到了很高的境界就是艺术”。

徐致一认为，要决定武术在今日到底是什么性质，“应该根据眼前的需要来决定，可以不受历史的约束”，“大家所说的武术的多方面性——是技击，是体育，也有舞蹈艺术，我是同意的；如果只肯定了武术的一个方面而抹杀了其他方面，我认为是不妥当的”；“新中国为了建设社会主义社会，我们所需要的是人人都有健康的身体，我们应该发挥武术的体育价值，使它走到科学

〔1〕徐哲东：《略论武术的性质》，《新体育》1957 年第 13 期。

化和群众化的道路上去；至于它的技击特点，也要妥为保留，可以做一种专门的研究。关于武术的舞蹈艺术方面，我认为没有必要把武术改成舞蹈，因为武术中的艺术本来是包含在它的体育运动内的”。

刘世明认为，武术的性质“是民族形式体育的内容之一，是健康身体的方法，是属于身体教育的一种手段，是体育”，“在武术里包括有击有舞，在击与舞里可以达到健康的目的”，现阶段的教育目的“概括了体育的目的，是为了社会主义的伟大建设事业而服务，是为了准备劳动与卫国”。“在卫国方面不应理解为拿着大刀救国，重要的是以武术为手段，把身体锻炼得更结实、更健康，为保卫祖国准备条件”，“因此，今后的武术发展道路应遵循着人民的健康方面向前迈进”。

李雅轩认为，“武术性质的技击与体育是二而一，有因技击而获得锻炼身体的结果的，有因锻炼身体进而练习技击的。少林达摩拳的发展是先由健身而达到技击的；形意拳的十二形是进行技击的，同时也获得健身的效果。太极拳是技击又是体育”。

王子章认为，武术的性质是技击、艺术舞蹈，还是体育，“首先要明确大前提，看在什么时间”。“武术在今天的性质，锻炼身体应为主体，技击和舞只是两翼。两翼不是主要的，但是也不能缺少。我不同意在打拳中来个舞台艺术，武术不能吸收芭蕾舞的动作，因为那样就失掉了武术的特点”。

王力泉认为，“现在武术发展的方向，当然是以健身为主，但是不能离开技击，不然就失掉武术的特点”，“击和舞是不能分开的”，“不反对把武术更艺术化”。

除上述参加会议的专家、学者外，还有一些人通过撰文的形式参与武术性质的讨论。

1957年7月，向一在《体育文丛》上发表了《武术的性质和发展方向问题——兼评蔡龙云先生的观点》，“蔡先生模糊了武术的基本性质，没有分清哪些是武术的本质，哪些是从属于武术本质的东西，把‘舞蹈’‘杂技’同锻炼身体和技击并列起来，甚至在有的文章中强调‘舞蹈道路’，大有喧宾夺主之势”。“蔡先生以为：武术的性质是否是体育决定于人们是否意识到武术可以增强人民体质，因此，他就认为武术在古代不是体育。这也是错误的”，“蔡先生对材料的运用方面还缺乏科学的态度，缺乏合理的分析和研究”。向一从这三个方面进行了分析与讨论，认为“健身和技击”“两者缺一，武术就不成为武术了。因此，这两者就是构成武术的本质的东西”；“健身和技击这两者虽然是不可缺少的，但是，它们之间的关系和构成武术时的地位在今天和过去确是有所不同的”〔1〕。

1958年1月，高原在《体育文丛》上发表了《从发展的观点略谈武术中的“击”与“舞”》，阐明了自己的观点：“无论从击的角度、舞的角度或医疗的角度来说，武术对于人体的影响，首先是健康作用，应该在增进人体健康的大前提下再讨论其他问题”，“武术与自由体操或舞蹈相互地吸收几个动作是可以的，因为它们在某一方面有相近之处，在表演艺术上丰富内容或提高美化的程度，不至于失掉风格”〔2〕。

丁凡发表文章指出，“武术性质的讨论，实质上关系到今后

---

〔1〕向一：《武术的性质和发展方向问题——兼评蔡龙云先生的观点》，《体育文丛》1957年第7期。

〔2〕高原：《从发展的观点略谈武术中的“击”与“舞”》，《体育文丛》1958年第1期。

武术技术的发展”，他对以往的讨论文章进行了总结，认为“到目前为止，归纳起来，主要有四种意见：一、武术是技击；二、武术是舞蹈；三、武术是体育；四、武术是技击、是舞蹈、是体育”。丁凡认为，“唯技击论是错误的”，“武术不能向舞蹈、戏剧的方向发展”，“折中论要不得”，“武术是体育项目之一”，他本人“同意武术是体育的看法”[1]。

早在1956年1月，顾留馨在去北京参加全国十二省市武术观摩大会评判工作前一日写给国家体委的信中，就提出了自己对武术性质的看法，他认为：“民族武术今后须为国家社会主义建设服务，须为人民的健康事业服务，其发展方向应以医疗体育、保健体育为主。锻炼程序须循序渐进，合乎生理科学，姿势动作要柔顺优美，使练的人和看的人都能感到轻松愉快。其次则为竞技运动，我的浅见凡是技击性的民族武术，只有在转化为竞技运动的条件下，才有保持和发展的可能和价值。”“民族武术向着疗病、保健性、艺术性和竞技运动这三个方向发展，它将更为广大人民群众所爱好。”“民族武术一直是：疗病、保健和技击性三者混而不分，今后须动员大批人力——专业的和兼业的分工合作，在保持民族风格的前提下，吸收先进的体育生理科学，加以提炼和改编，以适应各方面的需要。”“朝体育方向开展的，应该以医疗保健及民族风格的自由体操和竞技为主；朝艺术方向开展的，应该以武舞为主，可以配上音乐和灯光，增强演出时的美感；朝舞台剧和电影方向开展的，应该以武舞和竞技为主。因此，

〔1〕丁凡：《略论武术技术的发展方向》，《体育文丛》1958年第6期。另见中华人民共和国体育运动委员会运动司武术科：《武术运动论文选》，人民体育出版社，1958，第34～47页。

必须体育、医疗、戏剧、电影、舞蹈、音乐工作者六位一体来分工合作，如分工而不合作，会得走弯路。建议召开一次这几个方面有代表性人士的座谈会，广泛征求意见，对武术界提出要求，从而提出工作计划。”〔1〕

纵观武术性质的讨论，“武术属于体育”这一观点得到了大多数人的认同〔2〕，这为以后武术运动的发展奠定了基础〔3〕。

三、武术学术探讨的转向

上述讨论本是武术界对武术性质问题进行的正常理论探索和辩论，但可惜的是，随后武术界把原本的学术问题引向政治问题。

1957 年，在《体育文丛》第 4 期上，王新午〔4〕发表了《开展武术运动的一些意见》。文章指出：“我国的武术是具有悠久历史，优良传统，内容丰富，并有高度学术价值的一种体育运动。”武术的“种类派别之多，据我已经考据来的就有 500 多样，而不知者尚很多。这些不同种类、不同派别的武术，都继承着古老传统的练功习武的锻炼方法，在辛勤刻苦的劳动斗争中，一边练习，一边创造。越创造越丰富。各有特长，各有造诣”。“甲午庚子之后，国势日衰，社会上崇拜欧美的风气日渐浓厚，我们优良传统的武

---

〔1〕顾元庄、唐才良：《顾留馨日记（下）》，逸文武术文化有限公司，2015，第 692 ～ 695 页。
〔2〕《武术技术改革问题座谈会》，《体育文丛》1958 年第 1 期。
〔3〕郑怀贤等：《武术套路编排的依据》，《体育文丛》1960 年第 7 期。
〔4〕发此文时，王新午署名的职务是陕西省西安市中医医院医务部主任。王新午（1901—1964）：山西汾阳人，幼时从伯父学中医，1919 年，毕业于北平体育专科学校，集武、医于一身，曾任山西国术促进会会长。民国初迁居西安，是民国时期西安“三大名医”之一。曾师从许禹生习杨式太极拳、从吴鉴泉习吴式太极拳，擅长岳氏散手、形意拳、太极拳推手。西北太极拳的代表性人物。著有《太极拳阐宗》《太极拳法实践》《岳氏八翻手》等著作。

术也逐渐不为人所重视，趋于消沉。代之而起者则是西洋的整套球类、田径赛等运动，流行于学校、军队之中，武术大有湮没失传之势。”为此，他提出了“要做好宣传工作”“重视老艺人，传授技术”“消除门派之间，让百花齐放、百家争鸣”“普及与深造要兼筹并顾”“健全机构，担起责任”“建立与健全地方性机构，具体推动工作”“专设机构，整理提高”七点建议〔1〕。

不久，陈捷发表《驳王新午的谬论》，指出王新午在文章中认为“在今天的社会里，武术已经不像过去受人重视了”的观点“实质上是诬蔑新社会和共产党不重视武术”；“王新午现在说：‘切忌外行，免遭贻误’，实质上不过是想取消共产党对武术的领导，企图恢复反动的武术体系而已”；“王新午贬低其他体育项目的价值以及过去那种‘国术至上’的思想，都是武术中封建的反科学的思想表现，与新的科学的为人民服务的武术运动是两种不同道路的斗争”〔2〕。

武术讨论中的转向还只是带有政治色彩的自发行为和个别行为，如果到此为止，转而进行反思，武术也许能很快地转到正确的轨道上来。但可惜的是，武术问题的讨论偏离了方向。

1957年，《体育文丛》第9期上发表了张非垢〔3〕的文章——

---

〔1〕王新午：《开展武术运动的一些意见》，《体育文丛》1957年第4期。

〔2〕陈捷：《驳王新午的谬论》，《体育文丛》1957年第8期。对王新午观点的商讨意见，另有刘玉华发表在《体育文丛》1957年第7期上的《对于王新午“开展武术运动的一些意见”的意见》，可参阅。

〔3〕张非垢（1917—1958）：字载五，学名福垢，号庸人，参加革命后改为非垢。河南省商丘市柘城县牛城乡郭村岗人。1934年秋，考入燕京大学新闻系，积极参加爱国抗日活动。1937年，加入中国共产党。1938年8月，张非垢去延安学习，结业后被分配到八路军一二〇师政治部编辑委员会，主编《战斗报》。中华人民共和国成立后，任中共中央西南局宣传部秘书长、副部长。1954年，调任国家体委秘书长、副主任。1958年8月16日，在北京因病逝世。

《武术工作中的两条路线》。作者认为："在这几年，武术工作除了日常的缺点和错误之外，也出现过两次较大的混乱现象。一次是在 1953—1954 年张轸负责时期；一次就是这次整风运动开始之后，'右派分子'借武术之名对党对社会主义制度展开进攻，这和前次有密切的联系。"文章指出，"怎样对待武术，历来就有两种不同的态度，这代表两部分人对武术所采取的两条不同的路线"，"历代的反动统治阶级把武术当作镇压人民、对外侵略和给自己保镖、看家的工具，或是看作粉饰太平、供少数人观赏的玩意儿"，"人民则把武术看作自己的祖先为了锻炼筋骨、祛病延年、防身、抗暴、保家、卫国而创造出来的一种体育运动，是一种宝贵的文化遗产"。"前一条路线是历代帝王、北洋军阀、蒋介石一脉相传的道路；也是黄天霸、张轸和资产阶级'右派'的道路。后一条道路是我们继续加以发扬的道路，我们要把武术引向社会主义道路。"文章进而指出，在武术性质的讨论过程中，有一些人"是假借武术之名，进行反共反人民反社会主义的阴谋，故意颠倒黑白，混淆视听，造谣挑拨，猖狂进攻。武术云云，其实醉翁之意不在酒，而是企图浑水摸鱼，乘机树立个人势力，实现个人野心，为资产阶级复辟扫清道路。直截了当地说，就是要造反。这场斗争是'右派'和其他利用武术做坏事的分子所挑起的。这是一场尖锐的阶级斗争，我们必须坚决予以反击，把他们彻底打垮，否则，对人民不利，对武术也不利"[1]。

---

〔1〕张非垢：《武术工作中的两条路线》，《体育文丛》1957 年第 9 期。

第八节 顾留馨越南授拳

1956年10月，周恩来和贺龙访问越南时，主管体育的贺龙向越南民主共和国主席胡志明介绍了太极拳的医疗保健作用。胡志明曾于1930年在上海学过中国武术；1945年，胡志明跟他的保卫队队长学习过少林拳。听贺龙谈到太极拳，胡志明特别感兴趣，且表达了希望中国派人去教他练习太极拳的愿望。

国家体委特别重视这次教拳活动，经过认真研究后决定派顾留馨承担这一任务，教学时间为一个月，教授内容为简化太极拳[1]。

1957年1月2日，顾留馨从上海来到北京，到中华全国体育总会报到，见到了武术科的毛伯浩科长和张云骥副科长。毛伯浩高兴地说："建国以后，国家还是第一次派武术教练员出国教拳，而且还是教友好邻邦越南的胡志明主席，更应祝贺。"中国武术史研究专家、顾留馨的老朋友唐豪赶写出《太极拳源流》，供顾留馨教学时参考，并为其出国教拳献计献策。国家体委副主任黄中和运动司司长朱德宝则对顾留馨做了一番鼓励，并指示说："不要教技击性的东西，着重从医疗保健体育方面考虑。"

顾留馨在上海准备的教学内容为杨式太极拳，来到北京后才得知要教授简化太极拳。为此，他一面跟《简化太极拳》的主编李天骥研究简化太极拳的教学计划，一面跟陈发科老师学习陈式太极拳。经过十几天的准备后，1957年1月16日，顾留馨从北京出发，于22日辗转来到越南河内。

---

〔1〕顾留馨：《越南之行及顾留馨出国教拳日记》，载顾留馨《顾留馨太极拳研究》，山西科学技术出版社，2008，第137～174页。

当时，胡志明正在开国民会议，经过协商后决定2月5日开始练习，锻炼时间为早6点至6点半、晚6点半至7点，分40次练完简化太极拳。

胡志明有武术功底，学得比较快，但为了等他的秘书、警卫、厨师等人练得更正确、熟练，胡志明总是希望教得慢一些。就这样，原定40天的学习计划只好延长至4月16日才结束，实际练了62天。其间，胡志明还要求越南体委、军委各派10名青年来学太极拳[1]，以便他们能够推广太极拳，就这样，顾留馨又开了一个简化陈式太极拳班。

此次教拳活动获得极大成功，4月17日，顾留馨踏上回国的列车。1957年12月4日，胡志明访问杭州时，顾留馨“以来杭州联系商业工作，乘便为胡主席温习太极拳”为由继续教胡志明练习太极拳十几天。通过练习太极拳，两人结下了深厚的友谊。

1958年5月5日，顾留馨正式调入上海市体育宫工作，开始专心研究、教授太极拳。

---

〔1〕顾留馨：《顾留馨太极拳研究》，山西科学技术出版社，2008，第139页。

第二章

中国武术协会成立后的武术探索与创新

新中国的体育事业在贺龙的领导下得到了快速的发展，在这一时期，我国分别于1959年和1965年成功举办了两次全国运动会。

1965年1月12日，毛泽东同志对徐寅生在国家乒乓球女队的讲话给予了高度评价并作出重要批示："讲话全文充满了辩证唯物论，处处反对唯心主义和任何一种形而上学。多年以来，没有看到过这样好的作品。他讲的是打球。我们要从他那里学习的是理论、政治、经济、文化、军事。"1月17日，《人民日报》全文刊载了徐寅生的讲话稿并号召全国人民学习，紧接着《解放军报》《中国青年报》都全文加以转载。中国的乒乓球运动由此全面展开。据统计，当时喜爱打乒乓球的有9000万人之众，体育战线成了红极一时的先进典型。1958年中国武术协会成立后，一直到1966年5月"文化大革命"开始前，武术正是在这样适宜的发展环境中取得了长足的发展，竞技武术、学校武术、社会武术、武术学术探讨、武术对外交往等均取得了良好的成绩。

第一节 适宜的武术事业发展环境

1958年9月，中国武术协会成立，李梦华任主席[1]。中国武术协会下设教练委员会、裁判委员会、科研委员会及新闻宣传委员会。中国武术协会是推动武术运动发展、促进武术运动普及和技术水平提高的全国性体育社会团体，其具体任务是“团结全国武术工作者，继承、发掘、研究、整理武术遗产，广泛推动群众性武术运动，不断提高运动技术水平，开展科研活动，协助国家体育部门研究审定武术项目的比赛和表演规则，组织全国比赛，审查考核等级裁判员和教练员等”[2]。中国武术协会的建立，为中国武术有组织、有步骤地发展铺平了道路。

1958年后，在“大跃进”浮夸风的影响下，一些地区提出了体育锻炼要“白天千军万马，晚上灯笼火把”等不恰当的口号，搞突击性练习。国家体委为此召开现场会，及时纠正了这种做法。

1959年1月，毛泽东批示：“凡能做到的，都要提倡，做体操、打球类、跑跑步、爬山、游泳、打太极拳及各种各色的体育运动。”[3]

20世纪60年代，中苏关系破裂，以美国为首的西方国家继续对中国采取敌视态度。为打破这种封锁，中国与亚、非、拉

---

〔1〕中国武术协会第一届委员名单如下。主席：李梦华；副主席：王子平；秘书：毛伯浩；委员：李梦华、柏坪、毛伯浩、唐豪、徐致一、郑怀贤、张登魁、张文广、郝家俊、顾留馨、蔡龙云、陈盛甫、吴图南、徐良骥、吴桐、孙文宾、王新泉、薛仪衡、王树田、李毅立、王子章、李元超、施鸿义、李宗本、卜文德、周明德、刘杞荣、周公勇、曹文彬、李天骥、佟忠义。

〔2〕周伟良：《中国武术史》，高等教育出版社，2003，第122页。

〔3〕顾元庄、唐才良：《顾留馨日记（上）》，逸文武术文化有限公司，2015，第18页。

发展中国家加强联系，并合作举办了新兴力量运动会，与美、苏抗衡的新的国际力量正在形成。另外，中国还积极参与国际乒乓球联合会的各项活动。在这样的国际环境里，武术竞赛活动继续发展。

1964年9月，国家体委武术科升级为武术处，毛伯浩任处长。当年，中国武术协会进行了改选，董守义当选为第二届中国武术协会主席，副主席除王子平外，还增加了毛伯浩、郑怀贤和张文广，毛伯浩还兼任秘书长，副秘书长为李天骥。[1]总体来说，该时期武术事业还是在探索、创新中取得了许多成就。

第二节 太极拳缠丝劲大讨论

武术界正在进行武术技击问题的讨论时，太极拳界则掀起了一场缠丝劲是太极拳各流派共性还是陈式太极拳所独有个性的学术辩论[2]。

1961年，顾留馨在上海教育出版社出版了《简化太极拳（图

[1] 中国武术协会第二届委员名单为：卜文德、王子平、王子章、王新泉、王树田、王美、毛伯浩、朱国福、孙文宾、刘佩伟、刘侠僧、邸世礼、李天骥、胡焕明、李宗德、李毅立、李光、步学宽、吴图南、陈盛甫、陈照丕、周公勇、范学习、郑怀贤、徐致一、徐哲东、马凤图、马云、张文广、张登魁、张继修、秦德纯、郝家俊、原庆春、顾留馨、焦勉斋、董守义、温敬铭、蔡龙云、杨禹廷、薛仪衡。

[2] 路迪民认为："唐豪要给杨、吴、武、孙、赵五大流派太极拳强加一个共同祖先——陈王庭"，"顾留馨又要给各式太极拳强加一个共同理论——缠丝劲"，其"用心之细，倒也难得"。（路迪民：《极左思潮与顾留馨的太极拳研究》，载李师融、李万斌、刘晔挺《太极拳源流与发展研究》，逸文武术文化有限公司，2012，第71页。原文载《武当》，2006年第7～8期。）

说本）》[1]，其中对简化太极拳的练习要领，强调“缠丝劲”，他认为：“太极拳的动作弧线，是内劲作旋绕运转时必需的外形，陈氏原来称作‘缠丝劲’，运劲如抽丝，极为缠绵曲折，在大螺旋式和无数小螺旋式的发展路线上进退屈伸，形成为圆形动作，是太极拳练法特点的精华所在”；“内劲的运转，是带有螺丝旋转形状的缠丝（抽丝）劲，只有像太极拳类型的圆运动才能锻炼这种内劲”[2]。为此，徐致一在 1964 年 6 月 1 日的《体育报》上发表了《略谈太极拳的缠丝劲问题》一文。在该文中，徐致一指出，“缠丝劲是陈式太极拳不可或缺的一种劲，决不是一切太极拳都必须具备的一种劲”，至于缠丝和抽丝，则“是不可混为一谈的两种动作”。随即，太极拳的缠丝劲问题引起了社会的广泛关注[3]。

针对徐致一的观点，当时许多太极拳界的大家都发表了自己的意见。其观点大致可分为支持（李经悟、赵任情等）、反对（洪均生、罗基宏、范正邦、沈家桢等）和无所谓（陈照丕等）三种。

1964 年 6 月 25 日，范正邦根据自己练习几十年杨式太极拳的体会，发表了《略谈太极拳的缠丝劲》一文，认为：“要在内外合一，上下相随，配合一切基本要求，把意、气、神和架式动作都在正确的锻炼之下，达到全身气流通畅，产生内劲，从开展而求紧凑之后，身体内外的圈圈感觉到逐渐缩小而气和劲到的更

〔1〕1963 年 7 月，第三版改名为《怎样练习简化太极拳》。顾留馨先后在上海教育出版社出版了《简化太极拳》《怎样练习简化太极拳》两本书。

〔2〕顾留馨：《简化太极拳》，上海教育出版社，1962，第 38 ～ 40 页。

〔3〕顾留馨认为：“缠丝劲的争论，幕后是武术科的李天骥先生挑起的。”因此，顾留馨曾向报社建议“先组织李先生的稿件，然后我也参与争鸣”。（顾留馨：《太极拳史解密》，逸文武术文化有限公司，2013，第 354 页）

快之时，自然成为缠，而有缠丝劲了。太极拳的内外合一运动是在进退、左右、里外、顺逆、大小之中莫不有圆圈则练至紧凑时，自然感觉此种种之缠，而要莫非以中气行乎其间，否则不是太极拳，不问何种形式的太极拳，其理一贯”，“陈鑫氏之所谓‘太极拳缠法也’，乃对太极拳全部法则的一个总结论”〔1〕。

罗基宏在看了徐致一的文章后，于1964年7月24日发表了《〈略谈太极拳的缠丝劲问题〉读后》，认为：“缠丝劲是作为太极拳的共同特点而客观存在着，是共性，不是各流派的‘个性’（共性寓于个性之中），尽管它们的表现有时明显（如在陈式太极拳中）而有时不太明显（如在吴式太极拳等之中）。缺少了这一共同的特点，就不能完全形成太极拳这别具一格的民族武术体育运动。”〔2〕

1964年8月，沈家桢〔3〕发表《〈略谈太极拳的缠丝劲问题〉读后》和《对于徐致一挑战的答复》，认为：“陈式是缠丝者以中气行乎其间的气功功用。杨式是抽丝者一气贯穿于其间的气功功用”，“抽丝是螺旋的抽，缠丝是螺旋的缠”，“徐先生这一篇文章，归根到底极其简单的问题不在缠丝劲的如何，而是对抽丝劲的认识不同”，“太极拳缠丝劲，或称抽丝劲，它是太极拳的基本功，也是太极拳的尖端功。按照基本功说，按照抽丝原则的运动，是人体动作的自然现象，是适合太极两仪顺逆抽丝要求的。按尖端功说，只有在抽丝螺旋之下，才能达到周身节节贯穿

---

〔1〕顾留馨：《太极拳史解密》，逸文武术文化有限公司，2013，第154～155页。

〔2〕顾留馨：《太极拳史解密》，逸文武术文化有限公司，2013，第132页。1964年10月30日，徐致一针对罗基宏的文章发表了《再谈太极拳的缠丝劲问题——答罗基宏先生》一文。1964年11月6日，罗基宏撰写了《太极拳的缠丝劲是什么——答徐致一先生》的文章。

〔3〕沈家桢从学于杨澄甫和陈发科，将杨式太极拳和陈式太极拳合并为行功太极拳。

完整一气，上升到高度神明的要求，它是体育上健身和体疗的主要功用。但是太极拳流传下来，隔了几代人，一传再传，形式有些变迁，缠丝劲居于太极拳的核心地位是不会变的”[1]。

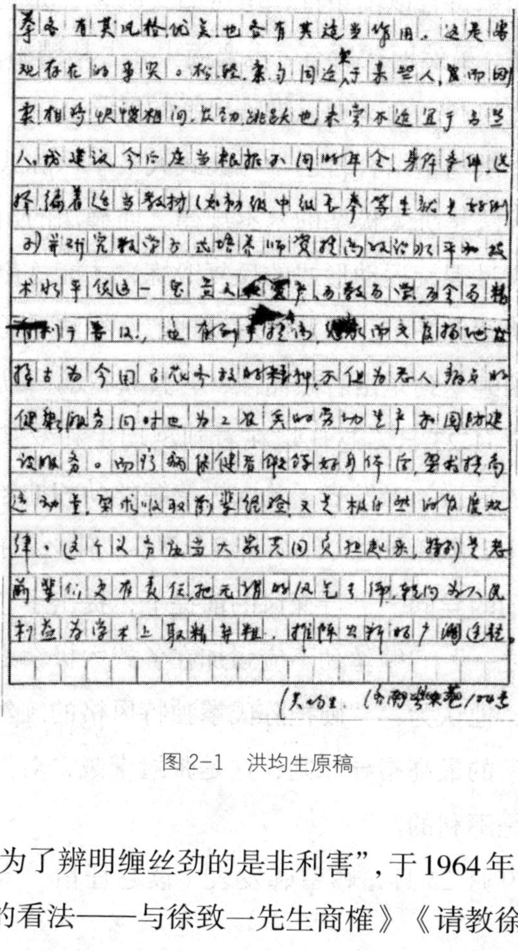

图 2–1　洪均生原稿

洪均生“为了辨明缠丝劲的是非利害”，于1964年8月写了《对缠丝劲实质的看法——与徐致一先生商榷》《请教徐致一先生几个问题》[2]两篇文章（图 2–1）。作者认为，对缠丝劲是否运用于24式太极拳这一问题的辩论，“不在于某人练习某式拳法

〔1〕顾留馨：《太极拳史解密》，逸文武术文化有限公司，2013，第159～164页。
〔2〕顾留馨：《太极拳史解密》，逸文武术文化有限公司，2013，第165～168页。

之年份多少、有无拳论为据。而应首先认清缠法、螺旋、缠丝劲究竟是什么？它对生理方面是有利有害？对技术方面是否符合力学？能起什么作用？最应当研究它是否符合太极拳运动的原理，以为论断。如果符合以上条件，虽然旧式所无，亦应添上。如果违反以上条件，虽然旧式所有，也要简去。去其糟粕，取其精华，才是发掘文化遗产，而又加以推陈出新的科学态度”。在这样的认识前提下，洪均生结合自己学习吴式太极拳、陈式太极拳的体会，认为“缠法是练太极拳的基本规律。而缠法的运动形式是螺旋推进的。通过螺旋运动形式的反复锻炼，才能练出缠丝劲（也就是陈式拳所谓掤劲）。因此，可以理解，缠法是总名，螺旋是运动形式，而缠丝劲是由着熟而懂，并且获得的‘劲’”〔1〕。

1964年9月23日，赵任情在看到洪均生和罗基宏的讨论文章后，在《体育报》上发表了《太极拳缠丝劲和抽丝劲的异同》一文〔2〕。文中，作者在对“什么叫缠丝劲”“什么叫抽丝劲”“缠丝劲和抽丝劲的异同”进行探讨的前提下，提出了“缠丝劲只是抽丝劲表现之一”“缠丝劲不应强加在各式太极拳上”的观点。在此基础上，他认为：“硬把陈氏拳独特风格的缠丝劲理论，来作简化太极拳的最高指导原则，这是张冠李戴，对群众性太极拳运动的开展是不利的。”〔3〕

1964年9月25日，顾留馨发表《读赵任情〈太极拳缠丝劲

〔1〕顾留馨：《太极拳史解密》，逸文武术文化有限公司，2013，第133页。1964年9月，徐致一写了《三谈太极拳的缠丝劲问题——答洪均生先生》。

〔2〕洪均生针对赵任情的文章，写了《就太极拳缠丝劲和抽丝劲问题再做商讨》一文，但可惜当时未发表，该文章后来发表在《武林》2001年第11期上；罗基宏针对赵任情的文章，于1964年12月12日发表了《〈太极拳缠丝劲和抽丝劲的异同〉之我见》一文。

〔3〕蒋家骏：《太极拳师门对话录——太极宗师洪均生言传身教原始记录》，人民军医出版社，2010，第208～210页。

和抽丝劲的异同〉札记》，提出："纵观全文，把缠丝劲和抽丝劲分为两种不同的运劲，并挑拨陈式以外的各式对陈式的歧视，接着又把缠丝劲从属于抽丝劲，这是受到徐老一贯的'定于一尊'的影响，末了，矛头仍指向《怎样练习简化太极拳》一书，适应李某的想法。"〔1〕

在河北省北戴河气功疗养院工作的李经悟在看了刊登在《体育报》上关于太极拳缠丝劲的争鸣文章后，认为"这确是开展太极拳运动的重要问题，有加以讨论的必要"。为此，他撰写了《对太极拳缠丝劲等问题的体会》，并发表在 1964 年 10 月 21 日的《体育报》上。在该篇文章中，李经悟鲜明地提出了自己的观点："抽丝、螺旋、缠丝这三个劲是有区别的"，"简化太极拳硬加上缠丝劲是不可能的"〔2〕，"缠丝劲是陈式太极拳的主要特色之一，只有陈式太极拳的套路才能表现这个特色，正像开合手只能表现孙式太极拳的特色是同一道理的。源于杨式太极拳的简化太极拳，是不可能表现缠丝劲的。这不是杨式太极拳或简化太极拳的缺点，而恰恰是它的特点"，"忽略了简化太极拳的普及意义和群众性，就不可能正确地理解简化太极拳，对于开展太极拳运动是不利的"〔3〕。

1964 年 10 月 21 日，龙奉武在《也谈缠丝劲》中表达了自己的观点，"凡是太极拳不论某式都含有缠丝劲"，"缠丝劲在各式太极拳中都有，是不难理解的"〔4〕。

---

〔1〕顾留馨：《太极拳史解密》，逸文武术文化有限公司，2013，第 174 页。
〔2〕梅墨生、李树峻：《李经悟太极内功及所藏秘谱》，当代中国出版社，2010，第 83 ～ 85 页。《武魂》2004 年第 5 ～ 11 期对相关文章进行了转载。
〔3〕顾留馨：《太极拳史解密》，逸文武术文化有限公司，2013，第 141 ～ 142 页。
〔4〕顾留馨：《太极拳史解密》，逸文武术文化有限公司，2013，第 143 页。

1964年10月，巢振民亦发表了《太极拳缠丝劲讨论的几点思考》的文章，他认为《体育报》要求争辩的中心在于：缠丝劲的内容实质是什么？缠丝劲是否为各家所共有？缠丝劲是否为我国拳术运动上高级的东西？而“刊载的文章中涉及作者的思想、意图以及态度问题，尚非此次号召争鸣的中心”〔1〕。

对于这场争论，当时身在陈家沟的陈照丕认为，练的太极拳功夫水平不一样，体会和理解也不一样。假如习练者练习的太极拳本身没有缠丝，那就不会有缠丝劲，就不应该强迫人家说有。有人讲缠丝与抽丝不一样，因为他本人练的就不一样，为什么强迫人家讲一样呢？每个人练太极拳的功夫、水平、理解都不一样，所以各讲各的，言论自由，没必要去争论，没有意思〔2〕。而吴图南认为，抽丝劲的说法不通文理。“至于缠丝劲是陈家沟的人提出来的”，他们的用意“只不过是借助缠丝劲之说，好把太极拳拉到炮捶里边去”〔3〕。

1964年10月20日，顾留馨应《体育报》之邀撰写了《从缠丝劲问题谈起》〔4〕，“原打算以此结束太极拳的有关争论，后因故未刊”。在这篇文章中，顾留馨认为：“争论的焦点是缠丝劲与抽丝劲的异同问题。对这个问题看法上的分歧，基本上分成两大类：第一类主张缠丝劲为陈式太极拳所独有，缠丝劲和抽丝劲是两回事。第二类主张缠丝劲是各式太极拳的共性，缠丝劲即抽丝劲。”“‘简太’不同于过去的《太极操》〔5〕，可以排除

〔1〕顾留馨：《太极拳史解密》，逸文武术文化有限公司，2013，第190页。
〔2〕朱天才：《朱天才解读太极拳》，中原农民出版社，2009，第205页。
〔3〕吴图南，马有清：《太极拳概论》，世界图书出版公司北京公司，2013，第30页。
〔4〕1964年10月20日初稿、1964年11月5日发稿；《武魂》杂志2004年第2、3期连续转载。
〔5〕《太极操》作者是褚民谊，1931年在上海出版。

缠丝劲，因为那是‘操’而不是‘拳’，把缠丝劲放进《太极操》，或是放进非太极拳的拳种中去，说是‘张冠李戴’还可以，把缠丝劲还之太极拳，不应该认为是‘张冠李戴’。”“缠丝劲之争实质上是刚柔相济与一柔到底〔1〕之争。”〔2〕

1964年，顾留馨还发表了《太极拳研究》。随后，1964年5月号《新体育》在“揭露批判武术活动中的歪风邪气”专栏发表了《北京晚报》记者赵任情的《用阶级观点考查太极拳的历史》和向灵的《反对关于太极拳的神秘化观点》两篇文章。1965年6月3日，顾留馨撰写了《太极拳史料处理上的检查和对神秘化观点的看法》的文章予以回应。

1964年11月4日，身在河北永年的姚继祖在看到徐致一、罗基宏、洪均生、赵任情、李经悟、龙奉武等人的争论文章后，把他听到的、见到的及个人在练习中的体会写了出来。在文章中，姚继祖指出：“‘缠’是总名，是纲”，太极拳的“一开一合，一虚一实，互相转变”，“自含所谓‘缠丝劲’，虽不提出，亦自存在”，“缠丝的运劲方法，若不在‘运劲如抽丝’的精神意识主导下运用，则其劲恐不易做到沉着松静”。为此，姚继祖“很同意顾留馨同志曾经提出的：‘太极弧形走螺旋，缠绕运转一气串，空间立圆非平圆，直线似抽曲线缠’”，“缠丝与抽丝两者基本是相同的”〔3〕。

1964年11月11日，周铨撰文《缠丝劲与太极拳》，指出：

---

〔1〕1962年8月20日，徐致一在《体育报》上发表《一柔到底》。1962年9月3日，又发表了《推手比赛规则的管见》。

〔2〕顾留馨：《太极拳史解密》，逸文武术文化有限公司，2013，第176～184页。

〔3〕顾留馨：《太极拳史解密》，逸文武术文化有限公司，2013，第197～200页。

缠丝劲“是千百年来祖国人民在劳动和武术实践中用劲方法的一种总结和再创造，是我国古代朴素唯物论阴阳学说和医学理论经络学说指导下的产物。它最充分、最巧妙而又非常科学地利用了人体特点，既可以在医疗保健上起卓越的作用，技击上又能使机体发挥出最大的威力。太极拳的各个要领和特点几乎都须通过它才能得到最完善的体现，或和它有密切的关系……各式拳尽管由于种种原因对它的运用有的明显、有的不明显，离开它却都不能成为真正的太极拳。”〔1〕

1964年12月13日，北京市武术协会在东城区原青年会召开会议，专题讨论太极拳缠丝劲的问题。北京市武术协会主席李光主持会议，徐致一、吴图南、赵任情等40余人参会。北京体育学院10余人参会，李天骥列席了该次会议〔2〕。1965年，讨论仍在继续。同年1月19日，周铨发表了《“一柔到底”之批判》；3月8日，雷慕尼发表了《对缠丝劲的肤浅体会》〔3〕。

而后，太极拳缠丝劲和抽丝劲的争论并没有停止，仍有许多人继续提出这一问题并进行讨论〔4〕。

〔1〕顾留馨：《太极拳史解密》，逸文武术文化有限公司，2013，第206页。

〔2〕顾留馨：《太极拳史解密》，逸文武术文化有限公司，2013，第267～275页。

〔3〕顾留馨：《太极拳史解密》，逸文武术文化有限公司，2013，第208～220页。

〔4〕如1972年4月22日，顾留馨撰写了《太极拳缠丝劲》。1978年，在美国的华人吴大业和吴邓淑贤撰写了《缠丝、折叠与一气呵成》。该文“先审视前人所用的意义与其限制：清除不必需的复杂与困扰，返璞归真，而试以极简单的基本观念，应用于杨式太极拳套路中全身节节贯穿的整劲缠丝”（1984年10月，该文首先发表在高雄太极拳相关的杂志，后又发表在《搏击》杂志2013年第12期上）。1991年10月，在河北邯郸召开的首届河北·永年国际太极拳联谊会上，胡凤鸣就重提这一问题。他认为，抽丝劲、缠丝劲、螺旋劲不同，在太极拳中“三者缺一不可”（胡凤鸣：《太极拳的抽丝、缠丝及螺旋劲》，载翟金录、燕振科《太极名家谈真谛》，中国广播电视出版社，1992，第101页）。

第三节　武术竞赛的积极探索

中国武术协会成立后，在一系列武术比赛探索的基础上，不但制定了武术竞赛规则，而且创编了甲、乙组武术套路，为竞技武术套路的形成与发展奠定了基础。

一、第一部《武术竞赛规则》的制定

武术成为正式竞赛项目后，制定统一的武术竞赛规则、使运动员在同一条件下公平合理地进行比赛已成为现实的需求。1958年，刚刚成立不久的中国武术协会承担了这一责任。在国家体委的领导下，中国武术协会召集有工作经验的武术工作者（图2–2），开始了新中国第一部《武术竞赛规则》的制定工作。

图 2–2　制定《武术竞赛规则》时，成传锐、常振芳、温敬铭、蔡龙云的合影

毛伯浩、张文广等首先遵照“古为今用”“推陈出新”的方针，经过讨论与研究最终确立了拟定规则的原则，即“武术竞赛规则的制定应根据武术运动的发展和全国武术表演、比赛的实际，以武术比赛时的套路内容、动作数量、完成时间、动作技术标准等为主，进行统一；同时，参考竞技体操规则，制定评分法”[1]。原则定下来后，成传锐、常振芳、温敬铭、蔡龙云等几个人开始分头撰写，终于完成了该部规则的制定工作。

1958 年 9 月 7 日—16 日，在北京举行的全国武术运动会试用了这套规则，根据试用结果，编写组在做了必要的补充和修改后上报国家体委。1959 年 7 月，该规则由国家体委批准正式公布实施。从此，以长拳（刀、枪、剑、棍）、太极拳、南拳为格局的竞技武术套路竞赛体系得以形成。

1963 年，根据武术套路比赛的实际需要，又对《武术竞赛规则》进行了修订，并第一次规定套路比赛必须在 1 分 45 秒至 2 分 30 秒之间完成。另外，20 世纪 60 年代初期，国家体委还明确提出了“难度大、质量高、形象美”的竞技武术套路技术发展方向，竞技武术套路“高、难、美”的技术风貌逐渐形成。

《武术竞赛规则》的编制完成一改过去仅有“技术熟练”“姿势正确”“动作灵活”“劲力顺达”“内容充实”“精神贯注”等原则性规定，缺乏量化的现状，武术套路比赛的方法、内容、标准逐渐走向科学、规范。该规则在 1959 年 9 月举行的第一届

〔1〕张文广：《我的武术生涯》，北京体育大学出版社，2002，第 144 页。

全国运动会[1]武术比赛中正式开始使用，一直延续到1966年。由于“文化大革命”的影响，武术套路比赛被迫中断，该规则也就停止使用了。

二、武术竞赛活动

1958年9月7日—16日，全国武术运动会在北京市举行。北京、上海、吉林等27个省、自治区、直辖市单位的260名男女运动员参加了比赛，张文广担任评判长。比赛不分男女组，分评奖项目（拳术、器械）和表演项目（拳术、器械、对练），以拳术、器械两项的平均成绩评奖。结果评奖项目有31人[2]在8分以上，获得一等奖。表演项目的拳术有7人[3]在8分以上、器械有6人[4]在8分以上、对练有6对选手[5]在8分以上。

1959年的武术赛事主要有三个，即全国青少年武术运动会、中国人民解放军第二届体育运动大会武术比赛和第一届全国运动会武术比赛。

---

〔1〕第一届全国运动会于1959年9月在北京举办，国家领导人特别重视，毛泽东、周恩来、刘少奇、朱德等党和国家领导人亲临现场，董必武、郭沫若分别为运动会写了《祝第一届全国运动会》《为第一届全国运动会鼓吹》的贺诗，聂荣臻则专门作了《祝百尺竿头，更进一步》的贺文。第一届全国运动会共有比赛项目36项，武术是其中之一。

〔2〕31人按分数由高到低顺序分别为上海蔡鸿祥、北京成传锐、上海邵善康、四川肖应鹏、广西潘淑仪（女）、北京田永福、山东邱桂香（女）、上海李福妹（女）、上海濮冰如（女）、上海胡月祥、黑龙江于立光、上海杨炳诚、吉林严广才、辽宁邢业才、上海胡汉平、天津孙世广、安徽徐淑贞（女）、黑龙江刘洪仁、北京孙枫秋、上海章海深、山东赵洪德（女）、黑龙江张植彬、北京李秉慈、北京门惠丰、黑龙江张继秀、山东刘金芳（女）、山东赵瑞章、天津郭福厚、天津牛宝元、上海佟佩云（女）、吉林高正谊。

〔3〕7人按分数由高到低顺序分别为上海邵善康、上海蔡鸿祥、上海胡月祥、上海胡汉平、黑龙江于立光、上海李福妹（女）、北京宋志平。

〔4〕6人按分数由高到低顺序分别为北京成传锐、天津郭福厚、天津孙世广、黑龙江张继修、黑龙江张植彬、上海章海深。

〔5〕6对选手按分数由高到低顺序分别为黑龙江张继修、攀剑秋，北京成传锐、田永福，山东赵瑞章、赵洪德（女），湖北李龙泉、刘玉华（女），上海杨炳诚、蒋锡荣，四川王树田、熊延宗。

全国青少年武术运动会于1959年3月22日—27日在北京市举行。来自北京、上海、云南等25个省、自治区、直辖市单位的197名男女运动员参加了比赛。总裁判长为毛伯浩。大会不分男女组,而是分青年组、少年组,大会有竞赛项目和表演项目两类,分别进行了比赛或展示。其中，竞赛项目分长拳、太极拳、长器械、短器械、四项全能五项，分别录取了前六名。表演项目按青年组、少年组分别分一等奖、二等奖、三等奖进行评判[1]。

中国人民解放军第二届体育运动大会于1959年3月28日—4月7日在南京市举行，大会设有武术比赛。来自空军、铁道兵及北京、南京等部队运动员参加了比赛。比赛分竞赛项目和表演项目两类，其中，竞赛项目为长拳、太极拳、长器械、短器械、四项全能，表演项目有拳术、器械和对练。最后，按照成绩高低每一项录取了前六名[2]。

1958年7月30日,国家体委党组向中共中央呈递了一份报告:“为了检阅10年来我国体育事业的伟大成就，迎接建国10周年；为了大力开展群众性体育运动，在体育运动广泛开展的基础上，

---

〔1〕北京、吉林、上海、山东、黑龙江、安徽分列团体总分前六名；上海李福妹（女）、吉林安天荣、北京杨僧宝、山东赵洪德（女）、吉林高正谊、北京唐振荣分列青年组全能的前六名；上海李福妹（女）、吉林安天荣、北京杨僧宝、吉林高正谊、安徽徐淑贞（女）、上海汪佩琴（女）分列青年组长拳的前六名；广西潘淑仪（女）、内蒙古金淑珍（女）、上海李福妹（女）、北京唐振荣、山西贾保寿、上海汪佩琴（女）分列青年组太极拳的前六名；北京杨僧宝、吉林高正谊、北京经本愚、黑龙江杨世杰、上海李福妹（女）、山东赵洪德（女）分列长器械的前六名；吉林安天荣、上海李福妹（女）、河北曲宗奎、山东赵洪德（女）、安徽龚传仁、安徽徐淑贞（女）分列短器械的前六名。少年组长拳、太极拳、长器械、短器械、四项全能竞赛成绩略，青年组、少年组表演项目成绩（一、二、三等奖）略。（中国体育年鉴编辑委员会：《中国体育年鉴（1949—1962）》，人民体育出版社，1964，第1521～1523页）

〔2〕另有团体总分前六名，分别为北京部队、济南部队、空军部队、沈阳部队、南京部队、广州部队。（详细成绩见中国体育年鉴编辑委员会：《中国体育年鉴（1949—1962）》，人民体育出版社，1964，第1523～1524页）

加速提高运动技术，争取10年左右，在主要运动项目上赶上世界水平，计划在1959年9月13日—10月2日，举行中华人民共和国第一届运动会。”[1]中共中央很快同意了国家体委党组的报告，8月4日，中共中央办公室主任杨尚昆通知蔡树藩，“关于召开第一届全国运动会问题，书记处已经讨论过：（一）同意一九五九年九月底至十月初召开；（二）筹委会主任由贺龙同志担任，不必设副主任。”[2]

第一届全运会最终于1959年9月22日—26日在北京市举行。来自北京、上海、陕西等省、自治区、直辖市25个单位的172名男女运动员参加了武术项目的表演赛。顾留馨担任总裁判长。此次比赛仍然不分男女组，仅分竞赛项目、表演项目。其中，竞赛项目分长拳、太极拳、短器械、长器械，表演项目则分一、二、三等奖。最后，按成绩高低每一项录取了前八名[3]。

---

〔1〕中华人民共和国第一届运动会即第一届全国运动会，简称第一届全运会。

〔2〕谢武申、王鼎华：《共和国体育元勋》，人民体育出版社，1990，第181页。

〔3〕上海、吉林、北京、黑龙江、山东、陕西、四川、安徽分列团体总分前八名；上海邵善康、上海蔡鸿祥、吉林安天荣、吉林严广才、吉林韩明男、黑龙江于立光、吉林高正谊、安徽龚传仁分列长拳前八名；上海杨炳诚、黑龙江张继修、北京刘高明、北京李秉慈、陕西张桐、上海濮冰如（女）、陕西徐毓如（女）、广西潘淑仪（女）分列太极拳前八名；吉林韩明男、黑龙江刘洪仁、北京成传锐、山东徐学义、上海章海深、吉林孙声亭、四川肖应鹏、北京杨僧宝分列长器械前八名；山东徐学义、北京成传锐、黑龙江于立光、山东范桂娥（女）、上海李福妹（女）、山东赵洪德（女）、吉林严广才、山东王常凯分列短器械前八名。表演项目（拳术、器械、对练）一、二、三等奖略。（中国体育年鉴编辑委员会：《中国体育年鉴（1949—1962）》，人民体育出版社，1964，第1524～1525页）

1960年9月18日—25日，全国武术运动会[1]在郑州举行。共有来自北京、上海、黑龙江等23个省、自治区、直辖市的192名男女运动员参加了比赛。张文广担任总裁判长。该次运动会除原来设有的太极拳、长拳、长器械、短器械项目外，增设了南拳项目，且男女开始分别进行竞赛。由此，以长拳、太极拳、南拳为竞赛内容的竞技武术套路竞赛体系日趋完善。

1963年10月15日—19日，十五单位武术暨射箭锦标赛在上海市举行，共有来自上海、吉林等11个省、自治区、直辖市的83名运动员参加了比赛。顾留馨为总裁判长，郑怀贤为副总裁判长。比赛开始出现了新的特点，即男女分开比赛、短器械分为刀术和剑术、长器械分为棍术和枪术。

1964年9月12日—16日，在济南举行了十九单位武术暨射箭锦标赛，来自北京、上海、广东等19个省、自治区、直辖市的135名运动员参加了比赛,不但男女分组比赛,还分甲、乙组(甲组男49人、女25人，乙组男9人、女12人，参加测验的男25人、女15人）进行了全能、长拳、南拳、太极拳、枪术、棍术、刀术、剑术的比赛。比赛的总裁判长为陈盛甫，郑怀贤、顾留馨、蔡龙云、孙文宾担任副总裁判长[2]。这种依据运动技术水平甲、乙组分开，男女分开，且短器械分为刀、剑，长器械分为棍、枪的竞赛做法显然比以往有了改进。

---

〔1〕团体总分前三名为山东、上海、吉林队。男子全能前六名为辽宁徐其成、山东徐学义、吉林严广才、山东王常凯、吉林韩明男、山东于天堂；女子全能前六名为上海李福妹、山东范桂娥、上海张海风、安徽徐淑贞、山西武元梅、山东刘金芳。男子和女子长拳、太极拳、南拳、长器械、短器械名次及表演项目一、二、三等奖略（中国体育年鉴编辑委员会:《中国体育年鉴（1949—1962）》，人民体育出版社，1964，第1525～1526页）。

〔2〕中国体育年鉴编辑委员会：《中国体育年鉴（1964）》，人民体育出版社，1965，第341~343页。

另外，为备战1965年9月11日—28日在北京举行的第二届全国运动会（以下简称“第二届全运会”），1958年，霍氏迷宗拳传人冯玉生（霍东阁的弟子）被聘为北京军区武术队教练；1959年，他又被选为中国八一武术队总教练。后来，由于第二届全运会取消了武术比赛（武术仅为表演项目），八一武术队半年后就解散了[1]。

总的来说，自1957年国家把武术列为国家竞赛项目以来，各省、自治区、直辖市、县纷纷建立武术队（图2-3），一些业余体校也增加了武术班。

图2-3　1959年，山西省洪洞县武术运动员合影

武术竞赛活动的开展有力地促进了长拳、南拳、太极拳等竞技武术套路的普及和提高。但也存在不少缺点，其中较突出的是：“一是比赛的项目太少，规定过死，不利于发展各种传统项目和

〔1〕李汝斌：《86岁霍氏迷宗拳传人寻找20名爱徒》，《中华武术》2008年第9期。

风格；二是有些套路过多和孤立地吸收了体操及舞蹈动作，在一定程度上削弱了武术的特点”[1]；三是裁判队伍没有建立起来。尽管国家体委于1958年6月21日就颁布了《中华人民共和国裁判员等级制度条例（修订草案）》，1963年10月10日又进行了修订、重新颁布实施，但1956—1965年，武术国家级裁判仅发展一人（于1959年批准），[2]这显然与日益增多的武术比赛不相称。这些问题都需要逐步解决。

三、武术等级制度的研制及甲组、乙组、初级套路的编创

武术竞赛的顺利推进及大众武术活动的蓬勃开展，促使武术工作者开始思考武术等级制度的问题。1958年11月，毛伯浩在文章中指出：“目前的研究工作为了适应体育‘大跃进’的形势需要，已进入到对武术等级制度各项标准的研究，这将更加促进武术运动的大发展。”[3]

在1959年《武术竞赛规则》的推动下，各地武术运动员不但打破了门派的保守传统，展开互相学习、集体创编新的武术各项套路[4]，而且开始主动吸收体操和舞蹈的相关动作，促进了武术技术的新发展。如1959年，天津体育学院武术队经过讨论，大家一致认为南方拳潇洒、美观大方，北方拳紧凑、有力，应该

---

〔1〕《当代中国体育》丛书编辑委员会：《当代中国体育》，中国社会科学出版社，1984，第153页。

〔2〕中国体育年鉴编辑委员会：《中国体育年鉴（1949—1962）》，人民体育出版社，1964，第1895页；中国体育年鉴编辑委员会：《中国体育年鉴（1964）》，人民体育出版社，1965，第572页；中国体育年鉴编辑委员会：《中国体育年鉴（1965）》，人民体育出版社，1982，第638页。

〔3〕毛伯浩：《谈谈武术运动的改造和发展》，载中华人民共和国体育运动委员会运动司武术科《武术运动论文选》，人民体育出版社，1958，第33～34页。

〔4〕陈捷：《武术运动的新发展》，《新体育》1959年第20期。

相互取长补短，根据自己的身体条件选择动作，编创新套路。其中，孙世广带头把自己演练的套路进行了重新编排，把无用的、不符合生理要求的动作删掉，加进新颖的好动作。他还打破传统武术直趟演练的方式，按照四门的方法编排套路练习，充分利用场地而使套路演练更加优美〔1〕。1960年，北京体育学院为促进武术的技术改革、丰富武术的训练和教学方法，开始主动地学习戏剧武功的训练方法，并且派夏柏华到中国戏曲学校进修一年〔2〕。

正是在这样的武术发展氛围里，一些优美的拳术、器械动作开始在空中完成，形成了"空中塑形"的新技术〔3〕，使得富有民族特色的武术运动内容更加丰富。1959年5月6日，顾留馨在写给邵善康的信中提到："练套路前的基本训练，应为'难度大，质量高'准备条件，为等级制套路准备条件，为空前的不平凡的表演准备条件，也须统一中有区别地加功锻炼，发挥各人的特点。"〔4〕随后的5月15日，顾留馨在给邵善康并转全体武术队员的信中对武术的继承与发展问题阐述了自己的观点："对武术，继承与发展要同时并举，两条腿走路。发掘优秀的、传统的、系统的锻炼方法，把功夫练到身上，然后创造和革新有了可靠的内容，出现一种新型的具有众美的民族化的武术运动，丰富多彩的传统武术，是我们取之不竭的源泉。技术革新，新型的现代水平的民族武术，恐怕还得结合音乐、灯光，甚至于某些故事情节，配上服装；个人技术表演和集体表演相结合，才能别开生面，不

〔1〕崔景波：《融合南、北拳编新套路》，《体育报》1959年3月26日。
〔2〕昌沧等：《四牛武缘》，人民体育出版社，2004，第32～33页。
〔3〕毛伯浩：《推陈出新　百花争艳——一九六〇年全国武术运动会观后》，《体育报》1960年10月6日。
〔4〕顾留馨：《太极拳史解密》，逸文武术文化有限公司，2013，第313页。

限于老一套。吸收舞蹈、艺术体操、武生戏、杂技团的某些优美动作和风格，使之武术化、民族化，丰富形象美。多参观这些优秀的演出，对我们会有启发。”〔1〕

适应形势发展的需要，国家体委运动司组织专家在1957年全国武术学习会成果的基础上又于1958年首先创编完成了长拳（一路、二路、三路）、剑术、枪术、刀术、棍术五个初级套路。而后又于1960年创编完成了长拳、剑术、枪术、刀术、棍术五个乙组套路和长拳、剑术、枪术、刀术、棍术五个甲组套路（武术竞赛规定套路）。后来为照顾性别特点，又创编了女子长拳竞赛规定套路。这样，武术竞赛规定套路就有男子长拳、女子长拳、剑术、枪术、刀术、棍术六个。1961年10月，武术竞赛六个规定套路（甲组）被编入《体育学院本科讲义 武术》中。1962年2月，人民体育出版社出版了甲组六个规定套路丛书和五个初级套路丛书；10月，出版了乙组五个套路丛书（图2-4）。这些套路的创编为竞技武术的快速发展开启了新的思路。

图2-4 武术等级套路丛书

〔1〕顾留馨：《太极拳史解密》，逸文武术文化有限公司，2013，第315页。

值得注意的是：在编创等级套路的过程中，李天骥还创编完成了一套“健将级太极拳规定套路”[1]。该套路共66个动作，包含了不同太极拳流派的技法。这套太极拳由于各种原因没有正式推行，但为以后综合不同流派创编太极拳积累了宝贵的经验。后来，李天骥将该套路浓缩为32式综合太极拳，受到了广大太极拳爱好者的喜爱。

甲、乙组长拳系列套路的创编不但丰富、完善了武术运动体系，而且为后来竞技武术套路体系的形成奠定了良好的基础。

四、贺龙希望运动员要多读书

除了研制竞赛规则、创编竞赛套路外，国家体委还对运动员的教育问题十分关注。1960年1月4日，贺龙在接见参加第一届全运会的优秀运动员时，要求他们一定要多读书。他说：“今天，我给你们提几点建议。第一是要读书。首先要订个计划：读多少书和读哪些书？提高阶级觉悟，提高理论水平，要读毛选。文化水平高的，要读辩证唯物论、历史唯物论，要学外文，如俄文、英文、德文、法文……运动员要懂三国话，至少也要懂两国话。还要实行考试。今后通过健将要有一条：读了多少书？即健将标准要加上理论这一条。”[2]

贺龙说的是体育，自然包括武术。贺龙对运动员提出的要读书、要多读书、要读好书的建议是中肯的，至今仍有重要意义。

---

〔1〕张强：《武术名师李天骥》，北京语言大学出版社，2015，第66页。
〔2〕谢武申、王鼎华：《共和国体育元勋》，人民体育出版社，1990，第186页。

第四节 学校武术教育的发展

“大跃进”期间，一些学校喊出了“人人要学陈镜开，人人要做郑凤荣。举起喜马拉雅山，跨过珠穆朗玛峰”的“豪言壮语”。在这样的社会氛围下，一些学校出现了“劳卫制”“达标”的热潮。测短跑时，一般都是在晚上没有光亮时进行，先让被测者跑出十几二十米，然后击掌给信号，这样做，成绩自然就达标有余了（有的甚至还无数次地打破“全国纪录”）。这种弄虚作假的做法，使亲历者“至今回想起来，依然有些耳热心跳”。一些亲历者认为，这根本不是一场闹剧，而是“一场悲剧”[1]。值得庆幸的是，这场悲剧很快就结束了，学校武术因此得到了进一步的发展。

一、体育院系的调整与发展

随着我国体育教育事业的发展，体育师资出现了供不应求的现象。1959 年 8 月，国家体委、教育部在河北保定召开了全国体育院、系、科负责人座谈会，并联合发出《关于培养中等学校体育师资工作的意见》，指出：现有高等师范院校的体育系、科应予保留办好，不再调整出去；高等师范院校的体育系、科凡已调整出去的，今后可根据需要和可能，逐步地适当恢复；目前还没有一所高等师范院校设置体育系、科的省、自治区、直辖市，可以根据需要和具体条件，逐步添设体育系、科[2]。

---

〔1〕王梦初：《“大跃进”亲历记》，人民出版社，2008，第 65 ～ 67 页。
〔2〕国家教委体育卫生司：《学校体育卫生工作文件选编》，辽宁大学出版社，1988，第 41 页。

根据《关于培养中等学校体育师资工作的意见》的要求：1958年，体育院校由原来的6所增加为10所，增加的4所分别是天津体育学院、哈尔滨体育学院、南京体育学院、广州体育学院；1959年，发展为18所〔1〕；1960年，发展至29所。但这种发展呈现过多、过快的趋势。因此，教育部又开始对体育院校进行调整：1961年，调整为20所〔2〕；1963年，调整为10所，即北京体育学院、上海体育学院、武汉体育学院、成都体育学院、沈阳体育学院、西安体育学院、天津体育学院、哈尔滨体育学院、南京体育学院、广州体育学院（表2–1）。

表2–1　1958年至1963年体育院校发展变化情况表

年份	1958年	1959年	1960年	1961年	1963年
数量/所	10	18	29	20	10

这一时期，一批院校的体育系、科也迅速恢复和建立了，如北京师范大学体育系、杭州大学体育系、河南大学体育系、湖北大学体育系、山西大学体育系、延边大学体育系及部分师范学院体育系〔3〕。由于发展过快，1962年后，这些院校的体育系、科也经历了调整、合并。如华中师范大学体育系和湖北大学体育系于1962年并入武汉体育学院，华南师范学院体育系于1963年并入广州体育学院，浙江体育学院于1963年并入浙江师范学院体育系、1965年又并入杭州大学等。

〔1〕国家体委政策研究室：《体育运动文件选编（1949—1981）》，人民体育出版社，1982，第647页。

〔2〕国家体委政策研究室：《体育运动文件选编（1949—1984）》，人民体育出版社，1982，第56～68页。

〔3〕陶景飏等：《学校体育大辞典》，武汉工业大学出版社，1994，第681～687页。

另外，1960年2月，还发布了《关于全国体育学院、体育专科学校和高等师范学校体育系、科会议的报告》。该报告进一步重申：体育学院和体育系主要为高中、中等专业学校培养体育师资，体育专科学校和体育科主要为初中培养体育师资；新建体育学院一律不再按项目设系，只分体育系（师范系）和运动系；如力量不足，可暂缓办运动系。在这种情况下，体育院校开始调整自己的专业设置和学科体系，例如：取消了滑冰、摔跤、举重专业；基础理论系的生理、解剖专业和预科停止招生；设田径、体操、球类、武术、游泳五个专业，原来的田径系、体操系、球类系、武术系、水冰系五个技术系合并为田径游泳系、体操武术系和球类系等。

1963年5月，国家体委召开了十所体育学院工作座谈会，进一步明确体育学院的办学指导思想、教学计划等问题，认为以前的教学计划混淆了培养教师和运动员的界限，确定了“培养中等学校体育教师是十所体育学院共同的、主要的任务”，进一步纠正了以前重专项技术，对基础理论、基本知识和基本技能强调不够的做法[1]。

1963年11月，根据中共中央、国务院批转教育部《关于高等学校专业调整会议的报告》中有关体育学院的任务及领导关系的意见，教育部、国家体委下发了《关于七所省属体育学院领导关系、培养目标等问题的通知》，确定北京、上海、武汉三所体育学院为国家体委直接管理，其余七所“由有关高教（教育）厅（局）直接管理”。其中：“全国需要的教练员等由国家体委直

〔1〕国家体委政策研究室：《体育运动文件选编（1949—1981）》，人民体育出版社，1982，第653页。

接管理的北京、上海、武汉三所体育学院来培养”；“沈阳、哈尔滨、天津、南京、广州、成都、西安七所省属体育学院本科的培养目标规定为培养中等学校体育教师，不培养其他体育人才”，“只设体育专业，不设各运动专业”[1]。此后，全国十所体育学院的定位得以确认，武术作为专项课和必修课也得到了较好的训练和普及。

二、北京体育学院招收武术研究生并成立武术队

我国体育院校自主培养研究生是从1960年开始的。1960年，北京体育学院根据国家教育计划和培养目标，首次招收武术理论与方法专业的硕士研究生，张文广成为我国第一位武术专业研究生导师。北京体育学院首批招收了两名研究生，分别是张广德和孟照祥。1961年，北京体育学院根据“八字方针”和“高教60条”制定了《研究生工作暂行条例（草案）》，对研究生的培养目标、培养方法等问题做出了规定，使研究生的培养开始步入正轨。1963年1月，教育部召开了全国高等学校研究生会议，对研究生培养目标、培养原则、培养方法等重要问题进行讨论，根据教育部颁布的《高等学校培养研究生工作暂行条例》，进一步完善和加强了研究生的培养工作[2]。1964年，北京体育学院又招收了曾乃梁[3]为武术硕士研究生。后来，由于“文化大革命”，武术研究生的培养工作被迫停止，直到1978年才开始恢复。此

---

〔1〕国家体委政策研究室：《体育运动文件选编（1949—1981）》，人民体育出版社，1982，第654页。
〔2〕伍绍祖：《中华人民共和国体育史》，中国书籍出版社，1999，第169页。
〔3〕曾乃梁，曾用名曾乃樑。

前培养的三位硕士研究生，为我国武术科研和技术水平的提高贡献了极大的力量。例如：张广德借鉴武术动作创编了系列“导引养生功”；曾乃梁毕业后在福建体工队担任教练，他在工作中探索出一套行之有效的“太极拳科学训练方法”，成为金牌教练，培养出高佳敏、林秋萍、陈思坦等多名优秀的武术运动员，为发展我国的武术运动，特别是太极拳运动做出了突出的贡献。

1962年前后，为进一步开展武术运动、提高学生的技术水平，同时为适应对外宣传武术运动的需要，北京体育学院成立了武术队〔1〕。经过严格的挑选，一支由张文广、成传锐任教练，李士信、马春喜、刘善民、门惠丰等10多名学生组成的武术队正式成立了。

这支武术队成立后，曾为党和国家领导人周恩来、邓小平、贺龙等，以及外国领导人和贵宾，如西哈努克、金日成、基辛格等表演过几十次。武术队娴熟的技术、漂亮的动作总是赢得观看者的阵阵掌声。其中，刘善民的刀术、门惠丰的杆子鞭、李士信的枪术、马春喜的峨嵋刺尤其引人注目。

武术队的表演给领导人和外宾留下了深刻的印象，较好地宣传了武术。表演结束后，国家领导人常常对队员的表演表现出极大的兴趣，常常做出一些评论和指示。如贺龙陪同蒙古国领导人泽登巴尔观看了成传锐的长穗剑表演后，说：“你是练剑呀，还是舞剑穗呀？那是武术吗？”〔2〕贺龙的这些话对减缓武术套路的“舞化”、保留武术套路的技击性起到了积极的作用，至今对我们仍有深刻的启迪。

---

〔1〕《张文广百年纪念画册》编委会：《张文广百年纪念画册》，北京体育大学出版社，2015，第119页。

〔2〕张文广：《我的武术生涯》，北京体育大学出版社，2002，第153页。

三、温敬铭“找一个标本做试验”

1958年，伴随着对武术技击论的批判，温敬铭开始受到冷遇，全国重大比赛中很少看到他的身影了。但以武术为生命的温敬铭并没有放下挚爱的武术事业，他全身心地投入武术教学中。

“大跃进”开始后，“劳逸结合”作为一个口号被重新提了出来。为响应这一口号，体育学院鼓励师生勒紧腰带躺到床上，尽量减少能量的消耗。与之相应的是课程被精简、运动量大的项目被暂缓进行，武术训练也被停止了。“曲不离口，拳不离手”，武术训练要长期坚持才行。经过长期的思考，温敬铭决定拿自己的儿子温力做试验，让其坚持训练，如果成功就开始进行大范围推广，如果失败就放弃。

在征得温力的同意后，“地下训练”正式开始了。温敬铭一边按照事先准备好的训练方案进行训练，一边记录温力的脉搏，观察他的呼吸状况，看温力的身体和精神状况有没有异常。就这样，父子俩圆满完成了21周的训练计划，温力的武艺大进[1]。可喜的是，温敬铭的试验结果促使武术专修班的训练恢复，此后，武汉体育学院的武术训练又走上了正轨。

四、郑怀贤与王子平的武术伤科

郑怀贤一生最珍爱的三大绝技是孙氏八卦拳、飞叉和正骨[2]。1955年，贺龙找到郑怀贤治疗受伤的手。经过郑怀贤的悉心治疗，贺龙受伤的手第二天就好了。贺龙回到北京后，经常

---

〔1〕刘素娥：《奥运情缘——一代武宗温敬铭的奥运传奇》，河北教育出版社，2008，第144～151页。
〔2〕赵斌、王明建：《绝技写春秋——武医宗师郑怀贤》，西南交通大学出版社，2017，第2页。

夸赞郑怀贤的高超医术，在他的介绍下，董必武、徐特立、李先念等国家领导人都找郑怀贤看过伤。贺龙亲切地将郑怀贤的武术和骨伤科称为成都体育学院的“两枝花”。

1958 年以前，郑怀贤以武术“这枝花”为主，之后，郑怀贤运用治疗创伤的本领，在党和政府的支持下，和同事们一起创办了中国第一所运用传统医学治疗运动创伤的教学和医疗基地——成都体育学院附属医院。1960 年，郑怀贤又创办了运动保健系和运动医学教研室，开始重点培育他的运动医学之“花”，归纳总结出了“望问摸诊诊断四法”“正骨 12 法”〔1〕“伤科按摩 13 法”〔2〕“经穴按摩八法”〔3〕“伤科经验穴位 55 个”，出版了《正骨学》《伤科按摩》《伤科诊疗》等著作，为我国运动医学、运动保健学、运动骨伤科的发展奠定了基础、指明了方向。

1963 年 12 月 14 日—1964 年 2 月 4 日，周恩来总理在外交部部长陈毅的陪同下到非洲十国及阿尔巴尼亚访问。其间，周恩来在埃塞俄比亚访问时不慎滑倒，右手下意识地撑地而使旧伤复发。回到国内后，1964 年 2 月 7 日—12 日，郑怀贤共为周恩来进行了六次治疗，使他的伤痛得到很好的缓解〔4〕。

可以与在成都创立运动医学的郑怀贤比肩的是上海的王子平。

---

〔1〕正骨 12 法为：摸、捏、按、提、拉、顶、端、送、搬、摇、旋、挂。

〔2〕伤科按摩 13 法为：抚摸、揉、捏、揉捏、搓、摩擦、推压、摇晃、抖动、提弹、振动、叩击、按压。

〔3〕经穴按摩八法为：摩、推、按、拿、分、合、揉、掐。

〔4〕郑怀贤为周恩来治伤时，还有一段有趣的对话：周恩来问郑怀贤是哪里人，多大年龄。当郑怀贤回答是 1897 年出生时，周恩来笑着说，我比你小一岁。周恩来又问，您体重多少，郑怀贤答 127 斤。周恩来笑着说，我比你轻一斤。当周恩来问身高时，郑怀贤说一米七二。周恩来哈哈大笑说，我又比你少一厘米。（陈振勇、赵斌：《郑怀贤武学思想探骊》，中国广播影视出版社，2017，第 118 ～ 120 页）

王子平（1881—1973）（图 2–5），回族，河北沧州人，著名爱国武术家。王子平出身武术世家，其祖父以“翻杠子”远近闻名，其父为“粗胳膊王”王福鸿。王子平自幼习家传武艺，继从沙宝兴、马云龙习滑拳，后从杨鸿修习查拳。他擅长查拳、太极拳，有“神力千斤王”之称，是一位全能型的武术家、中医骨伤科专家。著名画家齐白石以“南山搏猛虎，深潭驱长蛟”的条幅相赠。据女儿王菊蓉回忆，王子平经常说：“山东是我第二故乡，武术是我第一志愿。”“伤科业务虽然给我带来生活收入，但它在我心目中占第二位；武术才是第一位的。”〔1〕王子平著有《拳术二十法》《祛病延年二十势》等。

图 2–5　王子平演示月牙铲

〔1〕王菊蓉：《深深的怀念——忆我的父亲王子平》，载王菊蓉等《王子平与武术》，上海教育出版社，2013，第 366 页。

经过长期的实践，王子平的武术伤科形成了三大特点，即“用药精辟，药力专一，功效卓越”“重视手法训练，以手法配合药物”“采用运动医疗处方，以练功祛病健身”[1]。

中华人民共和国成立后，王子平在上海既教武术，又教中医，培养了大批中医骨伤科人才。如上海著名的骨伤科专家魏指薪，王子平的女婿、上海中医学院的骨伤科专家吴诚德等。

除了郑怀贤、王子平，精于骨伤科的武术家还有福建万籁声、陕西王新午、广东叶针钵、江苏李松如[2]及重庆吕紫剑等。武术谚语曰：“艺起于易，成于医，附于兵，扬于艺。”也就是说，武术与哲学、医学、兵学、艺术学有着莫大关系，“武医融合”是武术应有的发展方向，在老一辈武术家的身上这一点体现得尤为明显。

第五节　武术教材的编写及武术学术活动的开展

伴随着学校武术教育的深入，武术教材的编写被提上了议事日程。而为了编写教材，国家体委运动司武术科专门出版了武术运动论文集，并将之作为武术教材的参考资料。1958 年 11 月，在国家体委运动司武术科出版的《武术运动论文选》中，毛伯浩提到即将出版的武术教材有 11 种之多[3]。

---

〔1〕王菊蓉等：《王子平与武术》，上海教育出版社，2013，第 80 ～ 81 页。

〔2〕李松如：1900 年出生在江苏南京，6 岁随父习武。1930 年，开始学习混元阴阳五行手，对健身有良效。义务将祖传的拳术、气功、推拿、接骨等传授给弟子。钱钧将军书赠曰：“隐姓埋名数十载，武坛从来不扬声；常道名师武艺高，且知暗教亦绝技。”

〔3〕毛伯浩：《谈谈武术运动的改造和发展》，载中华人民共和国体育运动委员会运动司武术科《武术运动论文选》，人民体育出版社，1958，第 33 页。

一、武术教材参考资料的编撰

为出版质量更高的教材，国家体委运动司武术科组织专家相继推出了《武术运动论文选》《长拳运动》《长拳基本动作和应用术语》《长拳比赛规定套路》《剑术练习》《刀术练习》《枪术练习》《棍术练习》《太极拳运动（一、二、三）》等作为武术教材的参考资料，为我国第一套武术教材的编写奠定了扎实的材料基础。1958 年，人民体育出版社出版了这些参考资料。

尤其值得一提的是第一份武术教材参考资料——《武术运动论文选》，共收录了张非垢《武术工作中的两条路线》，陈捷《驳王新午的谬论》，毛伯浩《谈谈武术运动的改造和发展》，丁凡《略论武术技术的发展方向》，王义润、伊·彼·柏钦柯《武术对人体的影响》，唐豪《太极拳的发展及其源流》六篇文章。

其中，《太极拳的发展及其源流》是编辑部特约唐豪撰写的。在这篇文章中，唐豪提出了一些特别重要的史实与学术观点，举例如下[1]：

“前期太极拳的组成为单练的长拳和十三势与对练的推手；后期太极拳的组成为单练的十三势和对练的推手。前期的长拳，乾隆年间从河南流传到山西洪洞，改名为‘通背拳’……后期虽然也有长拳，但已经不是前期长拳的原有面貌，而是杨家十三势的改编。”

“对练的推手不是王宗岳所发明，《打手歌》也不是王宗岳所创作，他在得到了‘打手’和《打手歌》之传以后，才写成《太

〔1〕唐豪：《太极拳的发展及其源流》，载中华人民共和国体育运动委员会运动司武术科《武术运动论文选》，人民体育出版社，1958，第 54 ～ 96 页。

极拳论》。《太极拳论》是一篇引用《打手歌》和《周子全书》哲学理论总结出推手经验的论文”，“王宗岳《太极拳论》是《打手歌》的发挥。”

“太极拳的附会神仙张三丰，是从内家拳附会的张三峰移植过来的。”“限于文化的杨露禅不可能附会太极拳为内家拳，也不可能附会张三丰创始太极拳，可能是跟他学拳的某一个王公贝勒含有政治作用而附会的。”

“开始用球作为补助运动的是杨氏传人北京许禹生。这个补助运动方法是枪师刘德宽传给他的，刘德宽则传自非太极拳家的无名氏。它有单练的动作，有对练的动作，有吊练的动作。”“1935年，掺杂八卦拳附会张三丰编《无极拳》的作者，在1936年出版一本《弄丸健身图说》，我认为它却是无名氏传的球类运动的发展”；1929年，有人“用一个吊着的大铜球运动，开始名之为‘太极拳’”，“太极球之名是大汉奸褚民谊搞出来的”。

“所谓‘太极功’，即1912—1915年宋书铭传谱上托称唐朝道家许宣平传下来的三十七个单势，最初宣传此说的是1921年出版的许禹生《太极拳势图解》，继许之后宣传此说的是1933年出版的李先五《太极拳》。许禹生是宋书铭的朋友，李先五是宋书铭的再传弟子”；“宋书铭采用杨氏大架太极拳编的太极功，成为一种一势一势单练使人易学的类型，这是不可否定的”。

“太极拳之所以与呼吸导引之术有关，应该说是《黄庭经》，而不是什么张三丰和张三丰以前与《黄庭经》无关的道家。”

“戚继光拳经是十六家拳法的综合”，“陈王廷采取戚继光拳经二十九个势编入长拳，采取十三个势编入十三势，采取戚继光拳经的理论和歌诀编入‘拳经总歌’和‘长拳谱’”。

这些观点对太极拳学术研究有很大的启发意义。

二、第一套体育院校武术教材的编写

教学改革之后，规范与完善体育院系体育教材，以适应教学改革的政策，是体育学科建设的当务之急。

1961 年 2 月，中共中央书记处讨论了教材问题，要求抓紧教材工作，大、中、小学下学期要有教科书和讲义。根据中央的这一指示，1961 年，教育部组织修订了高等学校普通体育课教材纲要和教学参考书。

高等学校普通体育课教材纲要中按照性别把体育教材分为男生教材和女生教材，又按使用范围分为基本教材（65%）和选用教材（35%）。基本教材包括田径、体操、武术和体育理论知识四方面。其中，男生武术教材约占体育课教学总学时的 11%、女生的约占 14%。选用教材没有做出明确的规定，由各校根据实际情况灵活掌握[1]。《中小学体育教学大纲》规定：小学教材由体操、田径、武术、游戏（包括球类）、体育基本知识五部分组成。中学教材分为基本教材（80%）和选用教材（20%）两部分。其中，基本教材包括体操、田径、武术、游戏（包括球类）、体育基本知识五大类。通过以上规定可以看出，无论是普通高校的体育课，还是中小学体育课，武术都是其中的重要组成部分，且占有较大的比重，这在一定程度上保证了武术在大、中、小学的普及和发展。

---

〔1〕张健：《中国教育年鉴（1949—1981）》，中国大百科全书出版社，1984，第 453 页。

体育院校的主要任务是培养体育教师，既然武术已成为学校体育的重要组成部分，体育院校的武术教材问题就被提上了议事日程。

中华人民共和国成立后的几年，体育院校的武术教学并非一帆风顺。如 1957 年 4 月，中央发出关于整风运动的指示后，北京体育学院于 5 月开始积极响应，在“大鸣大放”的原则下，学校的领导、教师、学生提出了不少批评和建议，有人甚至建议体育院校取消武术教学〔1〕。尽管如此，总体来看，体育院校的武术教学状况是良好的。

长期以来，武术传承主要依靠口传心授，这种状况严重影响了班级授课制下的武术教学工作。为了弥补这些缺陷，集合各方力量编写适合体育院校的、统一的武术讲义教材已迫在眉睫。

为统一和完善教材内容，提高教学质量，1961 年春，国家体委根据统一部署在北京西郊香山饭店组织了首次体育学院的教材编写工作会，为慎重起见，这次编写的教材统一采用了“体育学院本科讲义”的丛书名。毛伯浩、李天骥、张文广等 10 人参与了武术讲义的编写工作（图 2–6）。大家参考了北京、上海、成都、武汉四所体育学院原有的武术教材及已经出版的武术书籍，结合未出版的武术资料等最终完成了编写工作。这套武术讲义分上、中、下三册（图 2–7），共八章。其中：上册三章，第一章是绪论，第二章是武术基础训练，第三章是五项规定套路（甲组），即男子长拳规定套路、女子长拳规定套路、剑术规定套路、刀术规定套路、枪术规定套路、棍术规定套路；中册是第四章，为一般套

〔1〕张文广：《我的武术生涯》，北京体育大学出版社，2002，第 142 页。

图 2-6　第一次全国体育学院武术讲义编写组全体成员合影

图 2-7　1961 年版《体育学院本科讲义　武术》书影

路，包括太极拳（88 式）、南拳（虎鹤双形）、形意拳、八卦掌、太极剑、双剑、双刀；下册共四章，第五章是对练套路（初级长拳对练、青年拳对练、二路华拳对练、三合剑对练、太极推手、短兵对练），第六章是教学与训练，第七章是拳术分析和教法特点（长拳、太极拳、形意拳），第八章是竞赛的组织与裁判法。

1961 年 10 月，该教材由人民体育出版社以“内部教材”的形式出版，主要供四年制体育学院和体育系武术专修课使用。这是新中国高等体育院校第一部较为完整的武术教材。《体育学院本科讲义 武术》的推广使用，标志着我国体育院校的武术教学工作走上了新的轨道。

三、张文广《散手锻炼法》手稿

1965 年，张文广将自己在中央国术馆学习过的散手技法结合十几年在北京体育学院教学的实践，进行了系统的整理，最终编写完成了《散手锻炼法》手稿（图 2–8）。这部手稿对武术散打运动的开展及教材的编写，进行了有益的探索。

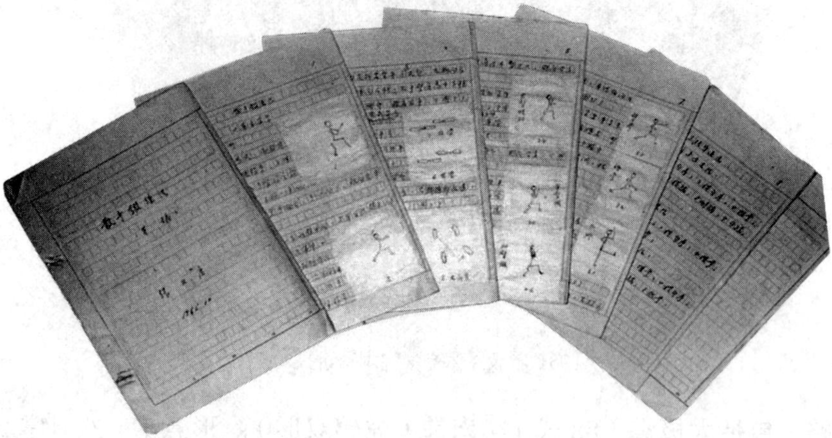

图 2–8 张文广《散手锻炼法》手稿

除《散手锻炼法》外，1966 年 2 月，张文广还编写了《擒拿》一书，对我国博大精深的擒拿技艺进行了系统的总结。

四、顾留馨试写《中国武术发展史》

1959年1月20日，唐豪逝世。徐致一说："唐豪的工作，只有徐哲东、顾留馨能继承。"[1]但此时的徐哲东已经在西北民族学院工作，"20世纪60年代，准备著中国武术史以填补空白，由于'文化大革命'冲击，未能如愿"[2]，历史的重任落在了顾留馨的身上。

1960年10月3日，顾留馨在写给领导的一封信中提到："近来国家体委技委会王主任[3]和武术科科长毛伯浩希吾撰写《武术的起源与发展史》。"为此，他想请三个月的假，"专心从事这一工作，以便写出初稿"[4]。

1960年11月10日，顾留馨在写给毛伯浩的信中详细地说明了自己撰写武术史的想法和进度："关于试写《中国武术发展史》，我正在积极找材料，首先看了郭沫若、翦伯赞等的历史和考古著作，翻阅了历代的'会要'和《古今图书集成》的艺术典、乐律典、戎政典中有关武术、百戏、音乐、歌舞的资料，有的还查考了原书。汉墓石刻也有武术、百戏的资料，剑戟对刺有乐人伴奏，可以证明配上音乐的对子套路也是'古已有之'。武舞在商周的文献中已发现，汉初有巴渝舞，魏晋加以发展，武舞至唐极盛，今后的武术团体操更能标新之异发扬而光大之。参考书已买了百多种，大部头的向图书馆借阅、摘抄。本月起，我已用大部分时间专心搞这一工作，精力也觉得旺盛起来。概念清晰了一些，但

---

〔1〕顾元庄、唐才良：《顾留馨日记（上）》，逸文武术文化有限公司，2015，第18页。
〔2〕徐云上：《徐震简介》，载徐震《徐震佚文集》，山西科学技术出版社，2006，第6页。1966年12月，徐哲东突患脑出血而半身不遂。1967年10月，在江苏常州病逝。
〔3〕王主任指王任山。
〔4〕顾留馨：《太极拳史解密》，逸文武术文化有限公司，2013，第323页。

是武术内容这样丰富、复杂，分析研究、条理成文，写得简明、生动、观点正确、论断恰当，是不容易的。预备先写起来，一再思考、请教，总可以搞出一篇初稿来。”“周贻白写了《中国戏剧史长编》，穷其流变，引证丰富，是资料性的戏剧史，对研究者有用。我认为将来我们还应该写一本《中国武术史长编》，也是资料性的，为研究者、爱好者服务。戏剧史断代至清，武术史还应写现代和当前，指导当前尤为重要。”[1]

1961年5月24日，顾留馨再次给毛伯浩写信：“您写的武术史提纲初稿，如能在六月份加以整理，我很希望得先拜读，提些意见，能先发表，引起争鸣，对充实原作是有利的，不必再等一二年。我以前写奉的武术史初稿，不免草率，时代背景未写上，材料相互引用有重复，还得好好整理一番。”[2]从这封信来看，顾留馨显然已经完成了《中国武术发展史》的初稿，毛伯浩也在写武术史提纲初稿。在这封信中，顾留馨还向毛伯浩建议：“下决心抽调几个人专门读书摘材料，花上半年一载，把所有体育方面资料摘抄下来，编成分类索引卡，将为体育史（包括武术史）的编写提供丰富资料，减少分析、论证上的困难”；“多培养、发掘一些人从事这项工作，还是当务之急。”[3]

〔1〕顾留馨：《太极拳史解密》，逸文武术文化有限公司，2013，第324页。
〔2〕顾留馨：《太极拳史解密》，逸文武术文化有限公司，2013，第332页。
〔3〕顾留馨：《太极拳史解密》，逸文武术文化有限公司，2013，第331～332页。

第六节 中国武术的对外交往

20 世纪 50 年代末 60 年代初，中苏关系出现危机。1964 年，赫鲁晓夫下台后，勃列日涅夫继续坚持大国沙文主义的立场。1966 年 3 月，苏共召开二十三大，中共决定不派代表出席，从此中苏关系全面破裂。此时，以美国为首的西方国家继续对中国采取封锁的政策。在这种国际环境里，中国的外交重心转向亚、非、拉发展中国家，中国与许多亚、非、拉国家建立了外交关系。

1959 年，日本松村谦三访华，周恩来总理在北京体育学院会见他时对太极拳给予了高度评价，周恩来认为："太极拳是中国的一种优秀传统文化……充满哲理……学练太极拳是一项很好的健身运动……"

1960 年，中国武术队随中国体育代表团赴捷克斯洛伐克参加了该国的第二届全国运动会"友谊晚会"的表演。1960 年底，周恩来访问缅甸，中国武术队又跟随前往表演。据江苏省武术协会副主席王金宝回忆[1]，1960 年 9 月，未满 13 周岁的王金宝正在江苏省武术队学习，武术队的一个领导把他叫去，告诉王金宝到北京参加集训。到了北京后，王金宝才知道集训后要跟随周恩来总理到缅甸访问演出。

访问缅甸的代表团共 400 多人，八个团分三批启程。其中，足球队和武术队组成体育代表团，王子平任武术队总教练，王菊蓉担任武术队教练。

---

〔1〕王金宝：《忆随周总理访缅》，《中华武术》1989 年第 4 期。

经过三个月的集训，12 月 22 日上午，体育代表团 48 人乘专机飞往缅甸首都仰光。在机场，他们受到了缅甸高级军政官员、体育界人士和数万名群众的热烈欢迎。1961 年 1 月 2 日，各代表团前往仰光机场迎候周恩来率领的政府友好代表团的到来。1 月 6 日，缅甸政府在仰光昂山体育场举行了盛大的群众集会，热烈欢迎周恩来。大会上，两国足球队进行了友谊比赛，武术队也做了武术表演，武术队总教练王子平表演了他的拿手绝技青龙剑〔1〕。1 月 8 日，周恩来在大使馆举行答谢宴会，缅甸国家领导人都出席了宴会。宴会上，周恩来点名让邵善康表演醉拳、范桂娥表演八仙剑、王金宝表演猴拳。

1961 年 2 月 1 日，这一天是中国武术队访缅的最后一天。缅甸武术队的15位队员为中国友人表演了团体舞剑、对剑、对刀、空手夺刀、空手夺枪等节目。“总的来说，缅甸的武术注重实用，很少成套的演练，而大多是‘擒拿’‘摔打’方面的动作，有些动作近似中国的南拳，但有不少变化”，中国武术队总教练王子平看后，“深切地感到，中华武术一定要推向世界，但是也一定要发扬中国实用的内容，这样才能进一步使中华武术更加发扬光大。”〔2〕

中国武术代表团在缅甸前后访问了 40 多天，到过 9 个城市，共比赛、表演 40 多场，展现了中国武术的独特魅力，圆满完成了使命。

---

〔1〕在缅甸其他地方，王子平还表演了西域拳和锁口枪。（王菊蓉：《深深的怀念——忆我的父亲王子平》，载王菊蓉等《王子平与武术》，上海教育出版社，2013，第 368 页）
〔2〕王菊蓉等：《王子平与武术》，上海教育出版社，2013，第 73 页。

第三章

中华武术的曲折发展

1966年，“文化大革命”开始，林彪集团和“四人帮”为了扳倒贺龙，捏造了贺龙要利用体育系统搞“二月兵变”的谎言。一直到1976年“文化大革命”结束，这时期武术进入曲折发展阶段。

第一节　武术发展的艰难处境

1968年5月12日，康生起草了一份对体育系统实施军事接管的命令，以中共中央、国务院、中央军委、中央“文革”的名义发布（简称“5.12”命令），使体育系统遭受到沉重的打击。1969年11月，军管会执行林彪发布的《一号号令》，将国家体委的大部分干部下放到山西屯留“五七”干校参加劳动教育。

武术同其他行业一样遭到了极为严重的破坏，武术活动因与“武斗”相近而被列为“四旧”[1]，武术活动基本上被禁止，此时大批武术工作者被扣上“封建遗老”“反革命修正主义分子”“叛徒”“特务”等帽子而被关进牛棚，一些正常的武术活

〔1〕“四旧”是指旧思想、旧文化、旧风俗、旧习惯。

动被当作封建糟粕进行批判，一些武术社团被关闭[1]，武术器械被收缴与破坏，古老的拳谱和大量的武术书刊被抄缴烧毁，许多武术文物被毁。

在这样的社会环境下，大众把武术逐渐“遗忘”了，甚至连古典小说中的武打场面都无人敢提。此时，武术向两个极端发展：一是不讲攻防技击，只讲表演效果，追求动作、组合、布局的美，失去了武术的内涵；二是为“文攻武卫”服务，以技击进行训练。

1971 年，中国体育的发展出现了转机。毛泽东、周恩来做出重大战略决策，决定派遣已经缺席两届世界大赛的中国乒乓球队参加在日本名古屋举行的第 31 届世界乒乓球锦标赛。以此为契机，“乒乓外交”以“小球”转动了地球，开创了具有重大意义的中美外交新局面。此时，军管会对国家体委的领导已不能适应形势发展的需要了。

1971 年 7 月，周恩来在接见国家体委领导时，严厉批评了军管会领导，并宣布要调 38 军的王猛[2]来领导国家体委工作。8 月，王猛正式到国家体委上班。王猛一手抓解放干部，一手抓恢复业务，中国的体育事业重新走上正轨，全国性的武术表演、竞赛活动也在停顿了六年之后得到了恢复。

---

〔1〕如成立于 1900 年的四民武术社于 1970 年被关闭，后来 1994 年才重新恢复武术活动。

〔2〕王猛（1920—2007）：1964 年，晋升少将军衔，原 38 军政委。周恩来说调 38 军王猛来的时候，王猛已调离 38 军，升任北京军区副政委了。周恩来不说北京军区的王猛，而说是 38 军的王猛，王鼎华认为，这不是周恩来的疏忽，而是有意规避。原因可能是北京军区的领导跟着陈伯达犯了严重的错误，正在受到批判，而此事与王猛无关。王猛带领 38 军在批陈伯达中是立了功的。（王鼎华：《王猛将军体育缘》，人民体育出版社，2008，第 19 页）

第二节 武术姓“武”还是姓“舞”的争论

1972年，北京北海公园的武术表演大会和华东地区武术比赛一方面对当时武术表演、竞赛活动的启动起到了积极的作用，但另一方面也带来了一些消极的影响。

“遍地花草”，与戏剧、舞蹈、体操相结合的武术表演，使参观的民间武术家形成了对武术运动的错误认识，误导了众多的民间武术家。民间武术家们把这种“舞术”当成了武术未来的发展方向，认为只有这样才能登上“大雅之堂”——全国武术比赛的赛场。

北京郊县的一个“样板村”有一位民间武术家，在当地十分有名望。这位武术家一直想参加全国武术比赛，但未能如愿。为此，他自费到济南观摩了一次武术比赛。看后，他恍然大悟，认为自己所练的武术太土了，实在对不起自己的学生。回到北京后，他马上请一位“舞蹈派”的“高师”到村里教授武术，为怕别人看见，还特意搞了一个“封闭式训练”。有一次，一个来“样板村”参观的外国人要求学习武术，这位武术家把自己练了几十年的传统拳法教给了这个外国人，事后他还沾沾自喜地说：“我教的全是我师傅传下来的那些土玩艺，咱们那些新东西我一点儿都没露。”〔1〕

这不是笑话，而是民间传统武术的悲哀，“样板武术”的消极影响可见一斑。

---

〔1〕昌沧等：《四牛武缘》，人民体育出版社，2004，第63～64页。

但是，有些人却发出了不同的声音。为此，武术界关于“武”“舞”的争论不断升级。1972 年之后，两种观点的争论相持不下。

对于武术这种“革命化”“样板式”的转化，当时国家体委的部分领导给予了高度评价。如国家体委一位分管武术的领导在会上对武术的发展前景表示了由衷的乐观态度，他认为，“武术已经成功地走入了一个新纪元”。他说：“我们武术技巧的发展太快了，现在运动员表演一个套路，我计算了一下，大约有三分之二的时间是在空中做动作，十分精彩，希望同志们总结经验，大力推广。”基于这样的认识，他对武术姓“武”还是姓“舞”的争论进行了严厉的批评，认为讲技击是国民党的武术观[1]。这种“扣高帽”的形式果然奏效，一些提倡武术姓“武”者，特别是一些曾经在民国时期任教过的老拳师哑口无言，因为他们知道在当时这句话的分量。

夏柏华对领导的这些话有不同的意见，他认为：随着时代的发展，武术的创新在所难免，但创新也要符合武术的技术原理，拳法与步伐紧密相关。在这场“武”与“舞”的争论中，武术的创新改革把武术的攻防技击特点舞蹈化了，他始终坚持武术集教育、健身、防身三大功能为一体，删掉任何一部分都不是武术的观点。

以夏柏华为代表的这些人的言论和实际行动在一定程度上阻止了武术过于“舞化”的倾向，促进了中国武术的健康发展，为改革开放后武术对抗项目的开展奠定了基础。

---

〔1〕昌沧等：《四牛武缘》，人民体育出版社，2004，第 64 页。

第三节 武术训练和竞赛活动的开展

"文化大革命"使得武术的竞赛表演活动受到了严重的限制。大搞形式主义，只讲突出政治，不管胜负和名次，否定比分和技术，这些都妨碍了竞技武术的正常发展。多数武术专业队伍被解散，使得武术运动员技术水平迅速下降；同时，国际性武术交流活动几乎被取消，许多有才华的武术运动员因此耽误了运动青春。

一、武术训练和竞赛活动几近瘫痪

"文化大革命"开始后，为了保证专业运动队的技术水平，荣高棠向中央递交了《关于运动队伍在"文化大革命"期间保持一定训练的建议》的报告，时任国务院副总理的陶铸同意后转发到各级体委。但是，形势随即发生了逆转。1967 年 1 月，林彪、江青一伙为打倒陶铸，将这份训练建议作为其抵制和破坏"文化大革命"的"罪状"之一。此后，政治斗争完全代替了运动训练，同时，武术运动被列为"四旧"，武术习练者被扣上了"反派"的帽子，大量的武术书籍、珍贵历史资料、武术器械被销毁，武术运动几乎全面被禁止，全国各地大部分学校的教学秩序被打乱，教研组被迫解体，各种体育器材和设施被遗弃，体育课也被迫停止。武术训练队的正常训练和竞赛也受到严重的影响，训练和竞赛被迫停止，有些武术训练队被迫解散。

在这样的社会环境里，武术的竞赛表演活动几乎处于瘫痪的状态。但一些有识之士并没有因此放弃钟爱的武术事业。如北京什刹海体育运动学校武术教练吴彬的武术班被解散后，吴彬在劳动人民文化宫的协助下，组织了职工武术队。另外，“顺义体校的杜凤儒、西城体校的张益明、东城体校的李秉慈和刘洪池、少年宫体校的赵惠明、朝阳体校的齐谋业、宣武体校的方世锦和金本禹、怀柔体校的王维发、平谷的赵家强、劳动人民文化宫的董世明和刘高明等武术教练”都像吴彬一样，“均是这个时期‘地下活动’的积极分子”[1]，他们为武术血脉的传承奠定了基础。

二、武术竞赛表演活动的逐渐恢复

1971 年，中国乒乓球队参加在日本举行的第 31 届世界乒乓球锦标赛，并邀请美国乒乓球队访华，由此打开了已关闭 22 年的中美交往的大门，开创了具有历史意义的“乒乓外交”。在这种形势下，一些省市开始利用简陋的条件积极恢复武术训练活动。如吴彬在 1970 年就开始重新着手组建体校的小武术队，他顶着烈日穿梭于北京市的各个学校挑选小运动员，最终挑选出李连杰[2]、李霞、严平等 20 余人[3]。

此时的李连杰正在北京厂桥小学上学，吴彬测试了他的短跑冲刺、立定跳远、跳高等，李连杰各项成绩均不错。随后，吴彬又让他跟着做了一套徒手操，李连杰动作准确，被初选进入暑期

〔1〕昌沧等：《四牛武缘》，人民体育出版社，2004，第 351 页。

〔2〕李连杰：1963 年 4 月 26 日生于北京，著名电影演员、武术家。1975—1979 年，连续五年获全国武术全能冠军。1982 年，主演电影《少林寺》。

〔3〕昌沧等：《四牛武缘》，人民体育出版社，2004，第 354 页。小运动员挑选完成应当在 1971 年，因为这年的春天，8 岁的李连杰才背着书包，跨进了厂桥小学的大门。此时吴彬已经挑选出 19 人，还差 1 人。李连杰就是在 1971 年暑假前从近千名报名者中被挑选出来的一位。（老来：《李连杰画传》，金城出版社，2005，第 9 ～ 12 页）

短训班，而后又进入体校长训班，由此一颗新星冉冉升起。

1971 年 5 月 20 日—7 月 30 日，第一次全国体育工作会议在北京京西宾馆和海运仓总参招待所召开。1971 年 8 月初，王猛正式到国家体委工作。与他同时赴任的还有中央为他选派的助手——第 60 军副军长姚晓程、第 26 军副军长于步血、第 38 军 112 师政委陈培民。

1972 年是中华人民共和国武术史上重要的一年。2 月 17 日，国务院和中央军委联合下达了《关于国家体委改由国务院领导的通知》，由此，国家体委的工作关系开始理顺。该年不但召开了全国训练工作会议，而且武术表演大会开始启动[1]。

（一）武术竞赛表演活动的复苏

1972 年 5 月 12 日—18 日，安徽武术十三省邀请赛在合肥举行，总裁判长是谷庆堂，副总裁判长为刘新。这是“文化大革命”以来全国第一次武术邀请赛，虽然大会不记录名次、不发奖，但还是吸引了 140 多名运动员参加。由于体育馆太小，不能满足观众的需求，大会不得不在足球场地内安排武术专场，同时武术邀请赛还到部队、工厂等单位进行表演[2]。

除安徽武术邀请赛之外，1972 年还有两次较为重要的武术竞赛表演活动。其一是在北京北海公园举办了“文化大革命”以来的第一次武术表演大会。尽管当时没有新闻媒体的宣传报道，但

---

〔1〕从 1972 年起，吴彬小武术队的表演成为重大活动开幕式必不可少的节目。后来，中央新闻电影制片厂还专门拍摄了纪录片《花儿朵朵》，副标题为“记北京业余体校少年武术班”。纪录片被拿到国内外放映，成为介绍中国文化的一张名片。（昌沧等：《四牛武缘》，人民体育出版社，2004，第 352 页）

〔2〕张山：《武林春秋》，人民体育出版社，2012，第 15 ～ 16 页。

在当时八个样板戏和《地道战》《地雷战》等寥寥几部电影充斥人们业余生活的时代里，武术表演大会以其广泛的社会影响还是吸引了众多的观众。表演一开始，观众就报以热烈的掌声，最后出场的“扁担与大铲”对练[1]，更是把表演推向高潮。套路中严谨、合理的攻防，连贯顺达的动作引来观众一阵阵掌声。其二是在山东济南举行了由夏柏华出任裁判长、十几个单位参加、“文化大革命”期间恢复的第一次武术比赛——华东地区武术比赛。裁判长夏柏华发现，这次比赛，参赛的武术套路带有浓烈的时代色彩，有些与芭蕾舞没有什么区别，远远看去，又特别像自由体操。套路中飘然的动作自然而然使人们想到芭蕾舞剧《红色娘子军》中的主人公吴清华；起势和停顿动作又掺杂了样板戏的亮相，有的像《红灯记》中的李玉和，有的像《沙家浜》中的郭建光等。武术已经被舞蹈、体操替代了[2]。尽管如此，三次武术活动的成功举办，还是打破了“文化大革命”以来武术运动的沉寂局面，为全国武术表演大会的成功举办拉开了序幕。

1972 年 11 月 1 日—15 日，全国武术表演大会在济南举行，来自上海、广东、安徽等 24 个省、自治区、直辖市的 326 名男女运动员[3]参加了表演。大会总评议长为马贤达；副总评议长为刘玉华、马文章。拳术组评议长是何福生，副评议长是夏柏华；短兵组评议长为黄伟鑫，副评议长为纪光宇；传统组评议长是邵

〔1〕夏柏华创编，但是这场表演因“打斗痕迹太浓”，并没有得到当时领导的好评。

〔2〕当时的武术套路表演情形如下：在长 14 米、宽 8 米的地毯上，武术运动员先在一角做几个动作，然后一个亮相；再往中间飞跑接一连串腾空跳跃；到了另一个角，要么是接劈叉，要么是坐盘亮相。这种跑来跑去、没有什么攻防特点的“两头粗中间细”的武术套路结构，夏柏华形象地把它称为“哑铃形”。（昌沧等：《四牛武缘》，人民体育出版社，2004，第 62 页）

〔3〕张山记为 360 名运动员。（张山：《武林春秋》，人民体育出版社，2012，第 20 页）

善康，副评议长是王新泉、康绍远；研究组组长是陈立庭；记录长是王金福；检录长是孙文宾、王代友；宣传员是穆秀杰。[1]（图3-1）比赛项目为男女运动员分别进行，按照成年男子和女子的规定拳、自选拳、规定刀术、自选刀术、规定剑术、自选剑术、规定棍术、自选棍术、规定枪术、自选枪术以及少年男子和女子规定拳术进行了表演赛[2]。比赛突出了速度与节奏，技术有了新的发展，如套路自选项目在套路结构、难度、腾空和跳跃上有了较大的发展，出现了旋风脚接各种步型等具有新意的组合动作。

图 3-1　1972 年全国武术表演大会全体评议员合影

（二）武术竞赛表演活动的继续发展

1973—1976 年，政治风云变幻。尽管如此，武术表演竞赛活动还是有条不紊地进行着。

---

〔1〕中国体育年鉴编辑委员会：《中国体育年鉴（1966—1972）》，人民体育出版社，1983，第 455 ～ 457 页。

〔2〕全体评议员名单详见张山：《武林春秋》，人民体育出版社，2012，第 18 ～ 19 页。

1973年4月15日，第32届中国出口商品交易会（以下简称“广交会”）在广州开幕，应广交会的要求，张山带领中国武术队[1]在开幕式上表演了27个节目，约45分钟，受到国内外参会人士的一致好评。

1974年8月23日—30日，全国武术比赛在西安举行。来自北京、天津、上海等24个省、自治区、直辖市的283名（男153名、女130名）运动员参加了比赛。马贤达为裁判长，张文广、黄伟鑫为副裁判长。此次比赛进行了少年组男子、女子的全能、规定拳、自选拳、自选刀、自选剑、自选棍、自选枪、南拳比赛，成年组男子全能、规定拳、规定刀、规定剑、规定棍、规定枪、自选刀、自选枪、自选剑、自选棍、南拳、太极拳比赛，以及成年组女子全能、规定拳、规定刀、规定枪、规定剑、规定棍、自选拳、自选刀、自选枪、自选剑、自选棍、太极拳和集体项目的比赛。此次比赛涌现出一些优秀的武术人才，如年仅11岁的李连杰，他的少林拳精妙绝伦，一举夺得少年组男子全能冠军，黄凌海则夺得少年组男子南拳冠军。[2]

1974年初，随着全国体育工作会议的召开和体育“要从儿童抓起”方针的提出，以及在“迅速提高运动技术，力争在短时间内使我国一些项目达到国际水平”的目标指导下，武术的竞技表演活动逐渐兴盛起来，许多地方恢复了武术辅导站；省、自治区、直辖市的武术队也在不断调整、补充、加强训练。

---

〔1〕总领队：张山；教练员和运动员：陈道云、徐其成、牛怀禄、徐永顺、王金声、赵林燕、白燕侠、邵善康、张玲妹、于海、李启明等。（名单详见张山：《武林春秋》，人民体育出版社，2012，第26页）

〔2〕中国体育年鉴编辑委员会：《中国体育年鉴（1973—1974）》，人民体育出版社，1982，第816～819页。

1975年9月12日—28日，第三届全国运动会在北京举行。本届运动会成年组有28个比赛项目，武术是其中的一项。少年组有8个比赛项目。另有跳伞、民族形式摔跤、幼儿体育等表演项目。全运会武术比赛于9月13日—25日在北京举行，来自北京、上海等28个省、自治区、直辖市的317名（男160名、女157名）运动员参加了比赛。比赛的裁判长为谷庆堂，副裁判长为乐佩（女）和王新泉。比赛分男子全能、甲组规定长拳、自选拳、规定枪，女子全能、甲组规定长拳、自选拳、规定枪，以及太极拳、南拳、自选刀、自选枪、自选剑、自选棍等男女混合竞赛项目。李连杰在此次比赛中获得大丰收，获得甲组规定拳第二名、自选拳第一名、规定枪第二名、全能冠军，以及男女混合项目中的自选刀第一。赵长军也有不俗的表现，获得男女混合项目中自选棍的第八名、男子甲组规定长拳的第四名。[1]

1976年8月27日—9月7日，在哈尔滨举行的全国武术汇报表演大会上，有25个单位的293名（男145名、女148名）运动员参加了比赛，关静涛担任表演组组长。本次表演大会对各个单位的优秀运动员进行了表彰，并评选出北京队、广西队、山西队等八个队为先进集体。[2]

三、武术竞赛规则的修改

1972年11月，在山东济南举行的全国武术表演大会使用的

[1] 中国体育年鉴编辑委员会：《中国体育年鉴（1975）》，人民体育出版社，1982，第165～167页。

[2] 中国体育年鉴编辑委员会：《中国体育年鉴（1976）》，人民体育出版社，1981，第304～305页。

是“文化大革命”前制定的规则，但其弊端已经暴露出来，为适应形势发展的需要，全国武术表演大会结束后，留下了一些专家、教练[1]讨论武术规则的修改问题（图 3–2）。据张山回忆，大家讨论的结果除对规则的有关条款进行修改补充外，还想增加“动作创新加分的内容”，但对套路演练中什么是“创新”、哪些是“难度”有不同的意见。一方认为武术独有的“手、眼、身法、步”是难度，另一方认为体能和技巧（如劈叉、翻腾、空翻等）是难度。争论到最后，后一种意见占据了上风[2]。因此，在修改比赛规则的时候，增加了“动作难度”加分的条款。

图 3–2　1972 年修改武术规则人员
（从左至右：邵善康、张山、马贤达、黄伟鑫、王常凯）

1973 年，国家体委决定对 1959 年制定的《武术竞赛规则》

〔1〕教练有马贤达、邵善康、王常凯、成传锐、张山、李天骥、黄伟鑫等。
〔2〕昌沧等：《四牛武缘》，人民体育出版社，2004，第 506 页。

进行修订。北京体育学院的张文广、国家体委的李天骥、成都体育学院的刁云泰、武汉体育学院的温敬铭、上海体育学院的王菊蓉、中国人民大学的李德印、云南省武术队的何福生、人民体育出版社的王杰等接受了这项任务。由于武术运动在发展过程中积累了丰富的经验，且已经成为群众性的一项重要体育运动项目，因此这次修订规则的指导思想十分明确，即“突出武术运动的特点，贯彻‘百花齐放、百家争鸣’和‘古为今用、推陈出新’的方针，在重点发展长拳、太极拳等项目的基础上，对群众喜闻乐见的拳种，如形意、八卦、通臂、软器械、对练等加以发展；同时，扶植一部分成熟的武术新动作、新技术”[1]。

在明确的指导思想指引下，这次规则修改主要集中在以下四个方面：一是采用扣分制，对评分方法进行了修订，使评分更具有科学性。二是为体现和反映武术运动的发展方向，增加了对动作规格的分值分配。三是为便于竞赛和训练，精简了武术技术动作分组。四是增加了新技术动作，对明显的非武术动作进行了限制。

为尽快高质量地拿出修改后的、适合武术运动开展的新规则，规则修订组的专家们还和出访的武术队教练及部分运动员交换意见、观摩出访运动员示范的新动作，最后终于圆满完成了修订任务[2]。

由此看来，中国的武术事业虽然受到了“文化大革命”的影响，但在党和国家领导人的支持下，在广大武术工作者的坚持和努力

---

〔1〕张文广：《我的武术生涯》，北京体育大学出版社，2002，第 168 ～ 169 页。
〔2〕规则修订完成后，1979 年，国家体委再次对规则进行了修订，之后的 1984 年、1991 年等又进行了调整和修订。

下，武术事业各方面还是得到了不同程度的发展。

第四节 风雨飘摇中的学校武术教育

在林彪、“四人帮”反革命集团的破坏下，特别是受“两个估计”的影响，新中国建立和发展起来的体育教育事业几乎被全盘否定，学校武术教育遭受严重的摧残。

一、学校武术教育的严重破坏

“文化大革命”使中国的教育（包括武术教育）受到了严重破坏，学校的武术教育在这个特殊的年代经历了一段曲折而艰难的发展历程。

1966年,以学生为主体成立的红卫兵组织进行了全国性的“大串联”，由此导致全国学校教育秩序的混乱，学校武术教育也因此进入到一种无序的状态。

鉴于学校出现的严重混乱局面,中共中央决定停止“大串联”。1967年2月，中共中央、国务院相继发出《关于小学无产阶级“文化大革命”的通知》《关于中学无产阶级“文化大革命”的意见》和《关于大专院校当前无产阶级“文化大革命”的规定》，要求师生停止串联，复课闹革命。1967年10月14日，中共中央、国务院、中央军委、中央“文革”联合发出《关于大、中、小学校复课闹革命的通知》，要求全国各地各级各类学校“一律立即开学”。

1969年，中苏关系破裂，鉴于当时的国际、国内形势，在全国的各级学校中，学生除进行专门的军训外，还广泛兴起了全国性的野营拉练活动，“军体拳”也成为教学的主要内容之一。军事训练融入学校体育课的同时，劳动课代替体育课也成为当时通行的一种做法。更为严重的是，学生无故迟到、旷课的现象，体育教学中“放羊”的现象在各类学校中随处可见。

总之，此时的学校武术教育是在教学秩序混乱的环境下进行的。无论是以“军训”为主要内容的“军体课”，还是“学工”“学农”的劳动课，都不符合学校武术教育的目的和学生身心发展的客观规律，难以发挥学校武术教育所应发挥的作用。

二、学校武术教育的转机

“文化大革命”开始以后，各体育院校像其他学校一样，教学秩序被完全破坏。如当代“武林三泰斗”〔1〕之一的张文广此时成为“资产阶级反动学术权威”，1969 年 11 月上旬，跟随北京体育学院的 400 多名教职工到山西屯留国家体委“五七”干校“接受贫下中农再教育”〔2〕。

1971 年，全国各级各类学校的教学秩序出现了复苏的迹象。1972 年，在周恩来的帮助下，北京体育学院教职工开始陆续从山西屯留县返京，张文广也因此回到了北京。

1972 年，根据周恩来的指示，国务院科教组在北京召开教材工作座谈会，会议决定分大区交流编写教材的经验，并组成协作组编写教材。正是在这种背景下，天津体育学院体育系体操教研

---

〔1〕当代“武林三泰斗”是指：张文广、蔡龙云、何福生。

〔2〕干校里还有国家体委其他几个系统单位的工作人员，北京体育学院教职工被编为六连。（张文广：《我的武术生涯》，北京体育大学出版社，2002，第 162 页）

组于1972年12月编印了《武术》（试用教材），其内容则包括基本功、擒敌拳、红卫兵拳、初级刀术、初级剑术、功体拳等七部分（图3–3）。

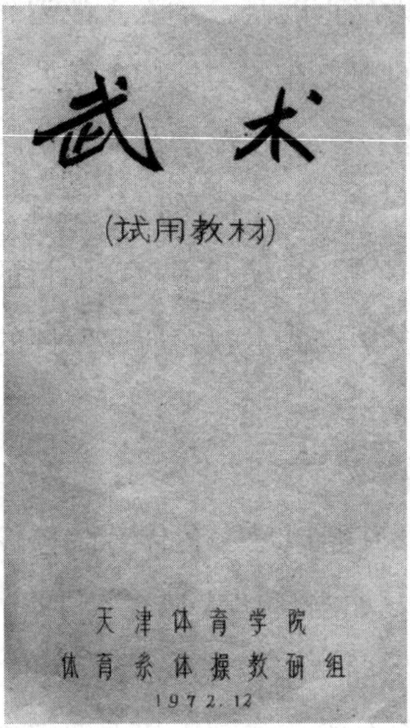

图3–3　天津体育学院武术教材（1972年）

1973年前后，各地开始重新编写中小学体育教材。其中，小学体育基本教材内容包括田径、体操、小球类、武术、游戏五类，中学体育基本教材包括田径、体操、球类、武术四类。这套教材与1970年的军体教材相比，延续了1961年提出的全国统一体育教材的指导思想，把以军事体育项目为主的体育课改变为以体育基本项目为主的体育课。但教材中削减了武术的内容，取消了体育基本知识内容[1]，又是一个遗憾。

---

〔1〕李晋裕等：《学校体育史》，海南出版社，2000，第89～91页。

三、“文化大革命”中北京体育学院的武术活动

“文化大革命”期间，北京体育学院也不能公开教授武术了，武术的传承走到了十字路口。

（一）“样板武术”[1]的创编活动

武术要从“四旧”中走出来，适应形势发展的需要，为工农兵服务，就必须进行改革。为此，武术教研室的老师们“灵机一动”，打着岳飞抗金的旗号开始传授《满江红》。这一“革命行动”果然奏效，院领导对此大加称赞。沿着这个思路，武术教研室的教师又以武术动作为元素创编了好几套“语录拳”。

1966 年 4 月，北京体育学院武术教研室根据毛泽东的词《蝶恋花》编排了武舞《蝶恋花》。在这套武舞里，加入了“京剧《红灯记》中李玉和的亮相、《沙家浜》中新四军的造型，同时还可以边唱边练”[2]。这种新颖的形式，受到了群众的欢迎。在当时的条件下，其对传承武术起到了积极的作用，为以后武术套路的变革提供了思路。

“文化大革命”中，原有的大学教师到农村、工厂、干校去接受劳动改造和再教育。在这种情况下，1973 年，北京体育学院“武术革命战斗队”来到了南口机械车辆厂探索体育教育改革、接受工人阶级的再教育。在这里，武术教研室的老师们根据工人劳动的特点，创编、改编了一些武术套路。如张文广创编了

---

〔1〕“样板武术”借鉴“文化大革命”中“样板戏”（以《红灯记》《沙家浜》《红色娘子军》等八个样板戏为代表）一词而来。

〔2〕昌沧等：《四牛武缘》，人民体育出版社，2004，第 49 页。

“大小铁锤”套路，深受人们的喜爱，后来还在天安门广场举行的“十一”庆祝晚会和北京体育学院接待外宾时表演过[1]。门惠丰则把工人锉锉的“革命动作”编进了太极拳。为了“突出政治”，夏柏华和门惠丰还给工人们表演了刀与朴刀对练演变而来的扁担和铁锹对练[2]，对丰富当时工人们的业余生活起到了积极的作用。

无论是北京体育学院武术教研室创编的集戏剧、舞蹈、歌剧于一身的武术“混血儿”——《蝶恋花》武术套路，还是张文广创编的“大小铁锤”套路，它们既突出了政治，又符合了时代的要求。这种新颖的形式，在得到人们赞赏、丰富人们业余生活的同时，也巧妙地保证了武术的传承。

（二）“青训队”的武术训练活动

20 世纪 70 年代初，由于受“文化大革命”的影响，体育项目出现了后备人才不足的情况。周恩来高瞻远瞩，为全面培养各个体育项目的后备力量、为适应国际交往的需要，号召有关方面成立“青训队”。为响应这一号召，北京体育学院各专业也开始成立青训队，其中，武术青训队由夏柏华和门惠丰负责[3]。

夏柏华、门惠丰因材施教，他们根据这些少年儿童的特点，以武术的基本功、基本动作为基础专门为青训队创编了一套“小

---

〔1〕张文广：《我的武术生涯》，北京体育大学出版社，2002，第 167 ～ 168 页。
〔2〕昌沧等：《四牛武缘》，人民体育出版社，2004，第 50 页。
〔3〕北京体育学院成立武术班后，当时有一种权威的观点：“既有北体的武术班，北京市的武术队就不必再组建了。”当时什刹海体校武术教练对此坚决反对。后来，在北京市体委及体校领导的支持下，还是坚持在北京体育学院武术队建立的同时，成立了北京市自己的武术队。事实证明，这一决策是正确的。北京体育学院武术队当年就解散了，而北京市的武术队蓬勃发展起来，且为 1974 年的访美打下了坚实的基础。

拳”。训练没有多长时间，青训队队员整齐划一、快速有力的动作，连贯流畅的招法，引起了人们的注目[1]。

1972 年 2 月，美国总统尼克松和国务卿基辛格乘坐的飞机降落在北京机场。没过多久，基辛格就在江青和国家体委副主任李青川的陪同下观看了北京体育学院青训队的武术表演。孩子们身着鲜艳的服装，动作干脆利落，引来阵阵掌声。表演结束后，基辛格连连称赞，高兴地问：“这真好！我从未见过！它叫什么运动项目？”李青川说这是中国武术。随后，基辛格试探性地问：“我们想邀请中国武术团到美国去访问，行吗？”后来，经过双方的努力，访问终于在 1974 年成行[2]。

“北京体育学院小青训队在中国荒芜的岁月里，就像一粒耀眼的火种，给人们带来的不仅仅是一种振奋，更重要的是向人们传播着武术千百年来坚韧不拔的精神。”[3]基辛格的到来，又在无意间给武术运动带来了发展的契机，武术的春天马上就要到来了。

第五节　停滞但不停止的群众武术活动

“文化大革命”期间，武术活动作为“四旧”被禁止，武术遭到极大破坏。如精武体育会的档案、刊物、影像等宝贵历史资

[1] 青训队在夏柏华、门惠丰的指导下，几乎人人都成为当时的小明星，英姿勃勃地出现在年画上。当时家家户户挂的最多的是“武术四扇图”，可惜图上没有标明表演者和拍摄者的姓名。

[2] 昌沧等：《四牛武缘》，人民体育出版社，2004，第 268 ～ 269 页。

[3] 昌沧等：《四牛武缘》，人民体育出版社，2004，第 60 页。

料和武术器械等大都被销毁，精武体育会也被改名为“要武体育馆”“精武体育馆”[1]。在少数民族地区，武术传承同样受到了冲击。据贵州省黎平县双江镇觅洞村侗族武术传承人吴永贤回忆：“到了‘文化大革命’时期，对练武没有什么要求，……很多传闻记载、练武书……都被烧掉了。”[2]此时，武术的传承处于停滞状态，但并没有停止。1971年后，随着社会环境的变化，武术活动逐渐得到恢复，富有生命活力的武术继续向前发展（图3–4）。据贵州省黎平县双江镇觅洞村侗族武术传承人吴玉金回忆，在“文化大革命”期间，他一直在家里练武，从未间断。1970年，国家允许搞副业，侗族武术传承人吴德金还被榕江人请去家中教武术，还能收点学费[3]。

图3–4 为积极开展群众性武术活动，
邮电部于1975年6月10日发行了《武术》特种邮票一套六枚

[1] 《上海精武体育总会会史》编辑委员会：《上海精武体育总会会史》（内部资料），第54页。
[2] 张忠杰、龙宇晓：《侗族武术文化传承之道：两个“侗族之乡”的比较研究》，中国社会科学出版社，2020，第224页。
[3] 张忠杰、龙宇晓：《侗族武术文化传承之道：两个“侗族之乡”的比较研究》，中国社会科学出版社，2020，第224页。

一、“兴盛”的武术活动

（一）形式化发展的职工武术活动

“文化大革命”期间，一些地方开展了“全民游泳”“语录操”“语录拳”等体育活动。

1972 年，全国职工体育座谈会在北京召开，随后，全国职工体育普遍开展起来。然而，1974 年的“批林批孔”运动又使刚刚恢复且逐步步入正轨的职工体育受到了严重冲击，但一些形式化的、为适应政治需要曾经流行过的大规模的“语录拳”兴盛起来。

（二）农村体育活动“兴盛”背景下的武术传承活动

1968 年 12 月 22 日，毛泽东向全国城市学生发出了“知识青年到农村去，接受贫下中农的再教育”的号召。随即，全国掀起了知识青年“上山下乡”，到农村、边远地区锻炼和改造的热潮。在农村，各种体育活动成为知识青年充实生活、娱乐消遣的重要内容。与此同时，大量的农村青年也投入到体育运动中，这有力地推动了农村体育活动的开展。

1972 年，全国农村体育工作会议召开后，农村体育活动进一步得到了普及和发展。但是，1973 年以后，农村体育活动逐步成为政治宣传的重要内容，从而导致农村体育活动出现了异常“兴盛”的现象。

农村体育的这种“兴盛”集中体现在全国农村掀起“学大寨”和“学小靳庄”的活动中兴起了“大规模”的体育活动热潮。许多农村为了组织农民“体育大军”进行表演，采用了脱产集训、不做广播操就扣分的办法。

与农村体育活动的“兴盛”形成鲜明对比的是，在农村广为普及的武术运动被列为“四旧”而遭到批判，武术图书、图片和资料等被抄走销毁。尽管如此，在文化娱乐生活极度匮乏的年代，加之部分习武者有着保存文化遗产的使命感，武术活动仍然在广大农村秘密或变相地传承着。例如：陈家沟陈式太极拳“四大金刚”〔1〕此时仍然坚持练习太极拳；中国“十大武术名师”之一的梁以全在大队支部书记李斟的支持下于1970年开始在家乡骆驼崖自家院内义务授拳〔2〕；“武林三泰斗”之一的张文广在山西屯留“五七”干校创编了“铁锨套路”，并利用业余时间到附近的小学教孩子们练习武术基本功和初级拳，节假日还为当地的老乡们表演武术〔3〕。

二、大寨村里的武术队

“文化大革命”开始后，在农村，由于传统文化的惯性作用，自发自娱性体育活动仍在一定范围内存在。广大农村“1967年仍然有不间断的小范围体育活动”，且从1968年初开始，“农村的群众体育活动从零星的自发自娱性活动，逐渐出现了社队内的比赛活动”〔4〕。1971年，全国的政治形势有所好转，农村更趋于稳定。1971年7月8日，《人民日报》刊登了《我们贫下中农需要体育》一文，认为体育运动不为广大贫下中农服务，就不可能全面落实毛泽东“发展体育运动，增强人民体质”的光辉

〔1〕“四大金刚”是指陈小旺、陈正雷、朱天才、王西安。
〔2〕赵连祥：《少林宗师——中国当代十大武术名师梁以全》，河南人民出版社，2004，第180页。
〔3〕张文广：《我的武术生涯》，北京体育大学出版社，2002，第165～166页。
〔4〕傅砚农等：《中国体育思想史（现代卷）》，首都师范大学出版社，2008，第138页。

指示。1973年，《新体育》杂志发表了《积极有步骤地开展农村体育活动》一文，这是在周恩来着手纠正“左”倾思想危害的有利形势下发表的一篇导向性文章。1974年，“批林批孔”运动开始以后，出于“占领农村业余文化阵地”的需要，体育运动的开展和政治联系在一起，农村体育活动大搞形式主义，热衷于组织“万人体育大军”“千人操”表演等。

1953—1963年，大寨人经过艰苦劳动、科学种田，取得了一些成功经验。他们的做法成为解决粮食问题的“样板”，逐渐受到上级有关领导的关注。周恩来按照毛泽东“农业学大寨”的号召，提出了“工业学大庆，农业学大寨，全国人民学习解放军”的号召，从此全国掀起了农业学大寨运动。

大寨人为迎接四面八方的“取经”队伍，为突出“占领农村业余文化阵地”而组织了专门的体育和文艺队伍。或是由于中国武术的独特魅力，或是由于中国武术的“草根性”，武术与农民有一种自然的亲和力，大寨人决定组建一支娃娃武术队。于是，1974年，北京体育学院的夏柏华被中央征调前往大寨村组建、训练这支队伍。

按照规定，大寨娃娃武术队的队员只能挑选大寨大队的人，所以娃娃武术队的选材范围很小，但组建过程却特别顺利。每天太阳落山后，就是他们的训练时间。训练场地因地制宜，就是打麦的场院。这些孩子接受能力特别强，又认真听讲，训练刻苦。其中，国务院副总理陈永贵的孙女“幸福妮”更是聪明伶俐，老师做一遍示范，她能马上学会，并把要点牢记在心。于是夏柏华专门为她设计了一套一打二的“三人对棍”。“幸福妮”动作利索，她英武不凡的气质和熟练的动作总能获得众人的阵阵掌声。

在夏柏华的精心指导下，“大寨小武术队”渐渐有了名气，曾到国外做巡回演出。有一次，江青到大寨参观，看罢武术表演连连称赞，并责成北京新闻纪录电影制片厂的编导到大寨，专门为小武术队拍了部彩色专题片在全国放映，引起轰动。各地纷纷效仿大寨的做法，成立了小武术班。如 1975 年，康戈武[1]就先后到河北省遵化市沙石峪、天津小靳庄、大庆[2]体校武术队指导、教授武术[3]，武术由此得到了一定程度的普及和发展。

三、陈照丕、陈照奎传拳陈家沟

“文化大革命”期间，陈家沟的太极拳传承在陈照丕和陈照奎的带领下不但没有停止，而且培育了以陈小旺、陈正雷、朱天才、王西安等为代表的中坚力量。

（一）陈照丕[4]提前退休回家教太极拳

“披星戴月五更天，起床练习太极拳。单衫短裤不着棉，路人观看为撅倒，笑我古稀学少年。拳术不知老将至，名利于我如

---

〔1〕康戈武：1948 年出生，曾任中国武术协会秘书长、国际武术联合会传统武术委员会副主任等职务。

〔2〕几个地方都是当时树立起的学习典型，如河北的沙石峪，中华人民共和国成立前是远近闻名的穷山沟，有“土如珍珠水如油，漫山遍野大石头”之称。中华人民共和国成立后，在老书记张贵顺的带领下，沙石峪人自力更生，艰苦创业，硬是走出了一条幸福之路，因而二十世纪六七十年代被誉为“当代愚公之乡”。

〔3〕康戈武口述。采访人：杨祥全；地点：黑龙江农垦总局驻北京联络处龙垦联招待所；时间：2009 年 1 月 18 日 14：00。

〔4〕陈照丕（1883—1972）：自幼跟随父亲陈登科、三叔陈发科、叔祖陈延熙习武。1928 年，到北平转而到南京授拳。1938 年，南京沦陷后，陈照丕曾返家，在地方抗日武装范庭兰的部队里教大刀。1940 年，陈照丕被请到洛阳教拳。两年后又被黄河水利委员会的张含英（中华人民共和国成立后任水电部副部长）请到西安。张含英给陈照丕安排的工作是保管员，业余时间教拳。1948 年，黄河水利委员会迁到开封。陈照丕又来到了开封，直到 1958 年回家探亲。

云烟。但愿服务为人民，喜看后继满乡邻。”〔1〕河南温县陈家沟是陈式太极拳的发源地，从明末陈王廷以来习武不断。但据陈家沟的村支书张蔚珍说：“我 1949 年到这个村时，就没见着谁练拳。”“直到 1953 年，张蔚珍在陈家沟学校上学，几个老师请村里一个叫王雁的老头到学校偷偷教拳”，那是张蔚珍第一次看到太极拳〔2〕。

1957 年，陈发科在北京去世后，与陈照丕一起习武的兄弟、堂兄弟共十人，大多不再从事太极拳活动。陈家沟只有陈发科的一个徒弟王雁〔3〕还带着几个徒弟练习太极拳。眼看故乡的太极拳濒临失传，65 岁的陈照丕心如刀割，毅然决定退休回家教拳〔4〕，把陈家沟太极拳的香火传下去。

1958 年，对陈家沟陈式太极拳而言是一个非常关键的时间节点。这年春节，在黄河水利委员会上班的陈照丕回乡探亲。此时村里能够传授太极拳的人已所剩无几。陈照丕回村后与族人商议，让族人分别学陈式太极拳大架和小架〔5〕。其中，学大架的跟随陈照丕学习，学小架的陈伯祥、陈俊凌、陈启亮跟随陈克忠

〔1〕陈照丕 1958 年回乡教拳时写的顺口溜。

〔2〕戴志勇：《一个家族和一门绝艺——陈家沟陈氏太极拳断而复续的故事》，《南方周末》2013 年 9 月 5 日。

〔3〕王雁先后跟随陈延熙、陈发科父子学习陈式太极拳，传有朱老虎、朱王孬等弟子。

〔4〕管人事的干部告诉陈照丕，现在回去才能拿 40% 的工资，按新政策再等三四个月就可以拿到 60% 的工资。可陈照丕等不及了，他不能让陈家沟的太极拳断了线。退休时，陈照丕仅拿 16 块钱的退休工资，且在村里教拳分文不取。

〔5〕陈家沟太极拳现有大架、小架之分，之前叫大圈、小圈，练习方法基本一样，有些动作略有差异。陈长兴住村东南头，陈有本住村北角。他俩教的架，在陈伯祥小时候叫南头架、北头架。大架、小架的说法是在 1950 年后，顾留馨在《陈氏太极拳》一书中提出的。

学习[1]。就这样，陈家沟习拳的热闹场面逐渐恢复。

1962年，陈照丕参加了全国武术大会，并被授予“全国太极拳名家”称号。1964年，陈照丕又当选为全国武术协会委员。另外，在县里的支持下，陈家沟还于1964年成立了太极拳体校。

1966年，《用阶级斗争的观点揭开陈家沟的盖子》在《河南日报》刊发，文章说陈家沟搞家族制、宗派主义，是封建的堡垒。六七月间，集结起来的200多个红卫兵直扑陈家祖坟，平了坟，砸了陈家碑林。当天晚上，陈小旺、陈正雷等陈氏族人悄悄来到坟地，偷偷将陈卜、陈王廷等主要人物的石碑挖个坑藏了起来，而其他的相继被毁。就这样，满载陈式太极拳历史信息的陈家碑林、家庙不复存在。

此时回陈家沟传授太极拳的陈照丕因中华人民共和国成立前在国民党的中央国术馆教授过武术，被扣上了“国民党反革命分子”的帽子，天天被拉出去批斗。1967年初春，陈照丕老人实在受不了这种折磨，走到村中一口水井旁跳了下去。幸亏这年天旱，井水浅，陈照丕只扎伤了脚，并没有死。在陈小旺、陈正雷、王西安的精心照料下，经过半年多的调养，陈照丕的身体渐渐康复了。死而复生，陈照丕对人生有了新的感悟。他采取了“随曲就伸，人刚我柔”的策略，创编了“语录拳”“诗词拳”，走到哪里就唱到哪里，走到哪里就练到哪里。这样一转化，“造反派”再没有人敢反对老人打拳了。

“说我疯来我就疯，说我癫了我就癫。为啥做这疯癫事，决

[1] 戴志勇：《陈氏小架，静悄悄传承》，《南方周末》2013年9月5日。陈克忠是陈式太极拳第八代传人陈鑫晚年弟子。陈克忠兄弟八人均跟随爷爷陈鑫练拳，陈克忠是老三，较为出类拔萃。

心培养人接班。”陈照丕的这首顺口溜道出了他的心愿。1968 年落实政策，陈照丕被平反。为使陈式太极拳不在陈家沟绝迹，陈照丕与村支书张蔚珍商量，决定重点培养陈小旺、陈正雷、朱天才、王西安、陈小兴等几人。

1969 年，党的九大召开后，毛泽东提出了“团结起来，争取更大的胜利”的号召，全国的局势逐渐好转。就在这一年，《人民日报》刊登了一篇毛主席语录：“凡能做到的都要提倡，做体操、跑跑步、爬山、游泳、打太极拳……”有了这一“最高指示”，陈家沟练拳开始由秘密转向公开。这年秋天，温县要举行篮球比赛，并邀请陈照丕带领徒弟们前去表演武术。接到通知后，陈照丕异常高兴，即刻组织徒弟们规范技术，进行训练。为了提高表演的效果，陈照丕开始教授陈式太极拳老架二路及太极刀、太极大枪、太极剑、春秋大刀等器械套路〔1〕。就在这一年，陈照丕整理出了《太极拳理论十三篇》，由陈正雷抄写并分别寄送给了国家体委、河南省体委、焦作体委和温县体委各一份〔2〕。

（二）陈照奎三回陈家沟授拳

1973 年〔3〕陈照丕不幸病故后，陈家沟村支书张蔚珍、副书记王西安等一起想办法解决谁来继续教授太极拳的问题。在这一过程中，焦作矿务局物资供应处处长吴秀宝是个关键人物。他到

〔1〕在此以前，陈照丕仅教授陈小旺、陈正雷等练习陈式太极拳老架一路和推手。练习器械套路时，由于“破四旧”及 1958 年的“大炼钢铁”等运动，陈家沟连一件武术器械都找不到，于是便用农具代替器械。即使是到温县表演时，大家也是穿着各式各样的服装，拿着铁锹、木棍、三股叉等进行表演的。

〔2〕龚建新：《太极金刚陈正雷传（7）》，《中华武术》2008 年第 10 期。

〔3〕1972 年农历十二月二十七日，陈照丕因黄疸性肝炎复发住进了县医院，农历十二月三十日去世。

北京与陈照奎谈好条件〔1〕，然后陈家沟派陈茂森赴北京将陈照奎请回陈家沟传授太极拳。

陈照奎〔2〕于1928年出生，是陈发科的幼子，7岁随父练习太极拳。20世纪60年代初，陈照奎应师兄顾留馨的邀请辞掉北京的工作到上海传拳，后来又到南京传授太极拳。1965年2月，陈照奎曾回故乡陈家沟跟随堂兄陈照丕学习太极拳，后来又返回北京继续传授太极拳。“文化大革命”开始后，陈照奎既不能教拳，又没有工作，生活极其困难。1970年，国家开始提倡打太极拳，陈照奎又开始在河南郑州、焦作、开封和河北石家庄等地传授太极拳。接到来自家乡的邀请后，陈照奎三回陈家沟传授陈式太极拳“新架”〔3〕。

第一次回陈家沟是在1973年农历正月初三，陈照奎回到陈家沟授拳，大概教授了半年，谁都可以学。〔4〕而后，陈照奎应顾留馨之邀到上海写书。

第二次回陈家沟是在几个月后，陈照奎从上海回来继续教拳。为了更好地推广太极拳，村里规定白天来练拳可以计工分。晚上，按照与张蔚珍的约定，陈照奎专门教陈小旺、陈正雷、王西安、朱天才四人。教了一段时间，陈照奎又去郑州教拳。

第三次是在不久之后，陈照奎又回到陈家沟教拳。据张蔚珍

〔1〕一是陈照奎离婚了，村里管陈照奎和儿子陈瑜吃饭；二是管来往路费；三是拿工资。（戴志勇：《一个家族和一门绝艺——陈家沟陈氏太极拳断而复续的故事》，《南方周末》2013年9月5日）

〔2〕由于长期生活窘迫，再加上与妻子离婚，陈照奎带着幼子生活，他心情郁闷，患上了高血压。平日又不注意保养，爱喝酒消愁，这些都极大地损害了他的身体。1981年，陈照奎突发脑出血在焦作病故，终年53岁。

〔3〕1973年，张志俊在河南开封看到陈照奎的陈式太极拳演练后，开始跟随陈照奎学习陈式新架太极拳直至1977年。

〔4〕龚建新：《太极金刚陈正雷传（9）》，《中华武术》2008年第12期。

回忆，这次村里已负担不起陈照奎的工资，是县体委给发的工资，牙膏、牙刷、香皂等也是县体委买的[1]。

就这样，“四大金刚”陈小旺、陈正雷、王西安、朱天才等人一直练到1981年。那年，陈照奎被人邀请到焦作教拳时突发脑出血病逝。

“大梦谁先觉？武场人独眠。谯楼三鼓响，挥剑斩寒光。汗流如春雨，冬天变伏天。猜透太极妙，赛过活神仙。”陈照丕的这首诗用在“四大金刚”身上再恰当不过。“大梦先觉”的“四大金刚”经过艰苦的磨炼、二十多年的练习，终于将陈式太极拳比较完整地继承下来，成为陈式太极拳的代表性传承人[2]。

四、48式太极拳的创编

20世纪50年代，国家体委武术科的专家在杨式太极拳套路的基础上创编的24式太极拳在全国迅速普及，其历史功绩是不可磨灭的。但是在实际的推广过程中，随着太极拳的逐渐普及和练习者技术水平的提高，动作比较简单的24式太极拳已不能满足人们进一步的学习需求。于是，1976年，时任国家体委武术

---

〔1〕戴志勇：《一个家族和一门绝艺——陈家沟陈氏太极拳断而复续的故事》，《南方周末》2013年9月5日。

〔2〕1970年，陈正雷开始教学，两年后收下了自己的第一个学生。1978年10月，陈正雷在湘潭参加全国武术运动会，获得最高奖。正是在湘潭，陈正雷见到顾留馨时，顾留馨还以为陈家沟陈式太极拳这一脉已后继无人了（戴志勇：《一个家族和一门绝艺——陈家沟陈氏太极拳断而复续的故事》，《南方周末》2013年9月5日）。陈正雷在运动会上的表现，改变了顾留馨的这一看法。1981年3月，日本人三浦英夫访问陈家沟。随后，从1981年4月到1982年下半年，共有27批国外代表团来到陈家沟。之后，河南省体委武术处、河南省武术协会、河南省武术馆分别以行政单位、事业单位、民间团体三位一体的方式成立了，三个招牌一套人马。就这样，陈正雷等温县四人、登封六人共十人调到省里当教练了。1983年，陈家沟正式走向世界。这一年，朱天才被派往新加坡，陈正雷首次访问了日本。

处副处长的张山将北京体育学院武术教师门惠丰、中国人民大学武术教师李德印、宁夏银川市体委干部王新武〔1〕等召集在一起，由门惠丰任组长，创编了一套新的太极拳套路。

此时发生了唐山大地震，创编组克服困难，于 8 月在哈尔滨市整理创编了 48 式太极拳，终于完成了任务。最后经过专家鉴定，48 式太极拳正式向全国各地推广。

（一）创编 48 式太极拳的指导思想

在这套拳法中，我们可以看到特定年代的一些特殊色彩，在极“左”年代创编太极拳的一些政治要素和一些异化的做法〔2〕。

1. 以阶级斗争为纲，用马列主义占领太极拳阵地

在太极拳的改编与推广中一直存在着矛盾冲突，突出表现在以下几方面：一是太极拳是适应形势的发展取其精华、去其糟粕、推陈出新，还是墨守成规、颂古非今。二是太极拳为工农兵服务，还是为自己的团体服务（历史上武术在形成与发展过程中，都形成了各种门派，有个别的为了一己私利，在门派基础上打着正宗的旗号，排除异己，故弄玄虚，故步自封）。三是坚持党的领导，发展体育运动、增强人民体质、大力发展国民体育，还是追求所谓的“真功夫”。研究组认为，创编太极拳新套路，一定要坚持“阶级斗争”这个纲，用马列主义占领太极拳阵地，立足于革命，增强人民体质，使太极拳更好地为无产阶级服务，绝不能抓了掤

---

〔1〕王新武是第三届全国运动会太极拳比赛的冠军，也是宁夏体育代表团中唯一获得冠军的选手。

〔2〕创编小组：《48 式太极拳创编的指导思想》，《武当》2008 年第 1 期。

捋挤按，忘了方向路线[1]。

2. 正确处理普及和提高的关系

太极拳的套路创编必须以工农兵为主，坚持普及与提高相结合，既要有丰富的内容，适当增加套路难度，照顾技术好的太极拳习练者，又要面向广大群众，体现娱乐性、广泛性，使新编太极拳的套路易于下一步在全国的推广与普及，普遍提高人民的身体素质，开展全民健身运动。

3. 正确处理继承和创新的关系

毛泽东指出："对于中国古代文化既不是一概排斥，也不是盲目搬用。"对中国传统文化要批判继承，推陈出新，立足于创新。48 式太极拳套路的创编应该体现革命内容和优良的中国传统文化，同时还要融合太极拳的柔和舒展、虚实分明、连绵不断的运动特点及心静体松、柔中寓刚的根本。

4. 坚持理论与实践的统一，注意锻炼的科学性、全面性

实践是检验真理的唯一标准。48 式太极拳在创编过程中要坚持理论与实践相结合的方针，用实践去验证理论，用理论去丰富技术。新套路既要吸收传统套路中的精华部分，体现太极拳的特点，推陈出新，又要去其糟粕，破除神秘主义，将过程简单化，使太极拳易学易练，便于推广与普及。新套路注重锻炼的科学性、全面性，左右兼顾，生动活泼，造型优美[2]。

（二）对 48 式太极拳的质疑

48 式太极拳的创编对传统武术的整理及推广起到了很好的启

〔1〕创编小组：《48 式太极拳创编的指导思想》，《武当》2008 年第 1 期。
〔2〕创编小组：《48 式太极拳创编的指导思想》，《武当》2008 年第 1 期。

发作用，但也有很多人对 48 式太极拳持怀疑态度。他们认为，由于受年代的限制，48 式太极拳仅仅侧重了拳法与招式的连贯性，对拳法与拳理的讲解较少。

第六节 武术的对外交往活动

“文化大革命”初期，由于受到极“左”思想的干扰，我国的外事工作一度陷入困境。1969 年以后，我国的对外关系重新步入正常的发展轨道，为抓住世界局势发生变化的有利时机，打破国际关系的坚冰，开拓对外关系的新局面奠定了基础。

乒乓球是新中国第一个取得世界冠军的体育项目。1952 年，我国举办了第一届全国乒乓球比赛。1953 年，我国加入国际乒乓球联合会。1959 年，容国团在第 25 届世界乒乓球锦标赛上取得新中国历史上的第一个世界冠军。1961 年，在中国举行的第 26 届世界乒乓球锦标赛上，中国乒乓球代表队夺得男子团体和男女单打三项冠军，在其他项目上还获得四项亚军和八个季军，结束了日本队称雄世界乒坛的历史。中国乒乓球的价值此时远远超出了体育竞赛的范畴。

可惜的是，由于政治环境的变化，中国失去了参加第 29 届、30 届世乒赛的机会。1971 年 3 月 28 日，第 31 届世界乒乓球锦标赛在日本举行，在毛泽东的批示下，中国乒乓球代表队参加了这次比赛。1971 年 4 月 4 日，美国乒乓球运动员格伦·科恩意外地错上了中国代表团的车。按当时的规定，我国运动员在国内、国际比赛中一定要避免与美国、韩国运动员主动交往或接受他们的赠予。因此，车上的中国代表团成员不知如何是好。唯有庄则栋打破沉默，与科恩交谈，并互赠了礼物。很多报纸都详尽地报道了中美运动员的这次接触。

在日本名古屋期间，已有尼日利亚和哥伦比亚的乒乓球队表示希望在锦标赛后来中国看看。“科恩事件”后，美国和加拿大乒乓球队也向当时中国乒乓球协会秘书长宋中提出了访华请求。于是，毛泽东、周恩来迅速做出决定——邀请美国乒乓球队访华。此后不久，中国乒乓球代表队访美。

1972 年 2 月，尼克松访华，与毛泽东和周恩来进行了会谈，并缔结了《中美上海公报》。“小球”转动了“大球”——小小的乒乓球，促进了中美关系的发展和世界形势的变化。

中美关系的改善直接促进了中日建交。通过双方的接触，1972 年 9 月 25 日，田中角荣首相应周恩来的邀请访华。中日两国经过会谈，于 9 月 29 日签署了建立外交关系的联合声明。1973 年初，中日两国互设大使馆，互派大使，从而结束了两国长期敌对的历史，开启了中日外交关系的新时代。

1974 年初，毛泽东又根据国际形势的新变化，形成并提出了三个世界划分的理论观点，引起了世界各国的注意，并得到了亚、非、拉广大第三世界国家的欢迎。三个世界理论的提出，为中国外交工作提供了新的战略性指导原则，指明中国作为第三世界国家，在继续大力发展同第三世界国家友好合作关系的同时，要联合一切可以联合的力量，结成最广泛的反对霸权主义的统一战线。这个指导原则，为改善和发展包括美国在内的不同类型国家的友好合作关系提供了一个符合实际的理论依据，并且为我国日后实行的对外开放政策铺平了道路[1]。

中美关系的解冻，大大改善了中国的国际环境。1971 年 10 月 25 日，第 26 届联合国大会恢复了中华人民共和国的合法席位；1973 年，中华全国体育总会在亚洲运动联合会的权利得以确认，并参加了 1974 年在伊朗德黑兰举办的第 7 届亚运会。武术的对外交流正是在这样的社会环境下进行的。

一、日本友人古井喜实学习太极拳

1972 年，中日关系正常化。其中，曾任日本内阁大臣和日中友好议会联盟会长、被周恩来称为“中日友好掘井人”的古井喜实发挥了重要的作用。1972 年 5 月 19 日，古井喜实访问中国。其间，古井喜实不但受到周恩来和廖承志的亲切接见，而且还如愿以偿地跟随李天骥、张山在北京饭店七楼顶的平台上学习了杨式太极拳、太极剑、24 式太极拳和 88 式太极拳（图 3–5）。古井喜实不但对加强中日关系发挥了重要作用，而且对日本民众练习太极拳起到了积极的助推作用。

二、中国武术代表团访问美国

1973 年，应基辛格邀请，中国武术代表团访问美国，成为继国家乒乓球队、体操队之后于中美正式建交前访美的第三支代表队。党中央和国家体委对此极为重视。为充分展现武术的风采、增加表演效果，相关部门进行了认真的准备。

---

〔1〕何沁：《中华人民共和国史》，高等教育出版社，1999，第 232 ～ 233 页。

图 3–5　1972 年，古井喜实来京练习太极拳
（从左至右：张山、古井喜实、李天骥、翻译）

为代表队选拔全国优秀武术运动员的工作由张山具体负责。筹划之初，首先组织了由蔡龙云、马贤达、潘清福等人组成的两个武术调研组（图 3–6）。一组由张山带队到上海、浙江、安徽等地调研、选拔；另一组由蔡龙云带队到云南、广东、广西等地调研、选拔。

调研、选拔结束后，根据汇总结果，从全国各运动队和体校调集了 120 名运动员。为保证表演的效果，当时选拔的主要标准有三条：第一，各选手要代表我国一流的武术水平。第二，表演项目尽量丰富，减少重复。第三，注重运动员的身高和形象。依据这三个标准，120 名运动员在北京工人体育场集训 2 个月后，40 人被淘汰，后来又经过第二次、第三次选拔，最终挑选出 30 多人。

图 3-6　全国武术集训调研组集体合影

（前排左起：马贤达、蔡龙云、王树田、毛伯浩、李文贞、张山、刘洪仁
后排左起：张玲妹、王金宝、于立光、李俊峰、成传锐、邵善康、潘清福、杨承冰、王常凯）

为活跃气氛、展示中华武术后继有人，负责选拔工作的张山认为代表团应当有两三名少年运动员。基于这种考虑，调研组又挑选出了李连杰、吕燕和崔亚辉三人。

为了提高表演的观赏性，经研究决定，凡单人演练的剑术、刀术和大集体项目要配乐，以烘托表演气氛〔1〕。这是武术表演配乐的第一次。为提高配乐的质量，张山前往中央乐团拜访了刚刚从干校回京的音乐家李焕之，并得到了他的热心帮助。

表演运动员的服装也是影响表演效果的重要因素，为达到“突出传统风格、体现项目特点、适合运动要求、色彩要多样、给人以美的享受”的目的，表演服较多地采用了民族服装中的大襟、对襟及袖口的“云头”和运动上衣、灯笼裤等。

经过紧张、有序的准备，由郭雷任团长、张山和王家栋任副

〔1〕凡演练中有发声和器械碰撞声的不配乐。

团长的中国武术代表团正式成立。该代表团共44人[1]，准备了56个表演节目、10个备用节目。

中国武术代表团于1974年6月21日—7月15日访问了美国，先后在夏威夷、旧金山、纽约、华盛顿表演了16场。美国政府对中国武术代表团的访问特别重视，派出专机到香港接送代表团成员。在美国境内，安排专职安全保卫人员24人（其中4～5人为贴身警卫）。中国武术代表团到华盛顿时，美国助理国务卿约翰·理查森在华盛顿纪念碑前举行的欢迎仪式上说："我代表美国国务院热烈欢迎武术代表团来访。你们的访问进一步标志着美中两国关系的日益发展。"[2]正在欧洲访问的尼克松和基辛格也表示要观看中国武术代表团的表演。果然，7月10日回到华盛顿的基辛格夫妇观看了表演。12日下午，尼克松在基辛格的陪同下在白宫玫瑰园会见了中国武术代表团成员。李连杰、吕燕、崔亚辉向尼克松献了花，吕燕演练了峨嵋刺，李连杰、吕燕和崔亚辉共同演练了三人对拳。尼克松看后感慨地说："这次访问是我们两国之间从1972年开始的一系列互访中的一次。我们认为最重要的一点是，这是美国人民和中国人民之间深厚友谊的又一明证。"[3]

1974年6月5日—21日，在前往美国途中，中国武术代表

〔1〕团长：郭雷；副团长：张山、王家栋；秘书：杨兆祥；翻译：毛舜华、孙柏青；医生：王义勤；记者：钱嗣杰、冯煜萍；教练：邵善康、于天堂、张玲妹；女队队长：陈道云；女队队员：何伟琪、郭佩、赵林燕、李小平、施梅林、程爱萍、吴秀美、许斌、白燕侠、宗巧珍、吕燕；男队队长：郭省聚；男队队员：徐其成、王常凯、任继华、牛怀禄、高西安、刘学志、韩明男、王金宝、杨承冰、张福云、周涛、俞吉元、莫少能、李启明、康戈武、曾铁明、邱方俭、崔亚辉、李连杰。

〔2〕钱江：《"武术外交"的一页——记中国武术代表团首次访问美国》，《中国武术》2002年第6期。

〔3〕昌沧等：《四牛武缘》，人民体育出版社，2004，第509～510页。

团还访问了墨西哥；7 月 17 日—22 日，从美国回国经过我国香港时，武术代表团又在香港进行了表演，同样引起轰动。在香港期间，长城电影公司的傅奇发现了李连杰的表演天赋，试图邀请李连杰参演电影，但被教练员吴彬婉言谢绝[1]。

三、武术团体的出访与来访活动

1974 年，“美国总统尼克松、国务卿基辛格在白宫会见了代表团成员，并观看了运动员的精彩表演，这对国内外武术界产生了巨大影响”[2]。随后，中外武术交流越来越多，“从 1975—1985 年的 10 年中，每年都有 2 ～ 3 次武术代表团出国访问的任务。有时还安排不开。据不完全统计，这 10 年间，已访问了五大洲、60 多个国家和地区。”[3]其中，与日本的武术交流最为频繁。

1974 年 9 月 15 日—10 月 15 日，以魏明为团长，韩昭英为副团长，吴彬、李俊峰、陈道云为教练的中国少年武术代表团一行 42 人，先后访问了日本的东京、藤泽、金泽等地，表演了 43 场。[4]

1975 年 5 月 13 日—7 月 8 日，中国武术代表团先后访问了英国伦敦和曼彻斯特，参加了莫桑比克的独立大典等，共表演了 30 场。1975 年 10 月 3 日—12 月 11 日，中国武术、技巧代表团

---

〔1〕老来：《李连杰画传》，金城出版社，2005，第 31 页。
〔2〕昌沧：《人心齐　泰山移——忆〈中华武术〉杂志创刊前后》，《体育文化导刊》2002 年第 1 期。
〔3〕昌沧等：《四牛武缘》，人民体育出版社，2004，第 510 页。
〔4〕中国体育年鉴编辑委员会：《中国体育年鉴（1973—1974）》，人民体育出版社，1982，第 819 ～ 820 页。

又访问了埃及、土耳其、摩洛哥、突尼斯、阿尔及利亚、毛里塔尼亚六个国家的22个城市，表演44场。

1976年5月13日—6月28日，中国武术、技巧代表团访问了菲律宾和缅甸。同年11月2日—16日，中国武术代表团访问了越南。[1]

出访之外，也有来访。1974年6月5日—17日，日本太极拳代表团访问了我国的北京、上海、杭州和广州。1975年2月21日—3月12日，以宗道臣为团长的日本少林寺拳法代表团先后访问了我国的北京、西安、南京等地。1975年10月3日—24日，以三浦英夫为团长的日本太极拳代表团访问了我国的北京、上海、延安等地。[2]

1976年5月6日—23日，以宗道臣为团长的日本少林寺拳法代表团再次访问了我国的北京、哈尔滨、大庆等地。另外，1976年11月10日—24日，日本太极拳学习团访问了我国的北京、广州、上海等地。[3]

具有独特中国文化特色的武术成为出访地新闻媒体关注的热点，武术的国际影响日益显现，为以后武术走向世界做了良好的铺垫。

---

〔1〕中国体育年鉴编辑委员会：《中国体育年鉴（1976）》，人民体育出版社，1981，第305页。

〔2〕中国体育年鉴编辑委员会：《中国体育年鉴（1975）》，人民体育出版社，1982，第435～436页。

〔3〕中国体育年鉴编辑委员会：《中国体育年鉴（1976）》，人民体育出版社，1981，第306页。

第四章

中华武术的全面恢复

1977年2月底，王猛第二次出任国家体委主任。在四年半的时间里，国家体委党组进行了大刀阔斧的整顿，为体育包括武术工作的全面恢复扫清了障碍。

1980年，中国武术协会进行了改选。郑怀贤当选为中国武术协会第三届主席，毛伯浩、王新武、张文广等当选为副主席〔1〕，张山为秘书长，李天骥、赵双进为副秘书长〔2〕。该届武术协会增设了教练委员会〔3〕、裁判委员会〔4〕、科研委员会〔5〕

---

〔1〕副主席共12位，分别为：王立远、王秀泉、毛伯浩、王新武、卢路、吉云祥、刘哲、谷宗勤、张文广、张今雄、温敬铭、蔡龙云。

〔2〕中国武术协会第三届委员名单如下：卜文德、马文章、马生贵、马贤达、马春喜、马振邦、王子章、王占元、王侠林、王金宝、王树男、文太来、扎西吉、邓洪藻、王效荣、王新泉、邓锦涛、刘万福、刘秀政、刘志洪、兰治中、刘杰英、叶香玉、刘忠路、刘侠僧、刘鸿雁、田景福、李小平、邸世礼、吴江平、谷庆堂、李克俊、吴秉孝、吴图南、沙国政、李俊峰、李宗德、陈顺安、陈桐彬、陈盛甫、吴彬、肖温、陈道云、邵善康、何福生、李德成、李德植、李毅立、周永祥、杨永、庞林太、杨禹廷、周树生、张玲妹、张桐、周德潜、周凝敖、赵子虬、南仆、洪正福、钟钧荣、胡林、张泽芳、郝家俊、张继修、张登魁、赵裕昌、赵瑞章、顾有义、顾留馨、徐其成、徐淑贞、钱源泽、黄先清、黄伟鑫、康绍远、彭大库、曾乃梁、曾庆煌、彭良明、蒋鸿雁、潘清福、薛仪衡、戴书文。

〔3〕教练委员会名单如下。主任：张文广；副主任：李俊峰、邵善康；委员：于海、王子章、沙国政、李秉慈、陈道云、武元梅、周树生、杨振铎、钱源泽、徐毓茹、潘清福。

〔4〕裁判委员会名单如下。主任：蔡龙云；副主任：马贤达、何福生；委员：马春喜、王树田、陈昌棉、李德印、周永福、庞林太、张植彬、洪正福、成传锐。

〔5〕科研委员会名单如下。主任：温敬铭；副主任：习云泰、顾留馨；委员：门惠丰、王菊蓉、刘秀政、李士信、李天骥、谷庆堂、杨永、张泽芳、曾乃梁、谢志奎。

三个机构，分别由张文广、蔡龙云、温敬铭任主任。1982年，中国武术协会再次进行改选，黄中当选为中国武术协会第四届主席〔1〕。协会下设教练委员会〔2〕和裁判委员会〔3〕。

正是在国家体委的支持和中国武术协会的领导下，武术进入全面恢复时期，武术竞赛、学校武术、武术科研等得到了全面恢复和发展。

第一节　武术界的拨乱反正

粉碎“四人帮”后，尤其是1977年邓小平复出前后，全国上下旗帜鲜明地批评“两个凡是”。不少老同志纷纷发表文章，论述实事求是的优良作风，“拨乱反正”工作由此拉开了序幕。

从1976年底至1978年12月党的十一届三中全会召开前，体育战线和全国一样，深入揭批“四人帮”的罪行，消除“四人

〔1〕中国武术协会第四届委员名单如下。主席：黄中；副主席：王立远、王秀泉、毛伯浩、王新武、卢路、吉云祥、刘哲、谷宗勤、张文广、张今雄、徐才、温敬铭、蔡龙云；秘书长：赵双进；副秘书长：张山、李天骥；委员：卜文德、马文章、马生贵、马贤达、马春喜、马振邦、文太来、王占元、扎西吉、王侠林、王金宝、王树田、邓洪藻、王效荣、王新泉、叶香玉、邓锦涛、兰治中、刘万福、刘秀政、刘志洪、刘杰英、刘忠路、刘侠僧、刘鸿雁、田景福、李小平、邸世礼、吴江平、谷庆堂、李克俊、吴秉孝、吴图南、沙国政、李俊峰、李宗德、陈顺安、陈桐彬、陈盛甫、吴彬、肖温、陈道云、邵善康、何福生、李德成、李德植、李毅立、周永祥、杨永、庞林太、周树生、张玲妹、张桐、周德潜、周凝敖、赵子虬、南仆、洪正福、钟钧荣、胡林、张泽芳、郝家俊、张继修、张登魁、赵裕昌、赵瑞章、顾有义、顾留馨、徐其成、徐淑贞、钱源泽、黄先清、黄伟鑫、康绍远、彭大库、曾乃梁、曾庆煌、彭良明、蒋鸿雁、潘清福、薛仪衡、戴书文。

〔2〕教练委员会名单如下。主任：张文广；副主任：李俊峰、邵善康；委员：于海、沙国政、李秉慈、陈道云、武元梅、周树生、杨振铎、钱源泽、徐毓茹、潘清福。

〔3〕裁判委员会名单如下。主任：蔡龙云；副主任：马贤达、何福生；委员：马春喜、王树田、陈昌棉、李德印、周永福、庞林太、张植彬。

帮”在各领域的流毒。

1977年，国家体委武术处成立调研小组，张山任组长，成员包括李天骥、温敬铭、张文广等人。经过深入调查，调研组向领导汇报了武术界的要求和呼声：推翻“文化大革命”时期强加在武术头上的不实之词，为武术正名；平反武术界的冤假错案，为受迫害的同志落实政策；挖掘、整理、抢救武术文化遗产；重视传统武术、民间武术；改革竞赛制度等〔1〕。

1978年1月22日—30日，旨在肃清流毒、拨乱反正的“全国体育工作会议”在北京召开。这次会议预示着我国体育工作由“文化大革命”时期“以政治运动为中心”向“以业务为中心”转移，为当时的人们指明了思想方向。

1978年9月，北京市武术协会主席李光、副主席吴图南、委员刘世明和马有清“四叟”致信邓小平，建议：一、着手对北京市武术界进行清查、整顿，尽快恢复武术协会的工作；二、对于受到迫害的武术界人士平反昭雪，为有劳动力的人安排工作，对生活有困难的人予以适当帮助；三、增设群众性武术活动园地，成立武术运动的专门研究机构。

“邓小平于1978年10月3日在国务院信访室上报的此件摘报上批示：转国家体委研究。”〔2〕此后，武术事业逐步恢复和发展，全国各地武术活动日趋活跃。

1979年2月12日，国家体委隆重召开全体人员大会，宣布

〔1〕张强：《武术名师李天骥》，北京语言大学出版社，2015，第82页。
〔2〕昌沧等：《四牛武缘》，人民体育出版社，2004，第513页。2016年11月3日，作者与中国武术研究院王立峰一同到赵双进老师家中拜访。赵双进老师证实“四叟上书”确有其事。赵双进老师说，他曾专程拜访过李光和吴图南先生，当面求证过此事。

中央批准撤销命令的通知。至此，在“文化大革命”中遭受严重破坏的体育组织体系及其功能开始恢复，体育的大发展、大繁荣由此拉开了序幕。

第二节 武术观摩交流大会的举办及武术遗产挖掘、整理工作的启动

粉碎“四人帮”后，尤其是 1978 年底党的十一届三中全会以后,人们开始冲破思想的禁锢,一个解放思想的高潮即将到来。

一、完成《对当前武术运动中存在的问题及今后意见的调查报告》

“文化大革命”结束后，武术工作重新得到了党和国家领导人的高度重视。

1979 年 2 月 28 日—4 月 9 日，国家体委武术处召集组成调研组，兵分两路，开始对 13 个省、自治区、直辖市进行调研。其中，第一组由赵双进率领，成员有刘万福（天津体育学院）、王培锟（上海体育学院）、梁仕丰（广州体育学院）、张大勇（福建武术队）、幸玉堂（云南）、田苏东（农业电影制片厂），主要负责广东、福建、浙江、上海、江苏、江西等六省市的调研工作。第二组由门惠丰率领，成员有潘东来（国家体委武术处）、张继修（哈尔滨）、李秉慈（北京）、李毅立（四川）等，主要负责华中、华北及西北地区的调研工作。

经过调研，大家普遍认为，要摆正武术的位置。1979 年 4 月

28日，在调研基础上撰写的《对当前武术运动中存在的问题及今后意见的调查报告》[1]完成。该调查报告共包括“国家体委下发的《关于挖掘、整理武术遗产的通知》在武术界产生了积极的影响”“对传统武术的初步了解”“在挖掘、整理中遇到的问题”和“几点建议”四个部分。其中，所提建议共三条：一是应抓紧对武术遗产的挖掘、整理工作；二是采取积极措施为武术工作者落实政策；三是抓紧出版武术书籍等。

二、全国武术遗产挖掘、整理工作的启动

武术属于非物质文化遗产的技艺类范畴，要靠武术传人来继承与发展。1952年成立的中华全国体育总会，对武术的挖掘、整理工作就被提到了当时的议事日程，并受到贺龙的重视。中华人民共和国成立初期，已知道的武术拳术有200种，器械有400种[2]。20世纪60年代初，各地体委也组织过武术挖掘、整理方面的工作，有的地区甚至指派专门机构和人员参与此事。历经“文化大革命”，摸清武术的家底成为武术界的强烈愿望。十一届三中全会以后，多年来被忽视的武术遗产挖掘、整理工作，被重新提上了议事日程。

1979年1月，国家体委下发了《关于挖掘、整理武术遗产的通知》，由此拉开了挖掘、整理武术遗产的序幕。1979年春，国家体委组织武术调查组，分赴山西、陕西、四川、河北等13个省、自治区、直辖市，进行了广泛的考察。5月，围绕着武术

---

〔1〕赵双进：《无痕的足迹》（未刊行本），第45～51页。
〔2〕朱德宝：《加强武术的整理研究》，《新体育》1956年第21期。

的挖掘、整理，在广西南宁举行了全国首届武术观摩交流大会。

调查发现，传统武术传承人存在年龄偏大的实际情况。从18个省、自治区、直辖市体委对老拳师的初步调查结果来看，60岁以上的老拳师有349名，其中超过70岁的占62%，超过80岁的有49人，超过90岁的有7人[1]。河北省的戳脚名家刘景山，在粉碎“四人帮”后，以75岁的高龄参加了保定地区的武术表演。正当当地体委组织人员对他所掌握的戳脚进行挖掘、整理时，他竟猝然病故。当时这种“人去艺绝”的现象各地都有，武术挖掘、整理工作迫在眉睫。

1982年对武术来说是非常重要的一年。12月，国家体委召开了中华人民共和国成立以来的第一次全国武术工作会议，来自全国各地体委、武术协会、体育学院等单位的新老武术工作者和特邀老武术家共376人出席了会议[2]。会议总结了中华人民共和国成立以来武术在发展过程中取得的进展与成就，并提出根据现在新形势的需求，整合全国各地的武术工作人员，在完成挖掘传统武术、整理文化遗产紧迫任务的同时，积极弘扬与发展武术。国家体委也成立了相应的武术挖掘、整理领导小组，负责全国的武术挖掘、整理工作，随后全国各省、自治区、直辖市及相应的下属单位也都成立了武术挖掘、整理部门，负责本地区的武术挖掘、整理工作。

---

〔1〕武述文：《试论武术遗产的挖掘整理》，《中华武术》1982年第1期。
〔2〕中国体育年鉴编辑委员会：《中国体育年鉴（1982）》，人民体育出版社，1985，第719页。

三、首届全国武术观摩交流大会的举办

国家体委组织的武术调研活动既考察了武术运动的现状，又对地方体委贯彻落实《关于挖掘、整理武术遗产的通知》的情况进行了督促检查，更是对全国武术观摩交流大会的一次推动。令人高兴的是，调研组所到之处，各地体委均积极配合，指派专人陪同寻找、拜访“退隐山林”的武林人士。经过耐心动员、详细阐明政策，武术家们十分高兴，纷纷表示愿意参加5月的南宁盛会。

（一）举办首届全国武术观摩交流大会

1979 年 5 月 9 日—15 日，首届“全国武术观摩交流大会”在广西南宁举行。这次大会是 1953 年在天津举行的全国民族形式体育表演及竞技大会以来规模最大的一次传统武术盛会。

这次观摩交流大会共有来自全国各省、自治区、直辖市和香港、澳门地区 31 个队的 278 名（男 268 名、女 10 名）运动员及特邀代表〔1〕参加。在这次大会上，北京体育学院、武汉体育学院、浙江省体委三个技击试点单位做了武术对抗性运动项目的表演。蔡龙云为总评判长。大会不但对男女运动员分一、二、三等奖给予了奖励，还给特邀代表团体〔2〕和个人颁发了纪念奖〔3〕。

参加本次武术观摩交流大会的表演者大部分是来自民间的武

〔1〕中国体育年鉴编辑委员会:《中国体育年鉴（1979）》, 人民体育出版社，1981，第 701 页。

〔2〕三个特邀代表团体为北京体育学院、武汉体育学院、浙江省体委代表团。其中，北京体育学院的教练员为朱瑞琪、夏柏华，表演者为刘增生、马雷、李太良、高美涧、马越、张亚东、杨玉峰、陆建民；武汉体育学院表演者为刘玉华、曾于久、周德华、温力、温庄、马志富；浙江省教练员为王信得，表演者为陈增康、丁德魁、石增新、陈国荣、胡国强、宋根友、楼容利、周小浒、胡妙根。

〔3〕中国体育年鉴编辑委员会：《中国体育年鉴（1979）》，人民体育出版社，1981，第 701 ～ 704 页。

术锻炼者，有习武数十载的老拳师，也有初出茅庐的年轻人，其中年龄最大的94岁，最小的16岁，70岁以上的占10%。我国传统武术的大部分门派和具有地方特色的拳种大都有人参会表演。据统计，参加表演的传统拳术249项，器械套路197项[1]。如黑龙江老人刘志清的龙行刀[2]、山西大学陈盛甫教授的鞭杆、宁夏马振武的十八罗汉拳、上海胡汉平的武松脱铐拳、四川肖应鹏的猴拳、少林寺还俗和尚杨聚才的小红拳、上海体育学院学生崔鲁艺的双手带等。

引人注目的是，正在试点的散手和短兵项目也进行了表演。北京体育学院张文广带队的散手表演一出场便赢得了阵阵掌声。运动员身穿棒球运动员的护具，手戴拳击手套，腿上绑着足球护腿。虽然看上去不伦不类，但是它让大家看到了恢复武术技击属性的希望。浙江武术队则展示了新颖、实用的散手训练。浙江省武术散手队由教练陈顺安指导工信德和他带领的"小虎队"在本次观摩大会上做了精彩表演。

在这次观摩交流大会上，张山认真听取了各方面的意见并进行了整理[3]：一是对武术运动的继承和发展，不同的人有不同的看法。有些武术爱好者对专业武术舞蹈化、体操化的倾向持反对意见；而一些专业工作者则认为传统的东西太原始，精华已经被吸收了，没有什么可挖掘的了。二是对技击运动的开展有异议。一种意见认为，技击运动太野蛮，如果开展则会影响社会治安；

---

〔1〕赵双进：《无痕的足迹》（未刊行本），第53页。

〔2〕黑龙江哈尔滨拳师刘志清在大会上表演的龙行刀获一等奖。

〔3〕张山把思考的这些问题和建议整理成《认真挖掘、整理武术遗产》汇报给国家体委领导，引起他们的重视。这篇文章也被全文登载在国家体委编发的1979年第15期《体育工作情况反映》上，其中的许多建议都在后来的武术管理工作中被采纳。

另一种意见认为，技击是武术的本质特点，应当继承下来。三是与会者对一部分气功、硬功的意见分歧较大。有的说是杂技，不属于武术；有的认为是江湖骗术，不值得提倡；有的认为这是文化遗产，是一种气力训练方法，应当认真进行科学研究。四是武术界的门户之见，保守思想有所抬头。同门之间争夺正宗，相互诋毁。在技术上，固守旧观念，没有技术创新。

张山和同事们对上述问题进行了认真总结，在此基础上提出了需要着重做好的五项工作：一是各地应尽快建立起武术协会。把有一技之长的老拳师集中起来，充分发挥他们的作用，研究整理武术遗产。同时采用武术辅导站等形式解决生活困难的拳师的生活问题。二是加强现有武术专业队的建设。逐步培养既有武术高超技艺，又懂武术理论的专门人才，为挖掘、整理、继承武术服务。三是改革比赛办法。除举办专业性武术比赛外，还应当举办武术观摩交流活动，以推动传统武术的发展。四是加强科研工作。要配合有关部门对气功、硬功等进行研究，在没有确切的证据之前，不要轻易地否定某些功法。有条件的地区可进行技击运动的研究工作，条件成熟后再考虑组织国内外的交流活动。五是各地要有计划地出版一些武术书籍，特别是本地流行的拳种和器械套路。

（二）全国武术观摩交流大会期间的三个小插曲

1. 许世友会见梁以全

全国武术观摩交流大会引起各省、自治区、直辖市的高度重视，河南省自然也不例外。他们组成了以高久良为领队，梁以全、杨聚才、陈小旺、朱天才为特邀代表，卜文德、顾伯泉、李尊三、霍桐枫、李福堂、马爱民、马春山、任成功为表演者的代表团奔赴南宁。

广州军区司令员许世友应邀参加了广西南宁的全国武术观摩交流大会，当他看到梁以全表演少林大红拳时，格外兴奋。随后他接见了梁以全，向他了解少林武术的现状。

当许世友问“少林寺有没有拳谱”时，梁以全说目前还没有，自己正在搞挖掘、整理工作，准备编写少林拳谱，许世友将军非常高兴。他说：“挖掘、整理这个工作应当搞，不能叫少林拳失传，这可是老祖宗留下来的宝贝呵！”[1]

梁以全的精彩表演、许世友将军的亲切接见，向人们展示着武术的春天就要到来了。

2. 陈立清自费求表演

陈立清是河南陈式太极拳传人，自幼习武，后来在西安一所中学当体育教师。当她听说陕西正在为参加全国武术观摩交流大会选拔运动员时，便兴致勃勃地前去报名，但组织者考虑到她的年龄偏大，眼睛又不太好，便没有选她。陈立清不甘心如此放弃，就下决心到现场去。于是她向学校预支了一个月的工资，并变卖了自己上班的唯一交通工具自行车，带着自己的春秋大刀、干粮，风尘仆仆地赶到了南宁。

陕西领队刘侠僧知道后，找到陈立清，希望她回去，不要给大会增添麻烦，但是陈立清坚决不听。后来在陈立清的熟人、河南裁判孙文臣的帮助下，找到了自己的同学、大会组委会委员之

---

〔1〕赵连祥：《少林宗师——中国当代十大武术名师梁以全》，河南人民出版社，2004，第229～230页。

一的张山。张山得知此事后，为慎重起见，约见了陈立清。陈立清对武术的热爱深深地打动了张山，经大会组委会研究决定特批老人参加比赛，还安排了老人的食宿。

陈立清如愿以偿，在交流会上表演了自己拿手的陈式太极拳老架和春秋大刀，受到观众的热烈欢迎，且打动了裁判，还评上了特别奖。后来，陈立清还随中国武术代表团访问了日本。

3.“轻功奇人”现形记

这次大会上还有一个项目不得不提，那便是硬气功。北京侯树英的头撞石碑、刘海亭的项缠钢筋、广州朱标的手指破石、广西柳州的银枪刺喉、浙江的钉板开石、湖南的腹卧钢叉等均在观摩交流大会上进行了展示。但随后的一件事，使得武术界对硬气功有了较为清醒的认识。

张山在北京时，山东的一位武术教练跟他说本省有一位久练轻功的人，站在磅秤上，可以使自己的体重减轻，状态好时还可以用铁钩子钩住他的鼻子把他吊起来。于是张山便决定邀请他到南宁表演，并负责他的旅宿费用。在南宁，测试活动由张山主持，参与测试者还有毛伯浩、李天骥等。受试者站在校正好的磅秤上，来回拨弄磅秤 10 多分钟，毫无效果。受试者神态紧张，在磅秤上跺脚，但是体重一点儿没减。最后，张山做出决定，让受试者背对磅秤，不允许接触磅秤的任何地方，又过了半个小时，他的体重还是一点儿没减。此事对张山震动特别大，也提示在以后的武术挖掘、整理工作中，要注意坚持实事求是的原则，防止弄虚作假。

观摩交流大会后，北京新闻纪录电影制片厂拍摄了一部《神功异彩》的新闻片（王菊蓉任拍摄顾问）。首届全国武术观摩交流大会的一部分表演者还组成了进京表演团，在首都体育馆和东单体育场进行了两场表演，进一步宣传了武术项目。

首届全国武术观摩交流大会后，国家体委决定每年举办一次全国武术观摩交流大会。根据这一决定，1980—1986年，先后在太原、沈阳、西安等地举办了七次全国武术观摩交流大会。七次大会规模都比较大，参演的项目也比较多，极大地调动了广大武术工作者的积极性，促进了武术的挖掘、整理工作。

四、1980年全国武术工作座谈会的召开〔1〕

1978年全国体育工作会议上，因为武术是非奥运会项目，于是决定1983年全运会武术不作为正式竞赛项目，只是作为表演项目出现。此消息一出，立即引起了基层的不满。为此，体委领导让武术处做好解释工作。这直接促成了全国武术工作座谈会的召开，因为这样不但可以集中向大家做解释，而且可以通过会议反映基层的意见，有利于体委领导了解武术工作者和专家的意见。

1980年4月14日—23日，全国武术工作座谈会在北京召开，全国政协常委赵君迈及上海的顾留馨、邵善康，天津的郝家俊，云南的何福生，浙江的陈顺安，安徽的徐淑贞，河北的武元梅，宁夏的王新武，北京体育学院的张文广、成传锐、门惠丰，北京的姚宗勋，上海体育学院的蔡龙云，武汉体育学院的温敬铭，山西大学的陈盛甫，西安体育学院的马贤达等参加了会议。另外，国家体委武术处的毛伯浩、李天骥和体委政策研究室的干部也参加了这次会议（图4–1）。

〔1〕昌沧等：《四牛武缘》，人民体育出版社，2004，第525～529页。

图 4-1　1980 年 4 月 21 日全国武术工作座谈会留影

与会代表进行了热烈的讨论，除了在不同的场合反复要求在下届全运会恢复武术项目比赛外，还主要反映了如下六个方面的内容：一是要为武术运动正名。二是要抢救武术文化遗产，深入开展挖掘、整理工作，以达到继承发展、推陈出新的目的。三是对武术套路各种形式的比赛都要首先进行充实、完善、提高。四是对散手项目积极稳妥地开展实验。五是加强武术的国际交流。六是建立相应的武术管理和研究机构。

座谈会即将结束时，荣高棠、李梦华参加了代表们的座谈，在详细听取了代表们的意见后，他们提出：第一，表演是一种广义的武术比赛，并不是不要武术比赛了。第二，武术挖掘、整理工作是燃眉之急，必须抓紧搞好，否则我们将成为历史的罪人。第三，武术对外推广工作形势逼人，要将其列入武术处的工作日程，让武术真正发扬光大。第四，武术发展要坚持“两条腿走路”，搞好武术散手的试点工作。第五，建议在适当的时候召开一次规模更大、范围更广的全国武术工作会议，进一步总结经验，认清形势，明确任务，让武术运动更健康地发展。

这次座谈会后，张山大胆设想，在武术未改为全国正式比赛之前，可以在"武术表演"后面加上一个"赛"字成为"武术表演赛"。他的这一想法得到了领导的支持。1980—1983 年的全国性武术表演大会规程中，都在"武术表演"后面加上了"赛"字，同时增加了比赛项目。如此处理，不但为各省、自治区、直辖市武术选手拓展了发展空间，而且对业余体校的武术班乃至群众性武术活动的开展等都起到了积极的作用。

第三节　武术竞赛活动的开展

在武术套路竞赛活动有条不紊地向前推进的同时，武术散手运动亦在酝酿之中。1979 年，国家体委开始武术对抗项目试点后，武术散手更是逐渐走进人们的视野，并逐渐发展成为一项新的武术竞赛项目。

一、第一届全国武术比赛的举办

1977 年 8 月 1 日—12 日，"文化大革命"以后的第一届全国武术比赛在内蒙古自治区临河举行。共有北京、上海等 27 个省、自治区、直辖市和北京体育学院等单位的 438 名（男 219 名、女 219 名）运动员和 23 名特邀代表参加。吕凤翔为总裁判长，张文广、黄伟鑫、刘恩绶则担任了副总裁判长[1]。

这次比赛采用最新修订的武术竞赛规则进行评判，为更好地执行规则，使比赛更加公平、合理，裁判员采用了深入各队、观看训练、进行试评的方法，为正式比赛评分奠定了基础。张文广当时也到各队去观摩，了解情况。当他看到甘肃队有几个运动员套路演练时间掌握不好、个别运动员定势不稳的情况后，便向甘肃队领队和教练提出来，在一起研究补救办法，并找到山东队帮忙。山东队的教练爽快地答应了，并利用休息时间帮助甘肃队迅速解决了存在的问题[2]。

大会进行了集体项目、对练、长拳、刀术、枪术等项目的竞赛活动。但比赛较为混乱，有的项目分甲、乙组（如长拳、刀、枪、剑、棍等），有的项目不分（如太极拳和南拳）；有的项目分男女组（如长拳、其他单练拳种、其他单练器械），有的项目不分（如刀、剑）。另外，比赛还没有脱离当时的时代背景，还搞了不少大批判[3]。尽管如此，“运动员们发挥出色，尤其是年轻运动员在成长，无论是套路内容，还是动作的质量以及表演的风格，都达到了一个新的水平。”[4]其中，比较突出的有浙江胡坚强和陕西赵长军的地躺拳、北京队李霞的长穗剑和郝志华的双刀、宁夏队李小平的双鞭、浙江队张小燕的双剑、山东队杨小华的长穗剑等，风格别致，令人耳目一新。北京队李连杰、吕

〔1〕中国体育年鉴编辑委员会：《中国体育年鉴（1977）》，人民体育出版社，1982，第511～514页。在这次比赛中，李连杰夺得甲组男子长拳冠军、刀术冠军，王华锋的劈挂拳夺得乙组男子其他单练拳种冠军，刘玉萍的通臂拳夺得乙组女子其他单练拳种冠军。
〔2〕张文广：《我的武术生涯》，北京体育大学出版社，2002，第172页。
〔3〕张文广：《我的武术生涯》，北京体育大学出版社，2002，第170页。
〔4〕张文广：《我的武术生涯》，北京体育大学出版社，2002，第172页。

燕和喻绍文的空手进双枪，山西队魏补全、巩铁练、张小燕的双匕首进枪等对练项目引人入胜。另外，刚刚发展起来的集体项目，如北京队的集体拳、陕西队的集体剑等都表现出了较高的水平，获得了很高的分数。

二、令张文广“心情最好”的两届武术比赛

（一）1978年的北京武术邀请赛

1978年4月15日—20日，张文广“当总裁判长以来心情最好的一次”[1]武术比赛——北京武术邀请赛在北京举行。

参加这次邀请赛的有广东、山东、山西等11个省、自治区、直辖市的150名左右男女运动员。另外，还有来自北京体育学院、成都体育学院、西安体育学院、上海师范大学体育系、山西大学体育系等高等院校的师生及大寨大队的武术运动员。

这次邀请赛涌现出一批年轻的优秀运动员，出现了一些新的武术套路。如北京李连杰、陕西张仙萍的长拳，浙江程爱萍、上海施美林的太极拳，广东周文超的南拳和陕西白文祥的翻子拳。北京李霞、安徽白燕侠的自选拳，北京李连杰、陕西赵长军的自选刀术，上海俞吉远的自选枪术，以及北京队的空手夺刀、陕西队的三人对打拳、山东队的三节棍对棍等对练项目，均体现出了浓郁的武术风格和特点。另外，不少运动员在单个和组合武术技术动作上都有所创新，如腾空双腿后踢、侧空翻接劈叉、腾空旋风脚接坐盘等都有一定程度的创新和提高。

更为重要的是，为落实周恩来生前对裁判工作“严肃认真、

---

〔1〕张文广：《我的武术生涯》，北京体育大学出版社，2002，第174页。

公正准确”的指示，这次邀请赛对武术裁判员明确地提出了“四熟悉”“五多”“八个一样”的要求[1]。

“四熟悉”是指：熟悉规程，熟悉规则，熟悉项目，熟悉运动员。

“五多”是指：多学规则，背熟条文；多看运动员练习；多议规则精神和裁判法；多练记分、算分、举分和记时等操作方法；多想问题，深入理解规则精神实质。

“八个一样”是指：本地区和其他地区的运动员评分标准一样；熟悉的和不熟悉的运动员评分标准一样；名手、老手、新手的评分标准一样；强队和弱队评分标准一样；个人喜欢的项目和不喜欢的项目评分标准一样；不同场次和不同条件下评分标准一样；出场先后的运动员评分标准一样；有观众掌声和没有观众掌声的情况下评分标准一样。

“四熟悉”“五多”和“八个一样”的提出和贯彻执行，不但提高了当时的裁判水平，保证了比赛的顺利进行，而且为以后裁判队伍素质的提高奠定了良好的基础。

（二）1978 年的全国武术比赛

1978 年 10 月 15 日—29 日，在湖南湘潭举行的由 29 个单位 343 名（男 171 名、女 172 名）运动员和 32 名特邀代表参加的全国武术比赛上，张文广担任总裁判长，蔡龙云、马贤达、黄先清担任副总裁判长。此次比赛分甲、乙组进行，分别有甲组男子个人全能、规定拳、自选拳、自选刀、自选枪、自选剑、自选棍、南拳和甲组女子个人全能、太极拳、其他单练拳术项目的比赛，

---

[1] 张文广：《我的武术生涯》，北京体育大学出版社，2002，第 175 页。

以及乙组相关项目的竞赛[1]。

这次大会既有比赛，又有学术报告会，对科研和训练竞赛的有机结合模式进行了探索。更为重要的是，这次比赛最突出的亮点是冲破禁区，挖掘、整理传统武术项目。其中，“冲破禁区”是指为武术的攻防技术开了“绿灯”。大会对目前开展的长拳运动进行了实事求是的评价，既肯定了它的成绩，又指出了它自身存在的局限性。大会最后确定从长拳入手，增加攻防技术内容，为以后散打运动的试点工作进行了有益的探索；“挖掘、整理传统体育项目”是指本次大会还专门组织了调研组对流传于全国各地的传统武术拳种进行了摸底调查，从而为 20 世纪 80 年代的武术挖掘、整理工作奠定了基础。

三、竞技武术套路的继续发展

1978 年的中国竞技武术界高手如云，北京、山西、陕西、山东等强队林立。为寻得自己的立足之地，一些省、自治区、直辖市武术队开始走特色发展之路。如河南省武术队有太极拳发源地这种得天独厚的优势，他们通过充分调研，最终确定了“主攻太极拳，以太极拳方向为突破口，以点带面，全面开始”[2]的建队方向，并很快取得了成效，于 1981 年 10 月在福建福州举办的全国武术比赛上实现了冠军零的突破，河南省著名太极拳运动员

〔1〕中国体育年鉴编辑委员会：《中国体育年鉴（1978）》，人民体育出版社，1981，第 514 ～ 517 页。在该次比赛上，李连杰、赵长军、李志洲分获男子甲组个人全能前三名。李霞、张仙萍、张小燕分获女子甲组全能前三名。高美润代表北京体育学院获得乙组规定拳术冠军。

〔2〕乔晓芸：《尚武精神》，东北师范大学出版社，2019，第 60 页。

丁杰获得冠军[1]。

1979 年 9 月 15 日—30 日，第四届全国运动会在北京举行。比赛项目中成年组有 34 项，少年组有 2 项，武术是成年组竞赛项目之一[2]。武术比赛于 17 日—28 日在石家庄举行。来自北京、上海、天津等省、自治区、直辖市的 336 名（男 168 名、女 168 名）运动员参加了比赛。张文广担任总裁判长，蔡龙云、马贤达、王菊蓉、樊佩林为副总裁判长。大会进行了男子全能、规定拳术、自选拳、自选刀、自选枪、自选剑、自选棍、南拳、传统拳术、传统器械、对练比赛，女子全能、规定拳术、自选拳、自选刀、自选枪、自选剑、自选棍、传统拳术、传统器械比赛及集体项目、太极拳等项目的竞赛。[3]

1979 年，国家体委公布、实施了修改后的《武术竞赛规则》（以下简称《规则》），对武术比赛套路的内容、规格、组别、时间等做了明确的规定。其后，根据竞技武术套路比赛的实际情况，《规则》又进行了必要的调整和修改。随着竞技武术套路的发展、比赛的增多，武术裁判队伍也逐渐壮大起来。1979 年，恢复和新批准的国家级武术裁判由 1959 年的 1 人增至 11

---

〔1〕丁杰：河南商丘人，1977 年进入河南省武术队，专精陈式太极拳，在乔熛、陈小旺、陈正雷的指导下，于 1981 年获得全国武术表演赛冠军。随后，丁杰又先后在 1982 年全国武术表演赛、1983 年第五届全运会武术表演赛、1986 年第二届国际武术邀请赛、首届亚洲武术锦标赛等赛事中获得太极拳冠军。1990 年全国太极拳剑比赛获奖后，丁杰退役，与日本姑娘二春千里喜结良缘，定居日本并传授太极拳。在丁杰之后，河南省武术队的王二平又崭露头角，获得了众多的武术比赛桂冠。

〔2〕武术除在 1965 年和 1983 年举行的第二届和第五届全运会被列为表演项目外，在其他各届全运会均为正式竞赛项目。

〔3〕中国体育年鉴编辑委员会：《中国体育年鉴（1978）》，人民体育出版社，1981，第 231 ~ 234 页。男子全能前六名分别为北京李连杰、北京王建军、北京李志洲、陕西赵长军、江苏王金宝、浙江胡坚强，女子全能前六名分别为山西王冬莲、北京李霞、陕西张仙萍、浙江张小燕、山西栗小平、陕西楚凤莲。

人[1]；1980年又批准了14人[2]；到了1984年，国家级武术裁判增加至82名[3]。

这里有一个小的插曲。20世纪70年代末80年代初，社会上对武术的批判声音较多，主要是说国家体委在武术上搞“一花独放”，压制技击的开展。在这种社会压力下，国家体委决定取消武术比赛，改成表演。这一决定立刻引起了武术界的震动。1980年1月11日，湖南的潘清福，北京的李俊峰，云南的何福生、任继华，江苏的钱源泽五位武术教练员联名给国家体委有关领导写信，提出六条建议。其中的第五条写道：“奥运会的项目必须搞，而且要全力搞好，它关系到我国的声誉，意义是非常重大的。

〔1〕11人分别为张文广、何福生、沙国政、温敬铭、马贤达、潘清福、邵善康、李天骥、蔡龙云、顾留馨、王菊蓉。张文广同时还是国家级摔跤裁判（当时全国仅4人），而被称为“拳王”的蒋浩泉为国家级跳水裁判（当时仅11人）。详见中国体育年鉴编辑委员会：《中国体育年鉴（1979）》，人民体育出版社，1981，第809、815、905页。

〔2〕14人分别为陈家珍、孟昭祥、李德印、张继修、于立光、王新武、张桐、安天荣、徐淑贞（女）、陈盛甫、全汝忠、成传锐、夏柏华、刘万福。同年还发展一级教练员1人、三级教练员4人。详见中国体育年鉴编辑委员会：《中国体育年鉴（1980）》，人民体育出版社，1983，第704、707～709页。

〔3〕82名国家级武术裁判中，北京有14名，分别为张文广、李天骥、陈家珍、孟昭祥、成传锐、夏柏华、李德印、李士信、门惠丰、谢志奎、程慧琨（女）、李秉慈、齐海、齐谋业；上海有10名，分别为蔡龙云、邵善康、王菊蓉（女）、顾留馨、王培锟、邱丕相、蔡鸿祥、沈荣渭、周元龙、何伟琪（女）；陕西有5名，分别为马贤达、张桐、耿鸿鹏、楚聚才、乌树堂；山东有4名，分别为周永福、王新泉、马德友、王启增；湖北有4名，分别为温敬铭、安天荣、刘玉华（女）、容曰友；河北有3名，分别为刘鸿雁、王志华、武淑清（女）；江苏有3名，分别为黄伟鑫、孙荣益、李振林；福建有3名，分别为洪正福、曾乃梁、许金民；四川有3名，分别为王树田、邹德发、李毅立；黑龙江有3名，分别为张继修、于立光、张植彬；云南有3名，分别为何福生、沙国政、全汝忠；山西有3名，分别为陈盛甫、张希贵、武元梅（女）；吉林有3名，分别为孙生亭、赵林燕（女）、高正谊；浙江有3名，分别为彭良明、凌耀华、吴忠农；广西有3名，分别为周树生、赵裕昌、潘淑仪（女）；天津有2名，分别为刘万福、潘清福；辽宁有2名，分别为高振财、穆秀杰；安徽有2名，分别为徐淑贞（女）、龚传仁；河南有2名，分别为顾有义、刘善民；青海有1名，冶国福；新疆有1名，方汝辑；宁夏有1名，王新武；江西有1名，张炎生；甘肃有1名，张淑霞（女）；湖南有1名，卢秀兰（女）；广东有1名，陈昌棉。（范广升：《我国现有多少武术国家级裁判？》，《中华武术》1985年第2期）

但是一年一度的武术比赛和观摩交流大会也必须坚持。特别是历届全运会上都应有武术参加，否则，如果一个国家举行的大型运动会上没有本国的传统项目，光是围绕着奥运会拿金牌的话，那就太不全面了，甚至有失国体，有负国内外的众望。武术既然是中国的国宝，那么就不能用一般的体育眼光看待它，就必须突出它的特点，给予应有的地位。听说第五届全运会上取消了武术，我们认为不符合国内外的需要。它造成的影响是很大的，不仅影响国内，而且影响国外。从这个意义上讲，第五届全运会上要不要武术也有国际影响的问题。因此我们建议还是维持与前四届一样，都有武术参加为好。”〔1〕五位教练员的联名信说出了武术教练员们的心声，受到了国家体委领导重视。

1987 年 11 月 20 日—12 月 5 日，第六届全国运动会在广东举行，大会设有 44 个比赛项目（其中 27 个奥运会项目）和 3 个表演项目，武术是竞赛项目之一。本次全运会武术比赛有预赛，于 1987 年 6 月 3 日—10 日在杭州举行。随后的 11 月 21 日—24 日在广东东莞举行了全运会武术比赛。比赛分男女组，分别进行了自选长拳、太极拳、南拳、自选刀、自选枪、自选剑、自选棍、对练的竞赛。〔2〕

四、武术对抗项目的试点与发展

党的十一届三中全会以后，改革开放的春风吹遍中国大地，

---

〔1〕赵双进：《无痕的足迹》（未刊行本），第 7 ～ 8 页。
〔2〕国家体委：《中国体育年鉴（1988）》，人民体育出版社，1991，第 384、460、462 页。

中国所处的国际环境得到改善[1]，中华全国体育总会与国际奥委会进入“对接”阶段（1979 年以后）。1980 年 3 月，国家体委下发了经国务院批准的《国家体委关于加速提高体育运动技术水平的几个问题的请示报告》，奥林匹克运动在中国进入了全面发展期。

就武术而言，在发展竞技武术套路的同时，在“实践是检验真理的唯一标准”的社会氛围里，在“积极稳妥”方针指导下，武术的技击问题开始受到人们的重视。

1978 年 9 月 19 日，全国人大常委会副委员长廖承志在接见日本少林拳法联盟创始人宗道臣时，与陪同的国家体委副主任、主管武术工作的李梦华谈论了武术的发展问题[2]。廖承志谈到武术的现状，他和李梦华都认为，武术不能仅为表演，应当有对抗项目。这次谈话使李梦华受到了极大的震动。

1978 年 10 月 4 日，从未接触过武术的国家体委副主任于步血也谈起了武术，他说：“武术，第一是单调；第二要断种。现在老的还有多少？不能这样下去，要研究研究！”[3]就在这一天，国务院办公室转来了邓小平亲笔批示“转国家体委研究”的李光、吴图南、马有清、刘世明“四叟”的信，反映国家体委在武术上搞“一花独放”的问题，引起了国家体委领导层的重视。

武术的内涵是技击，武术具有技击性是武术存在的核心价值。

---

〔1〕1979 年 1 月 1 日，中国和美国正式建交。1979 年 10 月 25 日，国际奥委会执委会在日本名古屋通过决议，恢复中国在国际奥委会的合法席位，从此中国全面走向国际赛场。1982 年，中国选手在第 9 届亚运会上获得 61 枚金牌，赢得金牌数和奖牌总数第一，中国从此成为竞技体育亚洲强国。

〔2〕赵双进：《无痕的足迹》（未刊行本），第 6 页。

〔3〕赵双进：《无痕的足迹》（未刊行本），第 6 ～ 7 页。

但长期以来，武术的技击性并没有受到人们的普遍重视。受制于当时的社会环境，虽然武术的技击性得到了认同，武术对抗性运动开展起来了，但武术的技击性运动没有在全国范围内得到大力推广和全面开展，为此，武术改革丧失了一次机会，但“舞对合毂”的套路和散打从此一分为二，走向了彼此独立发展的道路。

（一）武术散手试点的开始

在改革开放的社会环境中，思想活跃的武术界开始为恢复武术技击而努力。

1979 年，国家体委副主任李梦华在武术座谈会上明确指出：“散手运动可以小范围试点，但一定要把握‘安全第一、积极稳妥’的原则。”随即，上级有关部门责成北京体育学院[1]、武汉体育学院和浙江省体委加强武术技击技术方面的研究试点。同年元旦，张山即与河北的翟金生南下广东，观看粤、港搏击表演赛，录制现场比赛资料，从香港队教练梁克明那里详细了解了裁判方法、规则、训练材料等事项。

1980 年 10 月，国家体委调集试点单位的有关人员开始拟定《武术散手竞赛规则》（征求意见稿）。通过实验修改，1982 年 1 月制定了《武术散手竞赛规则》（初稿），并且按照此规则在北京工人体育馆举行了首届“全国武术对抗项目表演赛”，全国近 20 个省、自治区、直辖市派队参加了比赛。散手运动在全国如火如荼地开展起来。

---

〔1〕张文广负责散手，夏柏华负责短兵。

（二）《散手拳法》的撰写

随着散手运动的发展，这一运动日益得到武术界同行及广大武术运动员、爱好者的认可，但要使它成为一个技击项目还缺乏系统的挖掘、研究和整理。张文广觉得“应该把它整理编写出来，形成文字的东西，继承祖国武术文化遗产，让广大武术运动员、爱好者能够更快、更好地来学习和掌握这一运动项目的技术、特点及技击方法”[1]，为此他开始着手编撰《散手拳法》一书。

张文广力求将该书“写成具有攻防格斗的特点，具有生活的实践性和广泛的适应性的武术专业书籍”[2]，为达到这一撰写目的，他总结了长拳、查拳、形意拳等套路的技击方法及拳击、摔跤、击剑、擒拿、短兵的技术方法，并结合自己在教学训练和比赛方面的心得体会，着重介绍了拳法、摔法、刺法、拳法对练、夺匕首等技术及散手拳法的战术、教学与训练等内容。1982年，该书编写完成。

《散手拳法》编写完成后，为验证该书的效果，张文广还在北京体育学院1978级武术研究生班、1977级武术专选班和散打队中进行了实验，《散手拳法》受到广泛的好评，该书还获得北京体育学院的科研成果一等奖。

（三）太极推手运动的试点

1978年，当国家体委决定开展武术对抗项目时，太极推手也同散手一起被纳入发展计划之中。本着“积极稳妥”的方针，太

---

〔1〕张文广：《我的武术生涯》，北京体育大学出版社，2002，第242页。
〔2〕张文广：《我的武术生涯》，北京体育大学出版社，2002，第242页。

极推手在上海、浙江和黑龙江等地进行了试点。1979年，国家体委武术处邀请30多位专家研究制定了第一部《太极拳推手竞赛暂行规则》。

在太极拳推手试点的基础上，1979年和1980年，太极拳推手分别在南宁和太原举办的全国武术观摩交流大会上进行了表演。1981年，在沈阳举办的第三届全国武术观摩交流大会上，按照《太极拳推手竞赛暂行规则》进行了太极拳推手竞技表演赛。

随着太极拳推手运动的试点、逐步开展，1982年，在北京又专门召开会议对太极拳推手竞赛规则进行了修订，并于同年11月在北京举行了首届全国武术对抗项目（散手、太极拳推手）表演赛。

（四）武术短兵的试点

1979年，与散手、太极拳推手一道，武术短兵也开始了试点工作。1979年的广西南宁全国武术观摩交流大会、1980年的山西太原全国武术观摩交流大会、1981年的辽宁沈阳全国武术观摩交流大会上以北京体育学院张文广为首，由朱瑞琪指导，马越、马雷、王玉龙等组成的短兵队进行了表演，受到武术界的好评。另外，在沈阳全国武术观摩交流大会上，武汉体育学院以温敬铭为首的短兵队，由温力、温庄两兄弟进行了表演，收到较好的宣传、表演效果。

第四节　武术教育与武术科研的逐步恢复

1977年8月8日，邓小平主持召开科学与教育工作座谈会时指出：要重视中小学教育，“关键是教材，教材要反映出现代科学文化的先进水平，同时要符合我国的实际情况。”〔1〕为了响应邓小平的号召，1977年9月，教育部组成了以副部长浦通修为组长的“教材编审领导小组”，组织编写中小学各科全国通用的大纲和教材，其中，苏竞存、叶恭绍为中小学体育教材顾问。

1978年3月，教育部颁发了《全日制十年制学校小学体育教学大纲（试行草案）》和《全日制十年制学校中学体育教学大纲（试行草案）》。大纲“打破以运动竞赛为中心的编排体系”，采用发展人体基本活动能力为主、兼顾运动项目的分类方法。大纲实践部分的教材采用跑、跳、投、技巧等基本活动能力分类。球类和武术教材具有综合性的特点，故仍旧沿用项目名称〔2〕。1978年4月14日，教育部、国家体委、卫生部联合下发了《关于加强学校体育卫生工作的通知》。1978年5月12日，国务院在批转1978年《全国体育工作会议纪要》中明确指出：“坚持普及与提高相结合的原则，进一步广泛开展群众体育活动，重点抓好关系两亿青少年健康成长的学校体育工作。”

1979年5月15日—22日，教育部、国家体委、共青团中央联合在江苏扬州召开了全国学校体育卫生工作经验交流会，重新

〔1〕邓小平：《关于科学和教育工作的几点意见》，载邓小平《邓小平文选（第二卷）》，人民出版社，2001，第52页。

〔2〕1979年1月，教育部还颁发了《高等学校普通体育课教学大纲（试行草案）》。

确立了学校体育卫生工作的重要地位，标志着我国学校体育工作步入法制化建设和管理的新阶段。

1979 年以后，由于“武术热”在农村兴起，武术在中小学体育教学中进一步得到重视。正是在这样的时代氛围中，梁以全于 1978 年创办了河南省登封县（现登封市）体委武术队，1981 年创办了登封县武术体校[1]。

一、体育院、系的整顿和调整

1977 年 10 月 12 日，国务院批转教育部《关于 1977 年高等学校招生工作意见》及《关于高等学校招收研究生的意见》，全国各体育院、系的招生工作恢复正常。1978 年 4 月 14 日，为了尽快地解决体育教师匮乏问题，国家教委体卫司要求“各高等院校和高等院校体育系、科要采取有力措施，逐步扩大招生名额……加速培养中学体育师资。尚未建立体育系（科）的高等师范院校，应积极创造条件设置体育系（科）”[2]。1978 年 7 月，国家体委下发了《关于认真办好体育学院的意见》（以下简称《意见》），对培养人才的规格、专业设置、学制，以及教学、教材、科研等都做了比较明确的规定和要求，并提出了以下三个奋斗目标：一是三年内，整顿提高，逐步恢复一些体育学院；二是办好重点体育学院，为赶超世界先进水平打好基础；三是在本世纪内，争取实现每个省、市都有一个体育学院。

1979 年 3 月，国家体委下发了《关于大力提高教学质量、充

[1] 梁少飞：《嵩山少林拳法一》，河南大学出版社，2017，第 1 页。
[2] 国家教委体卫司：《教育部、国家体委、卫生部关于加强学校体育卫生工作的通知》，载《学校体育卫生工作文件选编》，辽宁大学出版社，1988，第 81 页。

分发挥体育学院在发展我国体育事业中的作用的通知》，除强调继续贯彻执行国家体委 1978 年下发的《意见》外，对体育学院的任务做了更具体的要求。1981 年 1 月 2 日，国家体委又同时下发了《体育学院的任务、系科设置和修业年限的意见》《北京等六所体育学院的任务、规范、专业设置、修业年限和培养目标的通知》。自此，体育院系的整顿、调整工作基本结束，为以后体育院系的健康发展、武术教学奠定了良好的基础。（表 4–1）

表 4–1　1978 年前后全国恢复和建立的师范院校体育系[1]

学校名称	创建时间	停办（合并）时间	体育专科	体育本科
华东师范大学体育系	—	—	1979 年恢复体育专科	1980 年建体育系
华中师范学院体育系	1952 年建立体育系；1960 年恢复体育系	1955 年并入中南体育学院，1962 年并入武汉体育学院	—	1979 年复办体育系
陕西师范大学体育系	1957 年设体育专科；1960 年设体育本科	1962 年停办	—	1984 年复办体育系
西南师范大学体育系	1950 年设体育专科	—	—	1978 年改体育系
华南师范大学体育系	1951 年建体育系	1963 年并入广州体育学院	—	1982 年复办体育系
大连大学体育系	—	—	—	1977 年建体育系
辽宁师范大学体育系	—	—	—	1980 年建体育系
长春师范学院体育系	—	—	—	1978 年建体育系

〔1〕李晋裕等：《学校体育史》，海南出版社，2000，第 125 ～ 126 页。

续表

学校名称	创建时间	停办（合并）时间	体育专科	体育本科
南京师范大学体育系	—	—	—	1976年建体育系
徐州师范学院体育系	—	—	—	1976年建体育系
浙江师范大学体育系	—	—	—	1979年建体育系
烟台师范学院体育系	—	—	—	1979年建体育系
湖北大学体育系	创建于1941年，前身为湖北省教育学院	1958年和1962年两次并入武汉体育学院	—	1976年重建体育系
海南师范学院体育系	—	—	—	1977年建体育系
宁夏大学体育系	—	—	—	1976年建体育系
新疆师范大学体育系	—	—	—	1978年建体育系
西藏民族学院体育系	—	—	—	1984年建体育系
北京体育师范学院	1960年建院	1962年并入北京师范学院	—	1979年复办体育系
吉林体育学院	原名长春体育学院，1958年建院	1960年改吉林体育学院，1962年停办	—	1981年复办
福建体育学院	1959年在福州建院	1962年停办	—	1978年在厦门集美复办
山东体育学院	1958年建院	1962年停办	—	1978年复办

二、张广德拓展武术养生新渠道

20 世纪 70 年代，张广德[1]不但患了高血压、心脏病、肝炎等疾病，而且在 1974 年又被几家医院诊断为肺癌，不久又得了血液病。更为不幸的是，张广德还是过敏性体质，不能用药。处于绝地的张广德在与疾病进行顽强斗争的时候，将目光聚焦在武术的养生功能上。他潜心研究病理，苦读医学著作，最终在武术养生的基础上于 20 世纪“70 年代中期创编成了具有明显医疗针对性、辨证施治的导引养生功”[2]。该功法“是一项以‘逢动必旋，以指代针’的动作导引为前提，以绵绵若存的意念导引和细匀深长的腹式呼吸导引为核心，以辨证施治、对症练功的自我调节为主要练习方式，三者密切结合的经络导引动功”[3]，其养生的机理为“疏导经络为基础——练功归经”“气血理论为核心——着重于气”“阴阳五行为指导——辨证施治”“导引养生相结合——尤重养性”“中医西医互兼顾——择用而取”[4]。

---

〔1〕张广德：1932 年出生，河北省唐山市丰润县人。自幼酷爱武术，“中华武林百杰”、中国武术九段、中国健身气功九段。1955 年，考入中央体育学院，师从张文广，主修武术专业。1959 年，毕业后留校任教。1960 年，考取北京体育学院武术理论与方法专业的硕士研究生。1974 年，因身体原因开始研究导引养生功，最终创立一个独具特色的导引养生体系。导引养生功的内容主要包括舒心平血功、益气养肺功、和胃健脾功、舒筋壮骨功、醒脑宁神功、四十九式经络动功、舒肝利胆功、明目还视功、育真补元功、导引保健功等功法。而后，张广德又将之发展为三大体系，即养生太极体系、导引养生功体系、全民居家健身养生体系。该体系因是在武术的基础上发展而来，因而有“武术的金项链”之誉。1989 年，北京体育学院开始招收导引养生学专业的硕士研究生。1990 年，中国高等教育学会成立导引养生功研究会。1991 年，又将之更名为导引养生学专业委员会。1992 年，导引养生功荣获“国家体育科学技术进步奖”。1993 年，荣获国务院颁发的“为高等教育事业做出突出贡献”荣誉证书。1996 年，导引养生功被列为首批国家全民健身计划推广项目。1999 年，国家体育总局授予张广德“体育科技荣誉奖”。

〔2〕毛伯瑜：《当代著名导引养生学家张广德先生简介》，载张广德《导引养生学（功理卷修订本）》，北京体育学院出版社，1993，第 1 ～ 2 页。

〔3〕张广德：《导引养生学（功理卷修订本）》，北京体育学院出版社，1993，第 6 页。

〔4〕张广德：《张广德导引养生系列丛书 · 养生文化篇》，北京体育大学出版社，2014，第 137 ～ 152 页。

张广德编创的导引养生功，“不仅治愈了自身的多种疾病，焕发了青春，重返工作岗位”，还“使无数的年老体弱者从苦闷烦恼中解脱出来，转危为安；给无数的个人和家庭带来了欢乐和幸福；促进了社会安定和精神文明建设；加强了国际友好往来和文化交流”，“受到了广大群众的热烈欢迎”[1]。

张广德的导引养生功是在武术的基础上创编而成的养生功法，属于武术养生学的范畴。因此，人们常将导引养生功誉为“武术运动的一个新发展”“武术的金项链”。

三、武术研究生的重新招生

田径、体操、球类等项目纷纷招收硕士研究生后，温敬铭非常着急。武术的发展需要高素质人才，有几千年文化积淀的武术项目为什么不能有自己的硕士、博士呢？神圣的使命感促使温敬铭给胡乔木写了一封信。

写完信后，温敬铭长长舒了一口气。他并没有希望收到回信，更出乎他意料的是，胡乔木会派专人来了解情况。

1977年4月的一天，胡乔木收到信后便派学位委员会的孟处长到武汉拜访温敬铭教授，征询武术科学化、招收武术研究生等方面的意见。这件事使温敬铭感慨万千，他说：“看来国家突飞猛进的日子到了，中央首长的作风真是太扎实、太注重实效了。”[2]

---

〔1〕毛伯瑜：《当代著名导引养生学家张广德先生简介》，载张广德《导引养生学（功理卷修订本）》，北京体育学院出版社，1993，第1～2页。

〔2〕刘素娥：《奥运情缘——一代武宗温敬铭的奥运传奇》，河北教育出版社，2008，第180页。

温敬铭写信的第二年，在广泛地征求意见后，国家就下发了允许招收武术研究生的文件，于是符合条件的体育院校开始了武术硕士研究生的招生工作。

1978年，北京体育学院恢复武术硕士研究生培养工作，张文广开始带第三届武术硕士研究生。当初招生名额只有两个，后经张文广争取，共招收了林伯源、康戈武、郭志禹、冯胜刚四名研究生[1]。

1979年，北京体育学院招收了陈峥、郝心莲两名研究生，上海体育学院则招收了高雪峰、高文山两名研究生[2]。

毕业后，林伯源、陈峥到日本从事武术的研究和推广工作。这些武术研究生毕业后大多工作在武术教学、训练或科研的第一线，为武术运动的健康发展做出了自己的贡献。

四、体育院系武术教材的重新编写

1977年10月，国家体委发出了《关于组织力量编写体育院系教材工作的通知》，开始对1961年编印的《体育学院本科讲义 武术》进行修订。

---

〔1〕四人的毕业论文分别为：林伯源（论文上写的名字是林伯原）《明代武术发展状况之初探》、康戈武《八卦掌之源流研究》、郭志禹《武术“动迅静定”技术特点的初步探讨》、冯胜刚《武术训练中运动损伤某些规律的研究》。

〔2〕高雪峰、高文山两人的导师为蔡龙云，其毕业论文为：高雪峰《竞技长拳类套路运动中速度与耐力的研究》、高文山《武术训练对男少年心血管系统的某些影响》。此后，上海体育学院中间停止了武术研究生的招生工作，直到1985年才招收了卫志强（导师王菊蓉）、周建华（导师蔡龙云、邱丕相）、李良惠（导师王菊蓉）三人，其论文为：卫志强《传统太极拳流派及其广泛适应性关系的探讨》、周建华《长拳、南拳、太极拳武术运动员的二维超声心电图分析》、李良惠《对杨式太极拳练习后血液FFA、TG、CH、LDL及HDL变化的观察》。此后，上海体育学院的武术研究生招生又中断了，直到1992年开始趋于稳定，基本上每年都招收武术研究生。

根据这一部署，张文广、温敬铭、蔡龙云、习云泰、夏柏华等被抽调组成了武术课程编写组，其中，张文广为编写组负责人〔1〕，另请刘增生协助编写了部分内容。

编写组以1961年编写的全国《体育学院本科讲义 武术》为蓝本，同时参照北京体育学院、武汉体育学院、成都体育学院、上海体育学院原有教材及其他武术书籍等资料进行了重新编写。

编写组根据体育院系的培养目标，在具体的编写过程中注意了“四个结合”、处理好了“五个关系”。其中，“四个结合”即与社会开展武术的实际结合、与中小学武术教材结合、与武术竞赛活动结合、与各院系实际结合。这样做的目的是既适当满足中学师资的需要，又能够适用于业余体育院校教练员的需要，将普及与提高有机地结合起来。“五个关系”是指：以基础训练为主，适当地介绍其他技术；以拳术为基础，适当地介绍其他器械项目；以长拳、太极拳为重点，兼顾其他拳术；以单练为主，对练为辅；以套路技术为主，适当介绍攻防技术。

编写组一致认为，散手运动是武术的有机、重要组成部分，应该被写入武术教材中，这样才更有可能促进武术项目的健康开展和推广。于是编写组向体育院系教材编委会提出了增加散手内容的建议。由于当时散手运动刚刚起步，国家对武术散手运动的开展持谨慎态度，为此编委会又向国家体委递交了书面请示报告。时任国家体委副主任的黄中同志收到报告，立即批示“这部分教

〔1〕本次教材编写共组成了田径、体操、篮球、排球、足球、乒乓球、武术、举重、游泳、生理学、运动保健、人体解剖等12个编写组，编写人员有来自北京、上海、武汉、沈阳、成都、天津、广州各体育学院和北京师范大学、吉林师范大学、河北师范大学体育系的90多人。

材应该写，否则将逐步失传”。这样，武术散手得以成为武术教材的一部分。武术散手部分的内容由张文广执笔，被首次写入了教材第九章的“武术的攻防技术”中。1978 年 9 月，《体育系通用教材 武术》第一册至第四册由人民体育出版社出版。

《体育系通用教材 武术》教材共九章。其中：第一册六章，第一章是概述，第二章是武术技术分析（长拳、太极拳、南拳、形意拳、八卦掌），第三章是教学与训练，第四章是武术竞赛的组织与裁判，第五章是武术套路的创编与图解知识，第六章是基本功和基本动作，附武术比赛场地和器械；第二册是第七章，内容为甲组套路，包括甲组男子长拳、甲组女子长拳、甲组剑术、甲组刀术、甲组枪术、甲组棍术等六个套路；第三册是第八章，内容为传系套路，包括查拳、华拳、简化太极拳、第二套太极拳（48 式）、南拳、形意拳、八卦掌、太极剑（32 式）、双剑、双刀和九节鞭等 11 项内容；第四册是第九章，内容为攻防技术，包括对练、散手、推手和短兵四个部分。

除《体育系通用教材 武术》外，1982 年 8 月，张文广还编写了《散手拳法》。该书共包括散手拳法概况、散手拳法练习、辅助练习、散手拳法的战术、散手拳法的教学训练五个部分。这里的“拳法”是一个广义的概念，包括站立势、步法、拳法、肘法、腿法、膝法、摔法、拿法、防守法等，实际上指的是整个散手技法体系。据张文广介绍：“本书在编写过程中，曾在北京体育学院研究生班和体操武术班进行试验，也曾分别在广西南宁（1979 年）和山西太原（1980 年）举行的全国武术观摩交流大会上进行表演，1981 年又在《新体育》增刊介绍了《散手拳法》的部分内容，均得到好评，认为本拳法体现了中国武术攻防格斗的特点，具有实用价值，并纷纷来信索取这方面的资料。”[1]

五、中国第一本武术史著作的撰写

中华人民共和国成立后，撰写中国武术史的著作首先出现在国外，其中最好的一部当属日本学者松田隆智撰写的《图说中国武术史》，这是第一本关于中国武术的国外史学著作，1976年11月在日本出版[2]。《图说中国武术史》共包括“中国武术古籍”“少林拳史”“陈家太极拳史”“八极拳史”“通臂拳史”“秘宗拳（燕青拳）”“形意拳史”“八卦掌史”“螳螂拳史”“谭腿[3]史”“摔跤史”“武术器械史”十二个部分。习云泰对该书评价较高，认为：“松田隆智酷爱中国武术，并阅读了大量中国武术书籍写成此书，书中对近代武术部分占有了较为丰富的资料，对各拳种及名人轶事都有较详细记载”，“他这种坚忍不拔的精神实属难能可贵”[4]。

国外对武术史的研究已经先行，且已有了相当不错的成果。但我国一直没有这样的著作，“作为新中国武术工作者，有责任把上下几千年的中国武术发展史的空白填补起来”[5]。为此，时任成都体育学院副教授的习云泰经过多年的努力，最终于

〔1〕张文广：《散手拳法》，广东科技出版社，1983，前言。

〔2〕中国学者吕彦、阎海两人对该书进行了翻译，1984年7月易名为《中国武术史略》，由四川科学技术出版社出版发行。

〔3〕谭腿，也称弹腿、潭腿。

〔4〕习云泰：《中日两国武术交流源远流长》，载吕彦、阎海《中国武术史略》，四川科学技术出版社，1984，序。

〔5〕习云泰：《我为什么要写〈中国武术史〉》，载习云泰《习云泰武术文集》，世界文化交流出版社，2009，第60页。

1981 年 1 月完成了“我国武术有史以来的第一部较系统、较全面的武术史”[1]著作——《中国武术史》[2]（图 4–2）。

图 4–2　习云泰著《中国武术史》，此书署名为习云太

全书共分各代武术史和拳种、器械发展史两部分，是一部内容全面、条理清晰的武术史著作。书出版前后，许多体育学者、武术学者均给予了高度评价。如郑怀贤教授认为，该书“填补了我国体育研究这方面的一个空白，满足了广大武术研究工作者的共同愿望”。李季芳教授认为，“《中国武术史》是新中国第一部武术史学著作，其史料、文物图片之丰富，内容之全面、翔实

〔1〕昌沧：《一个给历史造碑的人》，载习云泰《习云泰武术文集》，世界文化交流出版社，2009。

〔2〕1983 年 5 月，胡晓风为《中国武术史》作序。1985 年 12 月，此书由人民体育出版社出版。

大大地超过了以前所有的武术专著（如《国技论略》《国术概论》《国技大观》及日本人松田隆智辑著之《图说中国武术史》等）。”张文广认为，该书“对武术的理论教学、研究均有实际意义，可以用作体育院系武术专业本科学生和研究生的教材和参考书”。顾留馨认为，习云泰所著的《中国武术史》“是一本内容丰富、言之有物、叙述生动的中国武术史”，“作者为中国武术史做出贡献，升为教授，极为合理。”〔1〕徐才〔2〕更是认为，该书的出版“给中国武术界带来了可以引起民族自豪的信息”〔3〕。

第五节　武术专业杂志的创办

党的十一届三中全会以后，武术运动出现了新的面貌。尤其是国家体委发出挖掘、整理武术遗产的通知后，武术运动迎来了美好的春天。许多地方出现了习武的热潮，每年一度的全国性武术观摩交流大会常会涌现出优秀的武术工作者，挖掘出有价值的传统武术套路。同时，武术在国际上的影响也越来越大。“据初步了解，已有二三十个国家和地区开展了武术运动，不少国家还

〔1〕郑怀贤、李季芳、张文广、顾留馨对习云泰《中国武术史》的评价详见习云泰：《习云泰武术文集》，世界文化交流出版社，2009，第6～8页。

〔2〕徐才（1926—2019）：山东邹城人，原名韩文才，长期从事新闻与宣传工作，历任国家计委研究室负责人、中国体育记者协会主席、《中国体育报》社社长。1980年，撰写的《我们时代需要最高精神》在全国好新闻评选中获“好评论奖”，倡导创立具有中国特色的体育新闻学。1981—1985年，任国家体委副主任期间，分管武术工作。1982年，在全国武术工作会议上被补选为中国武术协会副主席。徐才继黄中后任中国武术协会主席、中国武术研究院院长，长期领导中国武术的发展。

〔3〕徐才：《武术学者风范》，载习云泰《习云泰武术文集》，世界文化交流出版社，2009，第1页。

建立了武术团体。许多外国朋友纷纷要求学习中国武术，要求给予指导。”[1]在这样的形势下，创办武术杂志、介绍武术技术和知识成为时代的需要。

一、《武术健身》杂志的创办

1979年、1980年连续两届的全国武术观摩交流大会极大地调动了广大武术工作者和爱好者的积极性，群众习武的热情高涨。正是在这样的时代背景下，一些老拳师、老武术家呼吁新闻界抓住时机宣传武术。据《武术健身》杂志的倡导者和编辑恩祥回忆，第二届全国武术观摩交流大会期间，何福生就曾对他深情地说：“你是新闻界的，你们应该抓住这个时机好好地宣传中国武术，能出书、出杂志、录像赶紧进行，多给这些爱好者们提供点教材，否则这股热劲头难以保持下来啊，不知哪天又要冷下来。”这句话深深地打动了恩祥[2]。自太原回到北京后，恩祥在汇报会上正式提出《新体育》创办武术专刊的想法。恩祥的这一提议得到了《新体育》杂志编辑史玉美，群众体育组组长何照昭，中国武术协会副主席毛伯浩，国家体委运动司武术处赵双进、张山等领导和同事的支持。

至于专刊的名字，一开始恩祥提议用《中国武术》，《新体育》读者服务部的谭佛航从当前需要出发，认为用《武术健身》较好，该刊名一经提出就得到了大家的一致认同。《武术健身》的刊名就这样被确定下来了。

---

〔1〕李梦华：《任重道远——为〈中华武术〉创刊而作》，《中华武术》1982年第1期。
〔2〕恩祥：《新中国第一部武术专刊诞生记》，《中华武术》2016年第7期。

经研究决定，《武术健身》由《新体育》杂志群众体育组组长何照昭、编辑史玉美和恩祥三人负责。具体栏目则设定了“武林人物”“武林故事”“拳术器械套路精选”“健身功法”“按摩气功”“武术信箱”“武坛动态”“海外拾零”八个部分。

经过大家的努力，1981 年 6 月，新中国第一部武术专刊《武术健身》以《新体育》增刊的形式与读者见面了。该杂志编辑来自《新体育》杂志社，出版者为人民体育出版社，发行者为武汉市邮局、《新体育》杂志社读者服务部，该期刊主要介绍武术的健身功能。由于契合时代的需求，该杂志“一问世，就受到广大武术工作者和爱好者的酷爱，发行量达 150 万册，以后的最高发行量达到 198 万册”[1]，对武术的宣传、推广、挖掘、整理等做出了突出的贡献。其中，马礼堂的《养生功健身法》，即六字诀、太极功和洗髓经三套功法在《武术健身》上刊登后，“据不完全统计，全国学习该功法的多达 500 万人”[2]。

二、《武林》杂志的创办

1981 年 7 月，经过一年多的孕育，由广东省体育运动委员会武术协会和科学普及出版社广州分社主办、《武林》编辑部编辑、科学普及出版社广州分社出版的《武林》杂志终于诞生了[3]。该杂志以“宣扬中国武术运动，发掘和整理中国武术遗产，团结武术工作者和爱好者，互相学习，交流经验，为推广和促进我国

---

〔1〕恩祥：《新中国第一部武术专刊诞生记》，《中华武术》2016 年第 7 期。

〔2〕恩祥：《新中国第一部武术专刊诞生记》，《中华武术》2016 年第 7 期。

〔3〕1994 年，改由广东省武术协会主办、广东省科普宣传服务中心协办，《武林》编辑部编辑，《武林》杂志社出版。2006 年停刊。

武术运动的普及和提高服务”[1]为宗旨，面向全国，运用各种文体形式，“向具有高小以上文化程度的读者，介绍祖国武术的渊源流派、历史故事、人物轶闻，介绍中外武术的新动向、新观点、新人才、新经验、新成就，介绍武术界的技术交流、友好往来，介绍武术、气功、技击、擒拿、摔跤等项目的技术基础、理论知识、锻炼方法、应用要旨、科研成果，介绍以武术为题材的文学艺术优秀作品”[2]。

《武林》是新中国第一本独立发行的专业武术杂志，人们以不同的方式祝贺它的诞生。例如：广东省体育运动委员会主任陈远高为《武林》题写了发刊词；张文广专门发贺词，认为“我国的武术运动有悠久的历史传统和独特的民族风格，用文字记载下来，留作可查的资料，这是武术事业的需要，亦是中华民族的需要”，《武林》的创刊“是我国武术史上的一件大好事，它必将促进全国武术运动的普及和提高，有利于武术的发掘、整理和科研工作”；蔡龙云挥毫题写“武林”二字以作纪念；温敬铭的贺词为“《武林》问世，确为激动人心，愿作一专心读者和至诚的拥护者，以期其健康发展”；顾留馨题写“展遗产鸣绝艺光我中华，倡武风搞科研富国强民”，“祝愿《武林》杂志贯彻双百方针，发扬丰富多彩的民族武术”。

《武林》杂志主要设有“武坛内外”“扬长避短”“武术精华”“大众讲座”“武林趣话”“武林丛谈”“外国武术”“文学佳作”等栏目。1981 年 7 月、9 月、11 月各出版了一期，

---

〔1〕陈远高：《喜见武林今又绿——发刊词》，《武林》1981 年第 1 期。
〔2〕《武林》编辑部：《致读者》，《武林》1981 年第 1 期（1981 年 7 月出版的《武林》创刊号）。

1982 年起改为月刊。正像陈远高在发刊词中提到的“它是长知识、学技艺、沟通信息的桥梁，又是交流经验和进行学术探讨的园地”[1]那样，《武林》杂志的创办确实为中国武术的普及和发展做出了突出的贡献。

三、《中华武术》杂志的创办

1981 年 6 月 12 日，李梦华在一次内部讲话中指出：“武术应该放到日程上来了，再不抓就要犯严重错误。明年一定要开会。武术刊物要搞，可以搞季刊，不要搞得很神秘，现在纸张也不紧张，收不回钱花点儿钱也是值得的。”“武术刊物可以搞了。”[2]

随着《武术健身》《武林》杂志的创办，当时大家“有一个强烈的愿望：迫切希望中央能有个立足全国、面向世界的武术权威刊物”，国家体委武术处认为：“广东的《武林》办得不错，可它是份地方刊物，有它的局限性；《武术健身》办得也不错，可它又侧重于一个方面，非武术专业刊物。”[3]最后，经过国家体委党组的讨论，决定筹办一个武术专业杂志。

当时的国家体委武术处人员较少，办杂志也没有经验，于是考虑在上海体育学院、武汉体育学院和人民体育出版社三家中选择。最后，国家体委领导经过慎重考虑还是选择了人民体育出版

---

〔1〕陈远高：《喜见武林今又绿——发刊词》，《武林》1981 年第 1 期。
〔2〕赵双进：《无痕的足迹》（未刊行本），第 11 页。
〔3〕昌沧：《人心齐　泰山移——忆〈中华武术〉杂志创刊前后》，《体育文化导刊》2002 年第 1 期。

社[1]，并决定在 1982 年 11 月第一次全国武术工作会议前创刊。

人民体育出版社负责人刘秀政领到任务已是当年的 9 月 13 日，于是她迅速主持召开了出版社编委会讨论落实，最后决定由曾编辑过《中国青年》杂志、也当过报社记者的昌沧负责筹划创刊事宜。

名正则言顺，杂志最初定名为《中国武术》，后来接受了《体育文史》杂志编辑杨亚山的建议，改为《中华武术》（图 4–3）[2]，并得到了上级领导的批准。

图 4–3 《中华武术》杂志

〔1〕当时的上海体育学院、武汉体育学院都积极促成此事，同意筹办这个刊物。当国家体委运动司负责人、主管武术工作的张山向体委领导汇报时，人民体育出版社负责人刘秀政也在场，她认为：人民体育出版社在北京，方便管理，又是新闻出版专业单位，能保证刊物的编辑出版质量，还是由人民体育出版社筹备为好。

〔2〕刊名由我国著名书法家陈叔亮题写。开始题写时，陈老的“武”字在勾中间多了一撇，这按书法规矩没有错，但当时的主编昌沧觉得不好。后与陈老商量，经技术处理，去掉了那一撇。

随后，杂志的办刊宗旨、指导思想、读者对象、开设栏目等一一落实下来。《中华武术》杂志的定位为：“由中国武术协会主办，《中华武术》编辑部编辑，人民体育出版社出版，暂由武汉市邮局总发行。”办刊宗旨为：“弘扬祖国优秀传统文化——武术，造福于中国人民和世界人民。”指导思想是：“认真贯彻党和国家有关武术运动的方针、政策；加强爱国主义和共产主义思想的传播；大力提倡武术道德修养；实行‘推陈出新’‘百花齐放，百家争鸣’；团结广大武术工作者及各拳种流派，共同推动武术遗产的‘挖掘、整理、提高、推广’（贯彻贺龙同志这一武术运动发展的‘八字方针’）以及竞技武术事业。这虽是一份武术专业期刊，也应视之为党和国家在武术战线上的喉舌。”读者对象为：“立足本国，放眼世界，为广大初中文化以上的海内外武术工作者、爱好者及青少年服务。”具体内容是：“总讲，应办成生动活泼、丰富多彩，有一定思想内容的专业性综合刊物。强调真实性、科学性、指导性、知识性和趣味性；普及与提高并重，阳春白雪与下里巴人兼容，既有通俗性，又应有一定的学术价值；既要有重点，又要照顾全面，每期要有重点及重头的文稿，兼顾各拳种及门派，要学会‘弹钢琴’；还要深入浅出，文图并茂，开卷有益，成为广大读者的知心朋友。”开设的栏目有“专稿”“专论”“评述”“传统名拳”“名拳讲座”“入门讲座”“教学与训练”“练功方法”“人物春秋”“名人与武术”“武术与健身”“探索求真”“武术史话”“知识之窗”“行家答疑”等30多个专栏，除一些主要栏目外，其他栏目轮流出现，每期一般保持18个左右的栏目[1]。

《中华武术》开始暂定为季刊，因第一期要赶在第一次全国武术工作会议之前出版，而刊号一时又下不来，所以第一期改为“丛刊”出版[2]。当时北京印制与发行力量比较紧张，《中华武术》杂志一时难以插入，所以不得不在武汉印制和发行[3]。后来，《中华武术》杂志的印制转回北京，并由双月刊改为月刊发行[4]。

《中华武术》杂志发行不久，又创编了《中华武术》英文版及丛刊《武踪》，后来河南省体委的《少林与太极》（1982年）[5]、黑龙江体委的《精武》（1983年）[6]、北京市体委的《武魂》（1984年）[7]、湖北武当拳法研究会的《武当》（1985年）[8]等杂志纷纷创刊。这些刊物适应了武术事业发展的需要，对推动武术的普及和发展发挥了重要作用[9]。

---

〔1〕昌沧：《人心齐　泰山移——忆〈中华武术〉杂志创刊前后》，《体育文化导刊》2002年第1期。

〔2〕刊号到第二期才下来。

〔3〕《中华武术》在武汉七二一八工厂印刷，武汉市邮局总经销，全国县以上邮局经销。在武汉市武昌体育场内《中华武术》读者服务部邮购。

〔4〕《中华武术》1983年为季刊，1984年改为双月刊，1985年至1992年为月刊，1993年又改为双月刊，从1994年至今一直为月刊。1984年6月，曾出版《武踪》丛刊。1985年，与日本棒球杂志社合作出版日文版《中国武术》。1987年6月，与澳大利亚太极拳学院合作出版英文版《中国武术》。

〔5〕《少林与太极》创刊于开封，原名《汴梁武术》，1983年改名为《中州武术》，1984年改名为《少林武术》，1989年又更名为《少林与太极》。

〔6〕1981年，《当代体育》创刊时，设《精武》专栏。1985年《精武》改为季刊，1987年改为双月刊。

〔7〕《武魂》原为《北京体育》增刊，1985年改为季刊，1992年改为月刊。原来由《体育博览》杂志社《武魂》编辑部出版发行。1994年，《武魂》编辑部脱离《体育博览》杂志社，归北京武术院管理。

〔8〕《武当》创刊于湖北省丹江口市，由武当拳法研究会主办。

〔9〕但在宣传上也出现了一些值得注意的问题，武述文就注意到了这一点，他把这些“值得注意的问题”归纳为五个方面，即“鼓吹‘神奇’功夫，宣扬‘武侠’精神”“捕风捉影，报道失实”“宣传不科学的东西”“宣传‘唯我正宗’，助长‘门户之见’”“不守宣传纪律，不注意社会效果”等。（武述文：《引导武术事业蓬勃发展的重要一环——读部分武术刊物和专栏以后》，《中华武术》1984年第2期）

第六节 电影《少林寺》的拍摄

如果说欧美大众了解中国武术是从李小龙的影视片开始的，那么当代中国民众认识武术大多是从李连杰主演的电影《少林寺》开始的。

一、廖承志提议拍摄电影《少林寺》

廖承志是廖仲恺与何香凝之子，优秀的共产党员，党和国家的优秀领导人。“文化大革命”后，廖承志复出并被任命为国务院港澳事务办公室主任后，他立即投入巨大的精力抓香港进步电影事业的发展。1978 年 1 月 31 日，在香港电影界座谈会上，廖承志发表了重要讲话，希望香港电影以 1978 年为转折点实现新的跨越。

1979 年，廖承志与香港中原电影公司的负责人廖一原在广州见面时，兴致勃勃地谈论起拍摄电影的事。廖承志说：“香港及海外观众都喜欢看武侠片，我们为什么不可以拍一出少林寺或太极拳呢？”他提议拍武侠片“要到实地拍摄并找有真功夫的演员”[1]。

谈话之后，廖一原接受了廖承志的建议。最后，经过廖承志的批准，香港凤凰、长城、新联三大电影公司决定联合拍摄《少林寺》，张鑫炎为总导演，马贤达[2]为武打教练组组长。

---

〔1〕王俊彦：《廖承志传》，人民出版社，2006，第 555 ～ 557 页。
〔2〕马贤达时为西安体育学院副教授。

二、电影《少林寺》拍摄的契机

1980年前后，武术比赛还不是全运会的正式竞赛项目，从而一方面导致一些武术基础薄弱的省市对是否保留武术运动队产生了争议，另一方面武术运动员的比赛减少，出现了较多的训练间歇时间。这给武术运动员从事武打影视的拍摄工作客观上提供了便利条件。

“1980年，一次规模有限的武术比赛在山东济南举行，其间来观看的有几位香港人，他们是香港银都机构的工作人员，其中便有那位目光独到的人士，他叫张鑫炎，是拍过武侠片《碧血丹心》的著名导演，此行的目的是给功夫新片《少林寺》挑选演员。武术运动员、教练员中有幸被选中的有山东的于海、于承惠、孙建魁、刘怀良、杜传扬、崔志强，湖南的潘清福，陕西的寻峰，浙江的胡坚强、计春华、方平，还有北京的王珏、王群，他们都是武功高手、冠军人选。其中，最为了得的当属第一主角的饰演者李连杰。李连杰当时是武坛最年轻的风云人物，已连获五届全国比赛全能冠军，功夫全面，相貌英俊。”[1]在选拔演员的过程中，长城公司的经理傅奇找到了国家体委的领导，最后在国家体委主管武术工作的徐寅生副主任、国家体委武术处张山及北京市体委主任魏明、教练吴彬等的支持下，《少林寺》男主角的问题得到了顺利解决。

“既然谈到电影《少林寺》的成功，就应该提到徐寅生。不能想象，电影《少林寺》如果离开了徐寅生的大力支持，将会成为一个什么样子？”[2]电影《少林寺》阵容强大，所选演员涉

〔1〕老来：《李连杰画传》，金城出版社，2005，第31～32页。
〔2〕昌沧等：《四牛武缘》，人民体育出版社，2004，第533页。

及几个省市的教练员和运动员，尤其是山东省武术队有 1 名教练员、6 名运动员参加拍摄，调出这么多人有一定的难度。为此，国家体委副主任徐寅生干脆直接委派张山帮助傅奇敲定山东队的演员问题。很快，张山携带徐寅生写有“请山东省体委尽可能帮助解决《少林寺》一片的演员问题”的函找到了山东省体委的季明涛主任，经过山东省体委党组会议研究决定，同意于海、王常凯、于承惠、孙建魁、刘怀良、邱方俭、崔志强等人出任演员。

最后，导演组还请出了马贤达、潘清福、王常凯等作为武术指导参与《少林寺》影片的拍摄工作。至此，电影《少林寺》的演员问题基本得到了解决。

三、电影《少林寺》的拍摄过程及影响

《少林寺》影片取材于“十三棍僧救唐王”的民间故事。故事发生在隋末，当时还是秦王的李世民率兵从关中出发，攻打割据河南的郑王王世充。王世充的侄子王仁则杀害了中国武术的重要传承人——神腿张。神腿张之子小虎——故事的主人公觉远为报父仇，投奔少林寺。经武僧昙宗及众和尚的热心帮助、传授武艺，觉远成为一位武艺高强、富有正义感的少林武术继承者，并最终协助李世民战胜了王世充、王仁则。该影片显示出少林功夫的精深和积极入世的精神。

影片要通过这一民间故事的叙述，来反映中华武术的博大精深。针对这一题材，导演、教练组和承担主要角色的演员讨论制订了以北方武术流派为主来全面展现中华武术文化的思路。在具体的武打布局方面，有针对性地突出富有中国特色的演练技法，

摆脱“众星捧月”“红花绿叶”的套路，而是采用“江河奔涌”“群星璀璨”的表现方式。[1]

1980年5月，李连杰接到拍摄通知，赶往河南与导演见面，七天后便前往香港。1980年8月，国家体委一纸调令，李连杰、于承惠、于海等18人齐聚郑州中州宾馆。随后，剧组先在中牟县集训练兵，接着到巩县拍芦苇荡生死激战，三进三出嵩山少林寺，二进黄河开封龙廷，两出洛阳龙门石窟，南下杭州灵隐寺。春节，等几名主角在香港拍完内景，全部人马到天台山国清寺一边学习佛教礼仪，一边拍天台瀑布觉远葬狗、烤狗、吃狗肉的戏。最后，在拍完了觉远受戒出家、牧羊女白无暇含泪离别、李世民犒劳封赏三场戏后，此片方告完成[2]。就这样，电影《少林寺》从1980年夏季开机到1981年10月封镜，历时一年多的时间，终于圆满拍摄完成。

电影《少林寺》一炮打响，受到了国内外的普遍欢迎，从而实现了廖承志香港电影新跨越的愿望。

1978年拍摄的《塞外夺宝》[3]，1982年放映的《少林寺》及随后的武打片《神秘的大佛》[4]和《武林志》[5]成功拍摄并放映后，尽管“国家体委武术处不再参与电影的拍摄工作”[6]，

〔1〕马贤达：《谈影片〈少林寺〉武打设计》，《中华武术》1982年第1期。

〔2〕汪国义、周克臣：《血与泪的考验——电影〈少林寺〉拍摄纪实》，《中华武术》1995年第8期。

〔3〕1978年，张山协助凤凰电影公司安排武术教练员和运动员参加了武打电影《塞外夺宝》的拍摄。该片许仙为导演，尚在北京电影学院就读的王姬任女主角，张丰毅任男主角。北京武术教练员吴彬任武术指导，且在其中扮演了一个角色。这是“文化大革命”以后大陆演员拍的第一部武打电影，放映后受到观众的普遍好评。

〔4〕《神秘的大佛》由张鑫炎导演，成传锐参与了武戏的拍摄，文戏由刘晓庆担任。

〔5〕《武林志》拍摄在《神秘的大佛》之后，由武术运动员戈春燕和武术教练员李俊峰出演主角。

〔6〕昌沧等：《四牛武缘》，人民体育出版社，2004，第533页。

但是这些影片不但在全国掀起了前所未有的武术热，而且也影响了其他国家。如《少林寺》在日本公映后，日本就出现了许多少林武术爱好者。

第七节　逐步走向世界的武术

中国在国际奥委会合法席位的取得为武术的国际化发展带来了新的机遇。

一、邓小平题词“太极拳好”，外国专家喜欢太极拳

武术是中国传统文化的有机组成部分，它饱含中国文化的思想精粹，极具健身效果，这引起了国外友人的兴趣。

1978 年 11 月 15 日，国务院副总理邓小平设午宴欢迎以日本众议院副议长三宅正一为团长的日本国会议员代表团。席间，三宅正一兴致勃勃地谈到自己喜爱中国的太极拳并认真练习的事情。邓小平听后大加赞赏，并谈了太极拳的许多好处。三宅正一副议长乘兴请邓小平为广大日本太极拳爱好者题词。邓小平爽快地答应了。第二天（1978 年 11 月 16 日），邓小平题写了“太极拳好”四个大字（图 4–4）。该题词言简意赅地对太极拳给予了高度评价，不但增加了中日两国人民之间的友谊，更为太极拳的迅速普及和发展注入了活力。

“太极拳非常适应我的情况，我想学会太极拳。我的儿子对中国武术也很感兴趣，他想学会后带回国去。这不只是我们一家

图 4–4 邓小平为日本友人题词："太极拳好"

的要求，别的拉美国家的朋友也有这样的要求。""中国的武术在日本是很知名的。我的一些亲戚朋友得知我要到中国工作，就对我说，你到中国一定要学会太极拳，回国时再教我们。"〔1〕外国专家的这些话表明了他们对武术的热爱。他们急切地希望通过学习武术，尤其是学习太极拳来健身和了解中国文化，于是他们通过外国专家局准备邀请中国的专家来教他们学习武术。1977 年 9 月，北京体育学院接受了外国专家局的邀请，决定派张文广到友谊宾馆去教外国专家及其家属练习武术，重点教授简化太极拳、太极剑、初级剑和长拳等。于是，张文广抽调了北京体育学院武术教研室的朱瑞琪、周佩芳两位老师承担了这项任务。教学分两个阶段，其中第一阶段由张文广每天早晨 6 点 15 分至 7 点教简化太极拳，第二阶段则由朱瑞琪、周佩芳每天晚上 7 点到 8 点半教其他内容。外国专家学习得特别认真，有的还动员全家都来学。

〔1〕张文广：《我的武术生涯》，北京体育大学出版社，2002，第 179 页。

二、北京体育学院开始招收外国留学生

自从 1974 年武术代表团访问美国获得极大成功后，以后的三年，武术代表团频频出访，他们受到了各国武术爱好者的欢迎，这些武术爱好者们强烈地希望到武术的故乡——中国来学习。

1975 年 10 月 3 日—12 月 11 日，门惠丰和郭省聚作为教练员，带领喻少文、牛怀录、胡坚强等男女运动员 23 人（男 13 人、女 10 人）出访了埃及、土耳其、摩洛哥、突尼斯、阿尔及利亚、毛里塔尼亚六国〔1〕。代表团受到当地观众的热烈欢迎，演出场场爆满，观众喝彩声不断。每次临结束走出场地时，代表团成员总是被当地青少年围着要签名，并在演出间隙被询问到哪里能学中国武术、到中国去学行不行等问题。

西亚及非洲六国之行对门惠丰启发特别大。他考虑到北京体育学院武术教研室强大的师资力量、齐全的硬件设施等条件，完全可以满足教学的需要，因此他认为北京体育学院应当招收外国留学生。为此，门惠丰"三会老院长"钟师统，说明招收外国留学生的情况，最终得到了院长的支持。北京体育学院上报国家体委党组，主管武术工作的徐寅生批复："此事可行。望做好准备和招生工作。"〔2〕

北京体育学院招收武术留学生，为中国武术走向世界打开了一扇窗。由此可见，随着武术在国外的表演和推广活动，外国朋友已经对中国武术有了一定的认识。从外国专家的积极参与来看，中国武术向国外推广的时机已经到来。

---

〔1〕中国体育年鉴编辑委员会：《中国体育年鉴（1975）》，人民体育出版社，1982，第 435 页。

〔2〕昌沧等：《四牛武缘》，人民体育出版社，2004，第 272 页。

三、少林武术可持续发展，宗道臣认祖归宗少林寺

1979年，日本少林拳法联盟创始人宗道臣访问嵩山少林寺认祖归宗。1978年，在接到宗道臣等将要来访的消息后，国家体委对此特别重视，登封市体委进行了积极准备。1978年3月，登封市举办了武术表演赛，为发现武术人才做准备。

1978年8月，国家体委委托北京体育学院门惠丰等到登封考察。登封县委、县革委会专门组织了一次武术表演、座谈会。参与表演的人年龄都偏高，技术动作也不太规范，门惠丰觉得难以展现少林武术的文化内涵和意韵。

要圆满完成这次接待任务，充分展现少林武术的精髓，登封县委、县革委会想到了梁以全。为此，梁以全调入登封县体委工作，任登封县业余体校校长兼总教练，负责少林武术简介的撰写和组建少林武术表演队。为全面了解少林武术的历史，熟悉少林武术的内容构成、风格和特点等，梁以全住进了少林寺，向德禅、永振、行政、素喜等大师请教少林武术，最终他完成了2.5万字的《少林武术简介》，对少林武术的发展历程、内容和特点、主要套路和各种技击法的口诀、学习和演练少林武术各种套路的注意事项等进行了较为详尽的介绍和说明，为人们学习、了解少林武术奠定了良好的基础。除撰写《少林武术简介》外，梁以全还组织了由自己领衔，杨聚才、王超凡、安振喜等组成的集训队。他们吃住在县体委，按照预定的训练计划进行了精心准备。《少林武术简介》的撰写和集训队的建立，为少林武术的可持续发展培养了技术人才。

第五章

第一次全国武术工作会议开启武术新征程

1982年9月，中国共产党第十二次全国代表大会召开，邓小平提出的“建设中国特色社会主义”成为这次大会的指导思想。借此东风，1982年第一次全国武术工作会议在北京拉开序幕，会议对当前武术工作的方针、措施及当前的任务进行了讨论和布置，以此为契机，中华人民共和国的武术事业走上了一个新阶段。

1981年6月12日，李梦华在一次内部讲话中列出了有关武术的十个问题[1]：

一是武术的历史价值是什么，发展到当代的价值又是什么。冷兵器时代武术拳械的作用是什么。现在对武术的作用怎么看。武术的基本概念是什么，武术的基本概念有多少种、多少项。

二是关于武术方针的问题。怎样较系统地表述武术方针？除“普及提高、双百方针、增进健康、为国争光、推陈出新”外，应增加几条武术方针。

三是对三十年武术工作的基本评价是什么，包括指导思想、犯过的错误等方面问题。

四是开展武术工作的组织形式和工作方式是什么。

〔1〕赵双进：《无痕的足迹》（未刊行本），第12页。

五是如何发掘、继承武术的问题。

六是武术整理和提高的问题。不仅是技术的提高，还有科研问题。怎样加强武术的科学研究。

七是武术需要什么样的技术职称问题。

八是技击和气功、硬功的问题。技击是要的，但不是重点。气功与武术有联系。对待硬功特技与医疗气功的原则是什么。

九是培养年轻武术工作者和发挥老武术工作者的作用问题。

十是组织领导问题。

可以看出，此时的李梦华对武术已有了较为深入的思考。他说："这十个问题搞好了就开会。"〔1〕1982 年 5 月 21 日，国家体委专门开会讨论了全国武术工作会议的准备情况。李梦华亲自主持，运动司司长李崴做筹备情况汇报。正是在这次会议上，李梦华点名让赵双进主抓武术工作。8 月 3 日，首届全国武术工作会议筹备组在北京集结。赵双进牵头，主要成员有：上海体育学院蔡龙云、王培锟，北京体育学院成传锐，西安体育学院马贤达，武汉体育学院温力，广西武术队周树生，吉林体校严广才，《新体育》杂志社张纯本八人。主要任务是起草《国家体委关于进一步加强武术工作的决定（意见）》《武术工作的远景规划》《全国专业与业余武术竞赛制度与办法》《挖掘整理武术遗产暂行办法》《评定武术运动员等级称号和专职教练员职称的标准和办法》等会议文件〔2〕。

〔1〕赵双进：《无痕的足迹》（未刊行本），第 12 页。

〔2〕马贤达和严广才因家中有急事，在会议主报告第一稿完成后便离开。（张纯本：《难以忘怀的记忆——回首 1982 年全国武术工作会议》，《中华武术》2016 年第 12 期）

1982年12月5日—11日[1]，第一次全国武术工作会议如期在北京举行。该次会议得到了国家领导人和全国各地政府相关部门、院校的高度重视，来自北京体育学院、上海体育学院等13所体育院校负责人，火车头武术协会负责人，全国各省、自治区、直辖市的新老武术工作者及特邀老武术家共364人参加了会议[2]。教育部、全国总工会、共青团中央也派人列席了会议。可以说，与武术有关的管理者、教练员、运动员、领队、基层武术工作者、武术界的知名人士等基本都到齐了。

会上，国家体委副主任徐才做了题为《团结起来，共同奋斗，开创武术运动新局面》的讲话。讲话全面系统地总结了中华人民共和国成立33年以来，武术工作发生的根本变化和取得的成就。在新的历史时期，面对新的形势，他提出："我们要在党的领导下，团结广大武术工作者，积极开展各种形式和各种流派的武术运动，深入挖掘、整理武术遗产，大力普及，努力提高，积极稳步地向外推广，为实现体育工作的三大任务，增强人民体质，提高运动技术水平和建设社会主义精神文明，为振兴中华做出积极的贡献。"在此基础上，结合当前的实际情况，他进一步指出了当前武术工作的方针、任务和措施。[3]一是大力发展群众性武术活动，坚持普及与提高相结合。二是继续做好挖掘、整理工作，把继承和发展结合起来。三是百花齐放，互相借鉴，既保持武术

---

〔1〕会议的时间是经过精心挑选的，因参加在印度举行的第九届亚运会的中国体育代表团在此段时间回国，中央领导同志肯定会接见他们。这样就可考虑安排参加全国武术工作会议的代表也与之一起接见，两全其美。（张纯本：《难以忘怀的记忆——回首1982年全国武术工作会议》，《中华武术》2016年第12期）

〔2〕赵双进：《无痕的足迹》（未刊行本），第3页。

〔3〕徐才：《徐才武术文集》，人民体育出版社，1995，第9～19页。

的固有特点，又沿着科学化的方向发展。四是加强武术队伍和武术组织的建设。五是依靠社会力量，把发展武术的路子走宽。六是表演与竞赛相结合。七是加强新老武术工作者的团结，调动一切积极因素。八是进行武德教育，树立良好风气。九是加强武术的科学研究和理论探讨。十是积极稳步地向国外推广。

会议期间，全国武术协会还增补和调整了领导机构，由时任国家体委顾问的黄中任中国武术协会主席，徐才、王立远、张文广、温敬铭为副主席，赵双进任秘书长，张山和李天骥任副秘书长。

值得一提的是，在这次全国武术工作会议上，吴鉴泉之女吴英华、王荣标之女王侠林、孙禄堂之女孙剑云、“霸州李”之女李文贞、王子平之女王菊蓉“五朵武花”阔别多年后相聚在北京，共同参与讨论研究发展中国武术的大计，成为一道靓丽的风景线。

“会议结束时，国家主要领导人赵紫阳、万里、方毅、杨尚昆、余秋里、宋任穷、廖承志、彭冲、阿沛·阿旺晋美、刘澜涛、肖克、钱昌照等，在人民大会堂会见全体与会同志并同大家合影留念”[1]。会见后，代表们出席了第九届亚运会中国体育代表团茶话会，使这次会议达到了高潮。据赵双进回忆：“说真的，武术界什么时候有过这等殊荣？武术活动的规格什么时候这样高过？正因如此，那时候人们的情绪激动得真是难以言表，特别是老武术界人士”，“大家真的被鼓动起来了，多年来压抑的心情一扫而光”。当时年逾八旬的四川武术家赵子虬先生写下了“不作井底蛙，不作枝头蝉，惟居枝头躁，但见井底天。愿作一只蜂，愿作一条蚕，吐尽素丝供人暖，酿成花蜜让人甜。哪计辛勤一生，

〔1〕昌沧等：《四牛武缘》，人民体育出版社，2004，第534页。

困顿三眠，我却心甘情愿，情愿心甘”。湖南东安县（当时有名的武术之乡）体委主任李德植则写下了“总理接见大会堂，终生难忘，年高不服老，年老谱新章，上下齐努力，武术遍城乡”的诗句[1]。

1982年12月31日，国家体委下发了《关于下发全国武术工作会议纪要的通知》，同时转发了徐才题为《团结起来，共同奋斗，开创武术新局面》的讲话和李梦华的总结发言。这次会议总结了中华人民共和国成立以来武术工作的经验教训，制定了武术运动的发展方针、政策和任务，标志着我国的武术运动进入一个新阶段。会议所确定的武术发展方针、措施对80年代乃至以后的武术发展都产生了深远的影响。正如李梦华在做总结发言时所说：“这次全国武术工作会议是一次很重要的会议，通过这个会议，武术一定会出现一个新的局面，一定能够在社会主义建设中发挥它应有的作用。”[2]

---

〔1〕赵双进：《无痕的足迹》（未刊行本），第4～5页。
〔2〕昌沧等：《四牛武缘》，人民体育出版社，2004，第536～537页。

附　录

中华武术海外传播的典型案例

——李小龙与截拳道

“作为一代英杰的李小龙，他区别于一般武术拳师和武打明星的最根本地方，是他有着内涵十分丰富而又深刻的武学观念，提出了自己的一整套武术哲学，是一位具有哲学气质的武术家，是善于思辨和融会贯通的武学学者。正因为如此，武学思想才是他的精魂所在，是显露他灵性和天才的光点。……所以，在李小龙研究的一系列课题中，‘武学思想’是最重要的，然而，以目前状况看，却又是最薄弱的方面。”〔1〕李小龙是武术哲人、功夫明星，其所创立的截拳道融中外思想、拳术为一体，是中西武技融合的典范，其思想值得研究，应当引起高度重视。

葛兆光先生认为，五四时代及后五四时代我们对中国文化的描绘，存在着一些问题。这个问题主要表现在两个方面：一是一些人把不断变化的文化传统描绘成一个永恒固定的传统文化；二是为了确立现代的价值、否定古代的意义，而在没有好好进行历史研究的基础上就草草勾勒一个“想象的传统”（西方理论术语

〔1〕关文明：《李小龙研究的现状与发展》，载《纪念李小龙先生诞辰六十五周年学术研讨会论文集》（内部资料），第49～50页。

为“发明的传统”），并借此加以批判以确认现代的合理性。[1]葛兆光的这个认识同样适用于武术史的研究，纵观李小龙武学思想的发展历程，大约可分为如下四个部分：一是传统武术时期；二是改良国术阶段；三是寻求自我的振藩拳道阶段；四是截拳道时期。

一、传统武术时期

1940 年 11 月 27 日，李小龙出生在美国加州旧金山（三藩市）唐人街的一家医院内。李小龙排行老四[2]，英文名字 Bruce Lee，中文名李振藩[3]，乳名小凤（粤语读作细凤）[4]，小龙是他的艺名[5]。李小龙祖籍广东省顺德市均安镇上村[6]，祖父李震彪是顺德一带有名气的武师，曾在佛山镖局当镖师；父亲李海泉[7]，原名李满铨，排行老二[8]，跟粤剧名伶、武生小生弈

---

〔1〕葛兆光：《揣一张地图去古代中国旅行》，载葛兆光《古代中国文化讲义》，复旦大学出版社，2006，第 1 ～ 2 页。

〔2〕大姐李秋圆（李秋源），师范院校毕业，曾是香港优秀小学教师，1970 年定居美国；二姐李秋凤，早年移居美国，医院化验师；大哥（老三）李忠琛，曾任香港皇家天文台助理台长，退休后移居新西兰；李小龙出生前还有个哥哥，但生下来就夭折了，不算夭折的这个哥哥，李小龙排行老四；弟弟李振辉，香港摇滚歌星，1969 年移居美国，是美国洛杉矶 IBM 电脑专家。

〔3〕李小龙初名震藩（名震三藩），出生登记时，因与爷爷的“震”是同一个字，经旧金山侨商刘义南建议，改为“振”。

〔4〕算命先生认为，李忠琛之后，李家只能生女孩，若是男孩便会被鬼魅捉去，因此，给李小龙取了这么一个纯女孩子的名字，且李小龙在小时候，穿女孩的衣服、戴耳环。

〔5〕在香港客串演出时，李小龙多用“小海泉”的艺名，在漫画家袁步云根据自己的同名漫画《细路祥》改编的影片中，李小龙担任少年主角，袁步云为他取艺名“李小龙”。

〔6〕关于李小龙的祖籍，有广东南海、佛山、顺德、番禺等多种说法。顺德市政府干部黄德超研究认为，李小龙的祖籍是广东省顺德市均安镇上村。

〔7〕李海泉 1903 年出生于江尾（今顺德均安镇上村），1965 年 2 月 8 日病逝于香港（1965 年 2 月 1 日，孙子李国豪出生，李海泉没能看到）。

〔8〕有的写作李满船，见关文明：《一代英杰李小龙》，岭南美术出版社，2001，第 156 页。老大李满甜，1940 年逝世后，其妻和五个子女与李海泉家一起吃住。

学戏，取艺名李海泉，后来成为粤剧“四大名伶”之一；母亲何爱瑜，具有典型的混血儿特征，生活习惯中西兼有，是一个比较欧化的女性。

1941年2月，李海泉带领孩子和戏班回到香港，从此，李小龙就生活在香港，直到1959年去美国，这段时间是他虔诚地学习传统武术的阶段。

“每当他老老实实坐着的时候，人们就会认为他一定是病了。”李忠琛说。李小龙天生近视、顽皮、好动，与他的女性名字判若两人。为“学习如何保护自己”[1]，李小龙开始学习武术，父亲是他的第一位武术老师，李海泉有意地让他练习太极拳以陶冶情操、锻炼身体，但这种拳并不适合李小龙。

13岁的时候，李小龙不小心踩了一个壮汉的脚，两人打了起来，李小龙学的太极拳丝毫没有用处。为此，1954年，李小龙经好友张卓庆（叶问弟子）介绍到九龙咏春拳拳馆正式拜叶问[2]为师系统学习咏春拳，入门授业者是师兄黄淳樑，待打下基础后，叶问开始教他。

李小龙曾说，“一般的老师，均对我起不了任何的启蒙作用，因为他们本身都处在形式的束缚当中不能自拔，他们的观念与技术都是僵化的，他们又怎能教出开明的弟子？倘若他们的弟子并未获得成功，他们也会说是弟子们修习不够或其自身的努力程度不够，而不去发掘属于自身的问题或那些属于教学方法上的问题，这样就使中国武术的发展形成了一个恶性循环”，“直至碰上了

〔1〕1967年，李小龙接受《黑带》杂志采访时说的话，见春亭：《李小龙大传》，湖北人民出版社，2006，第15页。
〔2〕叶问（1893—1972）：本名叶继问，是咏春拳宗师。

叶问师傅，我才知道了什么叫‘老师’，因为他首先是一位精明的学者，他很了解我的个性，知道我真正需要什么。他甚至在我踢打得浑身没劲时才让我学习一些新的动作，以磨炼我的耐性。由于这时我已没有了体力，故练习起来便不会心焦意躁。他的这种教学方法对于一些武师来讲可能会感到难以理解，但我却练得很开心，并且绝对不迟到，相反还会早到。我已完全沉醉在这个独特的咏春拳世界里了。”[1]

李小龙非常佩服叶问，加之咏春拳讲究实用，追求速度，学习一段时间后，李小龙发现所学确实管用，他对咏春拳深信不疑，并自觉刻苦地进行训练，功力突飞猛进。

为提高功夫水平，不断地寻找值得学习的东西，李小龙不断地找人“讲手”，汲取别人的优点。他还向谭师傅学习过洪拳、向陈师傅学习过蔡李佛拳、向日本人学习过柔道、向梁子鹏学习过内家拳、跟少林僧人学习过罗汉心意拳、向武打影星邵汉生学习过节拳[2]。

1957 年 12 月 20 日，台湾地区举行“台港澳国术大赛”，赛前李小龙师兄、文武全才的黄淳樑呼声较高，但在外围赛黄淳樑就败给台湾拳师吴明哲。此事促使李小龙开始分析咏春拳的优缺点，他得出了咏春拳优于近身搏击但短于远距离攻击的结论，这是中国武术自身存在的缺陷。为此，李小龙开始向他的哥哥学习西洋剑、向体育教师爱德华学习拳击，并改写了洋人“一统天下”

[1] 转引自关文明：《一代英杰李小龙》，岭南美术出版社，2001，第 13 页。

[2] 春亭：《李小龙大传》，湖北人民出版社，2006，第 20 页。精武体育会创始人赵公哲曾随霍元甲的徒弟刘振声学习节拳，另外，精武体育会总教练赵连和亦擅节拳。陈公哲：《精武会五十年》，春风文艺出版社，2001，第 18、33 页。

的历史，成为香港校际拳王。所有这些为李小龙创设截拳道奠定了坚实的基础。

二、改良国术阶段

截拳道的发展由此进入到改良国术阶段[1]。

1959年4月29日，李小龙乘邮轮出发，于5月17日到达美国旧金山，并于9月3日进入西雅图的爱迪生技术学校接受高中教育。李小龙为自己的生计考虑，他一边学习，一边打工同时教授武术，在此期间，他认识了一生中重要的武术合作者木村武之[2]。李小龙练拳、教拳以在香港学的咏春拳为主，也穿插一些他所学的其他武术流派功夫，在教学过程中，他常常能推陈出新，不断融会到自己的武学体系中。

1961年3月27日，李小龙进入西雅图华盛顿大学心理学系哲学科，开始学习中西哲学，研究老子、庄子、尼采和萨特的思想。1960年5月，李小龙在给师弟张学健的信中讲，虽已计划1961年进入大学，但“尚未决定选读何科”，他清醒地意识到跳舞只是一种休闲娱乐，“相对起来，还是读书实际得多，因为个人的将来完全取决于学识”[3]。至于为何选择主攻哲学，李小龙认为：“武术和哲学看来是两个互不相干的概念，但是我认为国术中的

---

〔1〕李小龙的振藩拳道阶段又可分为不同的历史时期，有的学者认为，“依据其历史发展，振藩功夫可以划分为早期西雅图振藩功夫（振藩国术，又称李氏改良咏春）、中期奥克兰功夫、后期洛杉矶功夫（振藩拳道，亦是截拳道早期实体基础）三个阶段。这三个阶段较完整地体现了李小龙武学思想及其技艺体系——前截拳道时期的演变和发展历程”。（朱建华：《李小龙的振藩功夫及其武术发展理念》，《中华武术》2007年第3期）

〔2〕木村武之：首位李小龙助教，1924年生于美国，认识李小龙前练习柔道，父母是日本移民。二人相识时，木村武之已是一个成功的超市商人。

〔3〕关文明：《一代英杰李小龙》，岭南美术出版社，2001，第21页。

每一个动作，都似乎应有它的道理。而国术的内涵部分，现在已经日渐晦暗。我想，国术应有一套完整的道理才对，我希望把哲学精神融进国术里去。所以，我坚持读哲学。”[1]另外，李小龙还认为自己读哲学与童年的好勇斗狠有关，“我常问自己，胜了又怎么样？人们总会把荣誉看得那么重要，然而什么样的‘战胜’才是光荣的？于是，以我的发问精神，导师认为主修哲学最适合我。他曾对我说，哲学会告诉你为什么活着”[2]。

1962年4月，在木村武之的帮助下，李小龙的“振藩国术馆”（Jun Fan Gung-Fu Institute）在西雅图唐人街挂牌成立，自此，李小龙结束了打工生涯，专心致力于中国武术的普及工作。“现在随着我的武学境界的加深与提高，我亦开始感觉到外国人也可以接受中国武术，只是中国武术不肯接受外国人罢了。……打破传统体制与观念束缚的任务可能将落在我的肩上，所以目前我会首先把这家‘振藩国术馆’办好，然后再使其像开枝散叶般在美国遍设分馆。当然这可能要用10年或20年的时间去实现自己的理想，并需要付出很大的代价，但现在武术已是我生命中的一个最重要的组成部分，只要能达到目的，我也就在所不惜了。”[3]他的武馆发展极快，声名鹊起，以至于把奥克兰的华裔武术家严镜海[4]都吸引过来，成为他的弟子，严镜海无私地把他的健身法传给李小龙，对李小龙在美国的发展起到了举足轻重的作用。

---

〔1〕关文明：《一代英杰李小龙》，岭南美术出版社，2001，第273页。
〔2〕关文明：《一代英杰李小龙》，岭南美术出版社，2001，第25页。
〔3〕这是1962年李小龙写给杜伊娃的信中内容。关文明：《一代英杰李小龙》，岭南美术出版社，2001，第36页。
〔4〕严镜海曾是举重健将，以铁砂掌驰名美国西海岸，是第二次世界大战后少有的融入美国上层社会的华裔武术家，对李小龙帮助甚大，李小龙尊称他为“义父”。

1963年初，在严镜海的帮助下，李小龙开始武术表演，名声进一步提升。不久，李小龙接到美国政府的征兵通知书，于是他回香港探亲，同时进一步练拳、充电，并用相机摄下恩师叶问的练功照，以便回美练习、研究之用。8月，李小龙赶回美国，参加征兵体检，因体检结果不合格而未能入伍。同年，他撰写完成《基本中国拳法》，对自己所掌握的中国武术进行了系统的归纳和整理，为日后的发展打下了坚实的基础。

“在我这一生中，最大的收获，我认为并不是武道上或电影表演上，而是娶了一位好妻子。她为人很贤惠，并能处处迁就我，重要的是，在我困难的时候，她鼓励我并给予我信心。是她使我不平凡。”[1] 1964年8月13日，李小龙和女友、具有英国和瑞士血统、正在华盛顿州立大学医学系读书的美国姑娘琳达正式结婚，组成一个中西结合的家庭，琳达成为李小龙坚强的后盾[2]。

三、寻求自我的振藩拳道阶段

李小龙经过考察后认为，西雅图是一个比较保守的地方，而加州是一个开风气之先的地方，奥克兰更适合武术事业的发展。在严镜海的帮助下，他毫不犹豫地在奥克兰办起了振藩国术馆，并于1964年8月3日正式开课。

在严镜海的推荐下，1964年8月，李小龙作为嘉宾参加了在加州长堤举行的“国际空手道锦标大赛”，并表演了“中线重拳”“闭

---

〔1〕关文明：《一代英杰李小龙》，岭南美术出版社，2001，第48～49页。

〔2〕因选择到奥克兰开武馆，故李小龙和琳达不得不休学，而琳达表现出了惊人的豁达，支持丈夫的决定。

目粘手”“寸劲拳”等振藩功夫，使人耳目一新，获得极大成功，还结交了“美国跆拳道之父”李俊久、“菲律宾魔杖大师”伊鲁山度〔1〕等。与他们的交流和相互学习，大大开阔了李小龙的眼界。

李小龙坚持教授外国人中国功夫，这种“悖逆古训”的做法引起了在美华人的不满。1964 年 12 月底或 1965 年 1 月初〔2〕，矛盾开始激化，李小龙不得不在奥克兰振藩国术馆内接受了旧金山传统武术界代表黄泽文（Wong Jak Man，有的翻译为黄泽民）的挑战。李小龙以咏春拳的技法迎战，虽然最终取胜了，但离李小龙的设想差得太远，他根本不满意自己的表现。

“奥克兰比武事件”引起了李小龙思想上的极大震动，促使李小龙开始反省传统武术，从而逐渐跳出传统武术的圈子，下决心突破咏春拳的框架而寻求建构自己的武术体系。由此，李小龙的武术进入了振藩拳道阶段。

1965 年 5 月，由于电视剧《陈查礼之子》和《青蜂侠》的拍摄工作迟迟没有开展，李小龙一家三口回到香港。在香港的四个月，李小龙除练功外，就是看书、买书、思考和撰写武学笔记，并在老子哲学的基础上提出了“以无法为有法，以无限为有限”的武道哲学理念。四个月的休整与锻炼、思考，李小龙的武学思想进一步成熟，他的武术中咏春拳的成分越来越少，“不要管套路”“抛弃传统”“武术的最高境界是无形”“东方武术九成九都是花巧不适用的”，这些话成为李小龙的口头禅，他不断宣传

〔1〕伊鲁山度是美籍菲律宾人，1936 年出生于菲律宾武术世家，先后获得李小龙签发的“振藩功夫”“振藩拳道”“截拳道”三个不同阶段的证书，本书对截拳道的阶段划分借鉴于此。

〔2〕李小龙妻子琳达比较清楚地记得这个时间，因为当时她已怀孕八个月了。（琳达：《当准备与机遇相会》，《中华武术》2008 年第 8 期）

自己的武学主张："配合自己的特点加以改进，乃施运简单技术的窍门。但若要将简单技术的真正威力发挥得淋漓尽致，就必须具备'用拳如腿击般劲猛，踢腿似出手般灵巧'的条件。因为只有这样，才可以不受对手类型、身材或战术的牵制，且能在举手投足之间，消解复杂来袭，撕破敌人防御，并抓紧瞬间即逝的制胜破绽。"[1]

李小龙对以往自己所学的繁杂内容进行了清理、改革与简化，他曾对严镜海说："在雕刻塑像的时候，你不能在雕塑上添加东西，而是在一开始的时候就把一些非本质的东西凿掉，直到创作的真实性毫无障碍地呈现出来为止。因此，和其他风格的功夫相比，掌握与练习我的格斗术系统并不意味着增加更多的非本质的东西，而是不断去减少那些非本质的东西，或者说在增加到一定程度后，就要再进行消化与吸收。功夫就是这样一个生生不息循环往复的过程。"[2]就这样，"李小龙在早期振藩功夫的基础上，逐渐构建起了一种以改良的咏春拳、西洋拳击及西洋剑术原理、原则和经典技艺为中心，以交叉训练和全接触实战训练为基本特征，踢、打、摔、拿技艺全面，立战、地战整体融合的全新格斗体系——振藩拳道"，同时还"形成了他独特的腿击术和在此基础上形成的全接触搏击的踢拳体系"，"堪称今日世界 MMA（mixed martial arts）无限制综合搏击的先驱性成功实践和革命性启蒙"[3]。

---

〔1〕关文明：《一代英杰李小龙》，岭南美术出版社，2001，第 60 页。
〔2〕关文明：《一代英杰李小龙》，岭南美术出版社，2001，第 60 页。
〔3〕朱建华：《截拳道就是咏春拳吗？》，《中华武术》2006 年第 11 期。

四、截拳道时期

1967 年 2 月 5 日，洛杉矶振藩国术馆成立[1]，副馆长兼助教为伊鲁山度。在这段时间内，机遇开始向李小龙倾斜。

1966 年 6 月，李小龙获得机会拍摄自己进入美国影视界的处女作——26 集的《青蜂侠》。在这部电视剧中，李小龙扮演男主角“青蜂侠”的助手兼司机“加藤”。该片自 1966 年 9 月 9 日在美国播放直至 1967 年 7 月 14 日停播。由于李小龙的出色表现及令人耳目一新的真功夫，振藩国术馆求学者纷至沓来[2]。顺应这种潮流，《黑带》杂志派人在洛杉矶振藩国术馆采访了李小龙，并于 1967 年 10 月号、11 月号分两期长篇连载《“加藤”的功夫》专访文章。面对记者的采访，李小龙第一次较为系统地阐述了他的武学思想，在 11 月号《黑带》连载文章中，李小龙更是首次在媒体上公开了自己独创的武学体系，正式公布其名称为“JEET KUNG DO”（截拳道），同时阐释其为“The Way of Intercepting Fist”（截击拳法之道）[3]。走向个性之路的截拳道强调“武术因人而异”，讲究“简单、直接、非传统”，认为截拳道的修习就如同雕刻一尊雕像，不是不断地增加，而是不断地减少、不断地抛弃不必要的东西，所有这些标志着李小龙武学思想的成熟。

实际上，李小龙截拳道武学思想的形成有一个渐进的过程。

---

〔1〕这是李小龙的第五所武馆，也是最后一所武馆。

〔2〕其中包括黄锦铭，他比李小龙大 3 岁，生于香港，长于广州，1953 年移民美国，从小爱好武术，练过西洋拳，后成为弟子中的佼佼者，成为李小龙一生亲笔签发截拳道证书两位中的一位（另一位为伊鲁山度）。西雅图武馆副馆长兼助教木村武之和奥克兰武馆副馆长兼助教严镜海，都没有获得过截拳道证书。

〔3〕朱建华：《〈黑带〉杂志与李小龙真功夫革命》，《中华武术》2007 年第 4 期。

早在 1964 年“奥克兰比武事件”后，李小龙就开始寻求自己的路，创立“截拳道”，当时由于武术与哲学体系不完善而没有公开这一名称〔1〕。另外，据李小龙传人伊鲁山度回忆，1967 年初的一天，李小龙与伊鲁山度在开车途中讨论西洋击剑术时，李小龙说西洋击剑术最精湛的技巧就是它的“阻击”（stop-hit，即防守—反击），防守与反击同步，这样大大提高了搏击效率。李小龙说：“我们应把我们的技击方法称作‘阻击之道’或‘截拳之法’。”当伊鲁山度问“这一名称的中文称谓是什么”时，李小龙回答是“截拳道”，它的理念、主旨是将传统的防守与反击分成两步的做法合二为一，防守与反击同时进行〔2〕。

“大多数武术的练习只是一种模仿性的重复，一种工厂制品，失去了独特性。”1967 年，经过三年的探索，李小龙最终抛弃了套路，终于公开将“从实战出发、讲究效率、简单实用”的武学体系正式命名为“截拳道”，强调“武术因人而异”，这标志着李小龙武学思想的成熟。

李小龙创立截拳道并不是为了标新立异，而是“为了获得心灵上的宁谧，不使永恒的生命失去生机，换言之，就是为了不使中华武术落入拳套形式的桎梏中”〔3〕。他认为，“截拳道只是名称罢了”，是为了称呼的方便而已。武术是一种“求真”的艺术，体验的功夫。截拳道“以无法为有法，以无限为有限”作为自己的最高宗旨和哲学核心，以“吸收有用的技术动作，加上自己的特长，从而增强实战能力，向学以致用的方向发展，探求和

---

〔1〕陈琦平：《振藩截拳道入门》，人民体育出版社，2000，第 5、8 页。
〔2〕陈琦平：《振藩截拳道入门》，人民体育出版社，2000，第 9 ~ 10 页。
〔3〕关文明：《一代英杰李小龙》，岭南美术出版社，2001，第 26 页。

创造真正属于自己的武技”作为自己的总原则[1]。当习武者掌握截拳道以后，踢出的每一脚、打出的每一拳应当属于习武者自身的，而不是李小龙的。

李小龙对包括禅宗、道教在内的东方哲学有自己的理解，另外，“20世纪最卓越的心灵导师”——印度的克里希那穆提完全彻底破除形式、消灭权威的空灵思想给李小龙武学境界的提升以极大的帮助。1971年，李小龙将自己的武学心得撰写成《从传统空手道中解放出来》发表在当年9月的《黑带》杂志上，对固守传统的陈旧观念进行了抨击。

截拳道与李小龙开始所习练的咏春拳有明显的不同。朱建华认为两者之间的关系是“融合与被融合、借鉴与被借鉴的关系，而不是什么继承与被继承，或是简单的武技延续或翻版关系，这就像意拳（大成拳）虽然和心意、形意拳颇有渊源，但意拳（大成拳）绝对不是心意和形意拳的翻版”，两者之间主要有如下几个方面的不同[2]：一是截拳道是集自我解放的灵性哲学、人生哲学和科学的街头格斗技术为一体的完整的武道系统；二是咏春（拳）以埋身阵地战为特色，而截拳道则以机动控距的运动战为特色，从而使其技战术重心有别于咏春（拳），更加强调步法移动，讲究依靠节奏破坏、角度和路线的多变来调动对手，从而打破其心理和生理之平衡，创造最佳的攻击、截击时机，并运用全面的技术，踢、打、摔、拿，像水一样流变配合，发挥人体武器立体运用系统功能，达成攻击目的；三是截拳道的训练重点和结构模式，以及采用的整体训练方法和手段，与咏春拳有着本质的差异。

---

〔1〕陈琦平：《振藩截拳道入门》，人民体育出版社，2000，第12页。
〔2〕朱建华：《截拳道就是咏春拳吗？》，《中华武术》2006年第11期。

截拳道意味着吸收有用的、抛弃无用的、加上自己独有的。创新、强调个性是截拳道的重要特点。

五、李小龙之后的“概念派”与“原始派”之争

“人的灵魂是肉体的芽胚，死亡之日便是苏醒之时，而精神将永远存在。”[1]1973年7月20日，李小龙不幸去世，之后，截拳道的传播出现了“原始派”和“概念派”之争。

“原始派”的代表人物为黄锦铭。该派在李小龙武学思想的指导下，注重对李小龙原传技术的继承。他们认为要了解截拳道，“就必须对李小龙本人有个完整而正确的认识”。截拳道“是李小龙的个人表达和其武术不断演化的结果，不管在外在的表现形式还是在其概念上，它们都贯穿于李小龙的整个人生轨迹之中”，“但如果要适当地描述李小龙，唯一的方法是去描述李小龙生前已有且确定的东西，比如他练习过的及教授的武技。这样可以避免因推测而误解李小龙”。他们还认为，“某个人或许可以学习振藩截拳道，然后传授给他的学生。但如果他加入了自己的东西，那么他所传授的只是他自己的武道，而不是李小龙的截拳道了”，李小龙的截拳道适合李小龙、属于李小龙，我们只能利用它发掘自己的潜力而不可能改变它。只有这样才能真正掌握截拳道，“在真正掌握这种武技后，它将不再是李小龙的截拳道，而成为你自己的独特武技”[2]，最终找回自己、形成自己的风格。

---

〔1〕李小龙语。陈琦平：《李小龙年表》，载《纪念李小龙先生诞辰六十五周年学术研讨会论文集》（内部资料），第56页。

〔2〕黄锦铭、汤米·江：《振藩截拳道：李小龙的个人表述及武术演化》，《中华武术》2006年第11期。

“概念派”（Jeet Kune Do Concepts）的代表人物为伊鲁山度。该派以李小龙的武学思想为指导，在李小龙原传技术的基础上，注重吸收其他武术流派的技术，以形成个人风格〔1〕。“截拳道不能标准化”，截拳道的训练方法和格斗技术并非一成不变。他们认为，截拳道的学习就是不断地“剔除无用的，吸收有用的，创造适合自身的技艺”的过程。不但如此，伊鲁山度的学生保罗·胡奈克在写给“振藩截拳道总会”的信中，一方面支持师傅的“概念说”，另一方面还提出截拳道是伊鲁山度与李小龙共同创造的观点，这样说实际上是在表明截拳道并非只属于李小龙，伊鲁山度亦是开山祖师之一〔2〕。

“如果事先不了解截拳道，人们可能认为李小龙在西雅图的学生与洛杉矶的学生师从于不同的人，甚至学的是不同的武术门派。”〔3〕截拳道是李小龙自己的东西，是李小龙在学习中国传统武术的基础上结合自身特点、发掘自身潜力而逐步形成的自我武术。“原始派”与“概念派”之争其实并不矛盾，它们之间是继承与发展、学习与创新的关系。“迷时师渡，悟了自渡”，李小龙本人不愿把截拳道固定为一种僵化的模式。1971 年，李小龙曾试图收回截拳道的名称，而改称为 Tao of Chinese Gung Fu（中国功夫道、中国武道、武道）〔4〕。

---

〔1〕钟海明：《李小龙武学思想与传统武术观之博弈（下）》，《中华武术》2006 年第 7 期。
〔2〕春亭：《李小龙大传》，湖北人民出版社，2006，第 236 页。对学生保罗的这一说法，伊鲁山度并没有发表任何评论。
〔3〕朱建华：《李小龙的振藩功夫及其武术发展理念》，《中华武术》2007 年第 3 期。
〔4〕钟海明：《李小龙，改变世界的男人——电视连续剧〈李小龙传奇〉引发的思考》，《中华武术》2008 年第 12 期。

大事记

1949 年

10 月 26 日—27 日，中华全国体育总会第一届代表大会在北京召开。

1950 年

中华全国体育总会在北京召开武术工作座谈会，就新中国武术如何发展的问题进行了讨论，把发展武术运动提上了新中国体育工作的发展日程。

为支持抗美援朝，张文广根据《志愿军战歌》进行了武术套路的创编。

1951 年

为支援抗美援朝，天津市举办了天津市民族形式体育表演比赛大会。

1952 年

6 月 10 日，毛泽东为中华全国体育总会第二届代表大会题写了“发展体育运动，增强人民体质”。

11 月 8 日，我国第一所体育院校—— 华东体育学院在上海建立。

11 月 15 日，周恩来主持中央人民政府委员会第十九次会议，讨论增设中央人民政府体育运动委员会的议题。大会建议贺龙担任中央人民政府体育运动委员会主任。

1953 年

4 月 19 日，上海市在第二医学院举行武术观摩大会。此次武术观摩大会采用了评分的办法，加入武术运动员的态度和作风的分值（占总分值的 10%）。

8 月 22 日—30 日，华北区人民体育运动大会在归绥市举办。

11 月 8 日—12 日，全国民族形式体育表演及竞赛大会在天津举行。武术是这次大会的主要表演项目。贺龙针对武术提出了发掘、整理、提高、推广的主张。

11 月 29 日，全国民族形式体育表演及竞赛大会优胜者组成进京表演团，到北京怀仁堂给党和国家领导人进行汇报表演。

12 月 2 日，中苏友好协会在北京青年宫举办了全国民族形式体育表演及竞赛大会优秀运动员表演晚会。

1954 年

国家体委民族形式体育研究会在全国统一使用“武术”一词。

国家体委在中央体育学院组建了第一支武术队。

1 月 7 日，鉴泉太极拳社社长吴公仪与澳门健身学院院长陈克夫在澳门新花园进行了比试。比武引发新派武侠小说的兴起。

9 月 29 日，贺龙被任命为国务院副总理、国防委员会副主席和国家体育运动委员会主任。

1955 年

1 月，唐豪由上海调至国家体委工作。

国家体委在训练竞赛四司下设武术科。

在国家体委运动司主持下，汇聚全国太极拳名家研讨，后由李天骥执笔，在传统杨式太极拳基础上，创编了 24 式简化太极拳。这成为新中国简化拳种之始。

1956 年

3 月 9 日，中央人民政府副主席刘少奇同志在同国家体委负责人谈话时指出：“要加强研究，改革武术、气功等我国的传统体育项目。研究其科学价值，采用各种办法，传授推广。”

4 月 28 日，由国家体委颁布的《中华人民共和国运动竞赛制度的暂时规定（草案）》中，规定了我国实施竞赛制度的运动项目共 43 个，武术位列其中。

8月，中华人民共和国体育运动委员会运动司武术科编写的《简化太极拳》由人民体育出版社出版发行。

11月1日—7日，十二单位武术表演大会在北京举行。

11月3日，北京体育学院生理教研组王义润和苏联专家对在北京参加十二单位武术表演大会的武术运动员进行了生理指标测试。

1957年

1月17日，国家体委通过了《关于1956年体育工作总结及1957年工作的要求》，第一次把武术列为国家竞赛项目。

1月22日，顾留馨到达越南教授胡志明太极拳。

2月，蔡龙云发表论文《我对武术的看法》。

6月16日—21日，全国武术评奖观摩大会在北京举行。

10月21日—12月10日，国家体委举办全国武术学习会。

12月11日，武术技术改革问题座谈会召开。

1958年

春节，陈照丕返回家乡陈家沟传授太极拳。

8月5日—23日，国家体委在山东省青岛市召开全国体育院校负责人座谈会，倡议技术革新。为贯彻青岛会议精神，部分体育院校开始按照运动项目设系。

9月，中国武术协会成立，李梦华任主席。

9月7日—16日，全国武术运动会在北京举行，使用了我国第一部《武术竞赛规则》。

1959年

1月20日，中国著名武术史家唐豪因哮喘病发作在北京逝世。

3月22日—27日，全国青少年武术运动会在北京举行。

7月，中国武术协会起草的第一部《武术竞赛规则》经国家体委批准后正式公布实施。

9月22日—26日，第一届全国运动会在北京举行，设武术竞赛项目和表演项目。

10月1日，日本自民党顾问松村谦三应周恩来总理之邀，率团来京参加国庆盛典。李天骥给松村谦三传授24式太极拳，此为中华人民共和国成立以后，太极拳正式传入日本之始。

1960年

9月18日—25日，全国武术运动会在河南省郑州市举行。

北京体育学院张文广成为第一位武术专业硕士研究生导师，张广德、孟照祥成为我国第一批武术硕士研究生。

中国青年武术队随中国体育代表团赴捷克斯洛伐克参加该国第二届全运会“友谊晚会”的表演。

南拳成为国家比赛的正式项目。

年底，周恩来率中国政府代表团访问缅甸，中国武术队随团前往。缅甸总理接见了中国武术队。

1961年

教育部组织修订的《中小学体育教学大纲》将武术列入其中。

国家体委组织毛伯浩、李天骥、习云泰、张文广等10人开始编写我国第一部《体育学院本科讲义 武术》。

顾留馨编写的《简化太极拳（图说本）》出版。

1962年

2月，出版甲组六个武术竞赛规定套路丛书和五个初级套路丛书；10月，出版了乙组五个套路丛书。

北京体育学院成立武术队。

1963年

根据武术比赛的实际需要，规定套路比赛必须在1分45秒至2分30秒内完成。

10月15日—19日，十五单位武术暨射箭锦标赛在上海市举行。

1964 年

2 月 7 日—12 日，郑怀贤为周恩来疗伤。

9 月 12 日—16 日，十九单位武术暨射箭锦标赛在山东省济南市举行。

陈家沟成立太极拳体校。

1965 年

9 月 11 日—28 日，第二届全国运动会在北京举行，武术为表演项目。

1966 年

4 月，北京体育学院武术教研室根据毛泽东的诗词《蝶恋花》创编武舞《蝶恋花》。

1967 年

李小龙正式将自己的武学体系命名为截拳道。

1969 年

《人民日报》刊登毛主席语录：凡能做到的都要提倡，做体操、跑跑步、爬山、游泳、打太极拳及各种各色的体育运动。

1970 年

吴彬开始着手重新组建小武术队。

梁以全在大队支部书记的支持下在自家院内义务教拳。

1971 年

8 月，王猛正式到国家体委上班。

1972 年

5 月 12 日—18 日，安徽武术十三省邀请赛在安徽省合肥市举行。

11 月 1 日—15 日，全国武术表演大会在山东省济南市举行。

武术姓“武”还是姓“舞”大争论。

基辛格参观北京体育学院青训队的武术表演后，试探性地邀请中国武术代表团到美国访问。

1973 年

国家体委决定对 1959 年的《武术竞赛规则》进行修订。

张文广根据工人劳动的特点创编了“大小铁锤”套路。

陈照丕病逝，陈照奎回家乡陈家沟继续传授太极拳。

7 月 20 日，李小龙在香港去世。

1974 年

6 月 5 日—7 月 15 日，中国武术代表团一行 38 人在墨西哥和美国进行了表演，引起轰动，在美国受到总统尼克松的接见。代表团自美国回来途经我国香港时进行了表演，长城电影公司的傅奇发现了李连杰的表演天赋。

8 月 23 日—30 日，全国武术比赛在陕西省西安市举行。

9 月 15 日—10 月 15 日，中国少年武术代表团访问日本。

1975 年

2 月 21 日—3 月 12 日，由宗道臣任团长的日本少林寺拳法代表团访问我国。

5 月 13 日—7 月 8 日，中国武术代表团访问英国。

6 月 10 日，为纪念毛泽东同志“发展体育运动，增强人民体质”题词发表 23 周年，中华人民共和国邮电部发行《武术》特种邮票一套，共 6 枚。

9 月 12 日—28 日，第三届全国运动会在北京举行，武术被列为竞赛项目。

10 月 3 日—24 日，以三浦英夫为团长的日本太极拳代表团访问中国。

10 月 3 日—12 月 11 日，中国武术、技巧代表团访问埃及、土耳其、摩洛哥、突尼斯、阿尔及利亚、毛里塔尼亚六国。门惠丰作为教练员参与了这次访问。随后，北京体育学院开始招收外国留学生来中国学习武术。

1976 年

5 月 6 日—23 日，以宗道臣为团长的日本少林寺拳法代表团再次访问我国。

5 月 13 日—6 月 28 日，中国武术代表团访问菲律宾和缅甸。

8 月 27 日—9 月 7 日，全国武术汇报表演大会在黑龙江省哈尔滨市举行。

11 月，日本学者松田隆智的《图说中国武术史》出版。

1977 年

8 月 1 日—12 日，“文化大革命”后的第一届全国武术比赛在内蒙古自治区临河市举行。

10 月，国家体委发出了《关于组织力量编写体育院系教材工作的通知》，对 1961 年编印的《体育学院本科讲义　武术》进行修订。

1978 年

北京体育学院恢复了武术硕士研究生的招生工作。

9 月，国家体委组织编写的《体育系通用教材　武术》通用教材第一至四册由人民体育出版社出版。

10 月 15 日—29 日，全国武术比赛在湖南省湘潭市举行。

11 月 16 日，邓小平题词“太极拳好”。

1979 年

国家体委公布修订后的《武术竞赛规则》。

1 月，国家体委发布《关于挖掘、整理武术遗产的通知》，并组织武术调研组进行考察。

2 月 28 日—4 月 9 日，国家体委武术处成立调研组对全国 13 个省、自治区、直辖市进行调研。

3 月，国家体委在北京体育学院、武汉体育学院和浙江省体委进行武术技术技击方面的研究试点工作。

5 月 9 日—15 日，首次全国武术观摩交流大会在广西壮族自治区南宁市举行。

9 月 15 日—30 日，第四届全国运动会在北京举行，武术为竞赛项目。9 月 17 日—28 日，武术比赛在河北省石家庄市举行。

1980 年

全国武术观摩交流大会在山西省太原市举行。

4 月 14 日—23 日，全国武术工作座谈会在北京召开。

电影《少林寺》开始拍摄。

10 月，全国武术表演赛在云南省昆明市举行。

1981 年

1 月，习云泰撰写完成《中国武术史》。

5 月，全国武术观摩交流大会在辽宁省沈阳市举行。

6 月，我国第一部武术专刊《武术健身》创刊。

7 月，《武林》杂志创刊。

10 月，全国武术表演赛在福建省福州市举行。

梁以全创办了登封县武术体校。

1982 年

全国武术观摩交流大会在陕西省西安市举行。

10 月，全国武术表演赛在浙江省杭州市举行。

11 月，《中华武术》杂志在北京创刊。

12 月 5 日—11 日，第一次全国武术工作会议在北京召开。

索　引

参考文献

一、专著

[1]《当代中国体育》丛书编辑委员会 . 当代中国体育 [M]. 北京：中国社会科学出版社，1984.

[2] 北京体育学院校史编委会 . 北京体育学院校史 [M]. 北京：北京体育学院出版社，1993.

[3] 蔡龙云 . 琴剑楼武术文集 [M]. 北京：人民体育出版社，2007.

[4] 昌沧，王友唐，郭博文，等 . 四牛武缘 [M]. 北京：人民体育出版社，2004.

[5] 昌沧，周荔裳 . 中国武术人名辞典 [M]. 北京：人民体育出版社，1993.

[6] 陈春梅 . 我的爷爷陈永贵：从农民到国务院副总理 [M]. 北京：作家出版社，2008.

[7] 陈公哲 . 精武会五十年 [M]. 沈阳：春风文艺出版社，2001.

[8] 陈琦平 . 振藩截拳道入门 [M]. 北京：人民体育出版社，2000.

[9] 春亭 . 李小龙大传 [M]. 武汉：湖北人民出版社，2006.

[10] 邓小平 . 邓小平文选（第二卷）[M]. 北京：人民出版社，2001.

[11] 傅砚农，曹守和，赵玉梅，等 . 中国体育思想史（现代卷）[M]. 北京：首都师范大学出版社，2008.

[12] 高翠 . 从“东亚病夫”到体育强国 [M]. 成都：四川人民出版社，2003.

[13] 葛兆光 . 古代中国文化讲义 [M]. 上海：复旦大学出版社，2006.

[14] 顾留馨 . 顾留馨太极拳研究 [M]. 太原：山西科学技术出版社，2008.

[15] 顾元庄，唐才良 . 顾留馨日记 [M]. 台北：逸文武术文化有限公司，2015.

[16] 顾留馨 . 太极拳史解密 [M]. 台北：逸文武术文化有限公司，2013.

[17] 关文明 . 一代英杰李小龙 [M]. 广州：岭南美术出版社，2001.

[18] 国家教委体育卫生司 . 学校体育卫生工作文件选编 [M]. 沈阳：辽宁大学出版社，1988.

[19] 国家体委政策研究室 . 体育运动文件汇编（1949—1981）[M]. 北京：人民体育出版社，1982.

[20] 韩贺仙 . 武之魂：记中国武术散打创始人之一梅惠志先生的风雨人生 [M]. 北京：人民体育出版社，2013.

[21] 何沁 . 中华人民共和国史 [M]. 北京：高等教育出版社，1999.

[22] 贺晓明，谢武申，王鼎华 . 共和国体育的奠基人：贺龙 [M]. 上海：上海锦绣文章出版社，2014.

[23] 蒋家骏 . 太极拳师门对话录：太极宗师洪均生言传身教原始记录 [M]. 北京：人民军医出版社，2010.

[24] 老来 . 李连杰画传 [M]. 北京：金城出版社，2005.

[25] 李晋裕，滕子敬，李永亮 . 学校体育史 [M]. 海口：海南出版社，2000.

[26] 李烈 . 贺龙年谱 [M]. 北京：人民出版社，1996.

[27] 林伯源 . 中国武术史 [M]. 北京：北京体育大学出版社，1994.

[28] 刘素娥 . 奥运情缘：一代武宗温敬铭的奥运传奇 [M]. 石家庄：河北教育出版社，2008.

[29] 吕彦，阎海 . 中国武术史略 [M]. 成都：四川科学技术出版社，1984.

[30] 吴图南，马有清 . 太极拳概论 [M]. 北京：世界图书出版公司北京公司，2013.

[31] 梅墨生，李树峻 . 李经悟太极内功及所藏秘谱 [M]. 北京：当代中国出版社，2010.

[32] 梅墨生 . 大道显隐：李经悟太极人生 [M]. 北京：当代中国出版社，2007.

[33] 人民体育出版社 . 中华人民共和国体育运动文件汇编（第二辑）[M]. 北京：人民体育出版社，1958.

[34] 史霄 . 血火人生：张轸将军传 [M]. 北京：团结出版社，2002.

[35] 陶景飚，李景裕，黄明教 . 学校体育大辞典 [M]. 武汉：武汉工业大学出版社，1994.

[36] 王鼎华 . 王猛将军体育缘 [M]. 北京：人民体育出版社，2008.

[37] 王菊蓉，吴诚德，吴小蓉，等 . 王子平与武术 [M]. 上海：上海教育出版社，2013.

[38] 王梦初 . "大跃进"亲历记 [M]. 北京：人民出版社，2008.

[39] 谢武申，王鼎华．共和国体育元勋[M]. 北京：人民体育出版社，1990.

[40] 徐才．徐才武术文集[M]. 北京：人民体育出版社，1995.

[41] 徐致一．吴式太极拳[M]. 北京：人民体育出版社，1980.

[42] 徐致一．徐致一太极拳研究[M]. 太原：山西科学技术出版社，2010.

[43] 叶永烈．“四人帮”兴亡（上卷）[M]. 北京：人民日报出版社，2009.

[44] 翟金录，燕振科．太极名家谈真谛[M]. 北京：中国广播电视出版社，1992.

[45] 张广德．导引养生学（功理卷修订本）[M]. 北京：北京体育学院出版社，1993.

[46] 张广德．张广德导引养生系列丛书・养生文化篇[M]. 北京：北京体育大学出版社，2014.

[47] 张健．中国教育年鉴（1949—1981）[M]. 北京：中国大百科全书出版社，1984.

[48] 张强．武术名师李天骥[M]. 北京：北京语言大学出版社，2015.

[49] 张山．武林春秋[M]. 北京：人民体育出版社，2012.

[50] 赵斌，王明建．绝技写春秋：武医宗师郑怀贤[M]. 成都：西南交通大学出版社，2017.

[51] 赵连祥．少林宗师——中国当代十大武术名师梁以全[M]. 郑州：河南人民出版社，2004.

[52] 中国体育博物馆，国家体委文史工作委员会．中华民族传统体育志[M]. 南宁：广西民族出版社，1990.

[53] 中国体育年鉴编辑委员会．中国体育年鉴（1949—1962）[M]. 北京：人民体育出版社，1964.

[54] 中国体育年鉴编辑委员会．中国体育年鉴（1964）[M]. 北京：人民体育出版社，1965.

[55] 中国体育年鉴编辑委员会．中国体育年鉴（1965）[M]. 北京：人民体育出版社，1982.

[56] 中国体育年鉴编辑委员会．中国体育年鉴（1966—1972）[M]. 北京：人民体育出版社，1983.

[57] 中国体育年鉴编辑委员会．中国体育年鉴（1973—1974）[M]. 北京：人民体育出版社，1982.

[58] 中国体育年鉴编辑委员会．中国体育年鉴（1975）[M]. 北京：人民体育出版社，1982.

[59] 中国体育年鉴编辑委员会．中国体育年鉴（1976）[M]. 北京：人民体育出版社，1981.

[60] 中国体育年鉴编辑委员会．中国体育年鉴（1977）[M]. 北京：人民体育出版社，1982.

[61] 中国体育年鉴编辑委员会 . 中国体育年鉴（1978）[M]. 北京：人民体育出版社，1981.

[62] 中国体育年鉴编辑委员会 . 中国体育年鉴（1979）[M]. 北京：人民体育出版社，1981.

[63] 中国体育年鉴编辑委员会 . 中国体育年鉴（1980）[M]. 北京：人民体育出版社，1983.

[64] 中国体育年鉴编辑委员会 . 中国体育年鉴（1982）[M]. 北京：人民体育出版社，1985.

[65] 中华人民共和国体育运动委员会 . 中国体育史参考资料（第一辑）[M]. 北京：人民体育出版社，1957.

[66] 中华人民共和国体育运动委员会 . 中国体育史参考资料（第四辑）[M]. 北京：人民体育出版社，1958.

[67] 中华人民共和国体育运动委员会 . 中国体育史参考资料（第五辑）[M]. 北京：人民体育出版社，1958.

[68] 中华人民共和国体育运动委员会 . 中国体育史参考资料（第六辑）[M]. 北京：人民体育出版社，1958.

[69] 中华人民共和国体育运动委员会运动司武术科 . 武术运动论文选 [M]. 北京：人民体育出版社，1958.

[70] 周伟良 . 中国武术史 [M]. 北京：高等教育出版社，2003.

[71] 朱天才 . 朱天才解读太极拳 [M]. 郑州：中原农民出版社，2009.

[72] 庄则栋 . 庄则栋自述 [M]. 北京：新华出版社，2014.

二、期刊

[1]《武林》编辑部 . 致读者 [J]. 武林（创刊号），1981（1）：47.

[2] [美] 琳达 . 当准备与机遇相会 [J]. 中华武术，2008（8）.

[3] 本刊编辑部 . 拳为民所用：纪念二十四式简化太极拳创编 50 周年 [J]. 中华武术，2006（10）：1–3.

[4] 昌沧 . 人心齐 泰山移：忆《中华武术》杂志创刊前后 [J]. 体育文化导刊，2002（1）：71–72.

[5] 昌沧 . 津门一青松：李文贞 [J]. 中华武术，2008（10）：58–59.

[6] 常虹 .《少林寺》在日本公映以后 [J]. 中华武术，1984（2）：45.

[7] 陈捷 . 驳王新午的谬论 [J]. 体育文丛，1957（8）：10–11.

[8] 陈捷 . 武术运动的新发展 [J]. 新体育，1959（20）：26–27.

[9] 陈远高 . 喜见武林今又绿：发刊词 [J]. 武林，1981（1）：1.

［10］创编小组 .48 式太极拳创编的指导思想 [J]. 武当，2008（1）：28–29.

［11］丁凡 . 略论武术技术的发展方向 [J]. 体育文丛，1958（6）：7–9.

［12］恩祥 . 新中国第一部武术专刊诞生记 [J]. 中华武术，2016（7）：36–37.

［13］范广升 . 我国现有多少武术国家级裁判？ [J]. 中华武术，1985（2）：13–48.

［14］傅砚农 .“文化大革命”时期竞技体育状况的阶段划分及理由 [J]. 体育文史，1998（6）：52–54.

［15］高原 . 从发展的观点略谈武术中的“击”与“舞”[J]. 体育文丛，1958（1）：16，36–37.

［16］龚建新 . 太极金刚陈正雷传（7）[J]. 中华武术，2008（10）：44.

［17］龚建新 . 太极金刚陈正雷传（9）[J]. 中华武术，2008（12）：32.

［18］顾留馨 . 忆唐豪 [J]. 中华武术，1982（1）.

［19］顾元庄 .“缠丝劲大讨论”的余音 [J]. 搏击，2013（12）：39–41.

［20］郭应哲，庄荣仁，庄嘉仁，等 . 请以武艺代国术之名略说 [J]. 国术研究，1997（2）：23–27.

［21］国家体委举行体育科学研究工作十年规划座谈会 [J]. 体育文丛，1958（3）：14.

［22］黄锦铭，汤米·江 . 振藩截拳道：李小龙的个人表述及武术演化 [J]. 中华武术，2006（11）：25.

［23］兰素贞 . 从改编绵拳谈对整理武术技术的看法 [J]. 体育文丛，1958（2）：15–17.

［24］李梦华 . 任重道远：为《中华武术》创刊而作 [J]. 中华武术，1982（1）：2.

［25］李汝斌 .86 岁霍氏迷宗拳传人寻找 20 名爱徒 [J]. 中华武术，2008（9）：62–63.

［26］李仲弢 . 谈旧国术的改造 [J]. 新体育，1950（2）：14–16.

［27］刘玉华 . 对于王新午“开展武术运动的一些意见”的意见 [J]. 体育文丛，1957（7）：9–11.

［28］马辉 . 武术的性质和它当前的任务 [J]. 体育文丛，1957（6）：40–42.

［29］马辉 . 武术要保持民族形式固有风格 [J]. 新体育，1957（14）：30–34.

［30］马明达，马廉祯 . 继承国学传统　促进武术发展 [J]. 中华武术，2009（3）：35.

［31］马明达 . 试论“回族武术”[J]. 回族研究，2001（3）：62–66.

［32］马明达 . 应该重新审视“国术”[J]. 体育文史，1999（5）：35–38.

［33］马贤达 . 谈影片《少林寺》武打设计 [J]. 中华武术，1982（1）：26.

[34] 聂华 . 我国第一次民族形式体育盛会 [J]. 体育文化导刊，2002（4）：78-79.

[35] 区雪儿 . 一个抗日老战士的武术人生：传奇吴江平 [J]. 中华武术，2005（9）：48-50.

[36] 全国武术学习会结束 [J]. 体育文丛，1958（2）：43.

[37] 唐豪 . 我国武术与武舞的起源 [J]. 体育文丛，1957（2）：37-39.

[38] 汪国义，周克臣 . 血与泪的考验：电影《少林寺》拍摄纪实 [J]. 中华武术，1995（8）：26.

[39] 王本刚 . 青海省中山国术学校成立 [J]. 中华武术，1986（4）：43.

[40] 王金宝 . 忆随周总理访缅 [J]. 中华武术，1989（4）：28-29.

[41] 王涛 .24 式太极拳，简朴出繁华 [J]. 中华武术，2006（11）：16-18.

[42] 王新午 . 开展武术运动的一些意见 [J]. 体育文丛，1957（4）：13-14.

[43] 温敬铭 . 从兰素贞的“绵拳”谈对整理研究武术的看法 [J]. 体育文丛，1957（9）：20-22.

[44] 吴大业，吴邓淑贤 . 缠丝、折叠与一气呵成 [J]. 搏击，2013（12）.

[45] 吴高明 . 武术是锻炼身体的方法：关于武术的几个问题和蔡龙云先生商榷 [J]. 新体育，1957（4）：16-17.

[46] 吴高明 . 武术要保存民族形式固有风格 [J]. 新体育，1957（14）：33-34.

[47] 武术技术改革问题座谈会 [J]. 体育文丛，1958（1）：14.

[48] 武述文 . 试论武术遗产的挖掘整理 [J]. 中华武术，1982（1）：14.

[49] 武述文 . 引导武术事业蓬勃发展的重要一环：读部分武术刊物和专栏以后 [J]. 中华武术，1984（2）：6-7.

[50] 向一 . 如何进一步开展武术运动 [J]. 新体育，1957（13）：17.

[51] 向一 . 武术的性质和发展方向问题：兼评蔡龙云先生的观点 [J]. 体育文丛，1957（7）：45.

[52] 徐源 . 奋蹄挥鞭　开创武术新局面：忆贺龙同志的一次谈话 [J]. 中华武术，1982（1）：5-6.

[53] 徐哲东 . 略论武术的性质 [J]. 新体育，1957（13）：32.

[54] 徐致一 . 对开展武术的意见 [J]. 新体育，1957（10）：16.

[55] 翟金生 .“练打结合”的探索 [J]. 中华武术，1986（4）：9.

[56] 翟金生 . 散手运动应充分体现中国武术的风格 [J]. 中华武术，1989 (3) ：4.

[57] 张纯本 . 难以忘怀的记忆：回首 1982 年全国武术工作会议 [J]. 中华武术，2016 (12) ：28–30.

[58] 张非垢 . 武术工作中的两条路线 [J]. 体育文丛，1957 (9) ：1–3.

[59] 张益民，王锋朝，王凤阳 . 简化太极拳推广 50 周年感怀 [J]. 中华武术，2006 (4) ：30.

[60] 赵双进 . 对八十年代武术工作的回顾与随想 [J]. 体育文化导刊，2003 (1) ：63–66.

[61] 郑怀贤，王树田，习云太 . 武术套路编排的依据 [J]. 体育文丛，1960 (7) ：26–27.

[62] 钟海明 . 李小龙，改变世界的男人：电视连续剧《李小龙传奇》引发的思考 [J]. 中华武术，2008 (12) ：16.

[63] 钟海明 . 李小龙武学思想与传统武术观之博弈(下)[J]. 中华武术，2006(7)：7–9.

[64] 周伟良 . 论当代中华武术的文化迷失与重构：以全球化趋势下的国家文化安全为视角 [J]. 首都体育学院学报，2007 (1) ：4–17.

[65] 周直模 . 读《散手运动应充分体现中国武术风格》的质疑 [J]. 中华武术，1989 (9) ：22.

[66] 朱成 . 关于武术性质问题的讨论 [J]. 体育文丛，1957 (5) ：21–24.

[67] 朱建华 .《黑带》杂志与李小龙真功夫革命 [J]. 中华武术，2007 (4) ：19.

[68] 朱建华 . 截拳道就是咏春拳吗？ [J]. 中华武术，2006 (11) ：21–24.

[69] 朱建华 . 李小龙的振藩功夫及其武术发展理念 [J]. 中华武术，2007 (3) ：9–11.

三、其他

[1] 赵双进：《无痕的足迹》(未刊行本)。

[2]《纪念李小龙先生诞辰六十五周年学术研讨会论文集》(内部资料)。

[3]《1953 年华北区人民体育运动大会秩序手册》(樊瑞峰赠)。

[4]《1953 年全国民族形式体育表演及竞赛大会秩序册》(李文贞赠)。